# INTRODUCTION

Le désir n'est-il pas fantasque? N'échappe-t-il pas presque complètement à celui qu'il habite, qui, s'il ne s'efforce pas — en vain — d'éconduire cet hôte exigeant, tentera — laborieusement — de lui subordonner son vouloir? Un désordre profond et une activité imprévisible devraient en résulter. Et pourtant rien de moins fantaisiste que la sexualité.

Un regard superficiel jeté sur une foule, par exemple un dimanche après-midi, montrera avec constance que l'appariement, qui plus est du masculin avec le féminin, forme la règle majoritaire. Ceux qui échappent à ce choix n'en seront pas moins accouplés selon les affinités qui leur sont propres, et quand ils ne sont appariés ni de cette façon ni de cette autre, la plupart des solitaires semblent vouloir mettre fin au plus tôt à cet état. Une force puissante pousse le commun des mortels à marcher deux par deux, non sans monotonie, et bien peu paraissent vouloir se soustraire à ce destin.

En intitulant cet essai « Ordre Sexuel », je cherche à évoquer cette force: une puissance aussi implacable que celle d'une armée ou d'une société secrète décidée à faire aboutir ses objectifs en toutes circonstances.

Cependant, cette poussée aussi ordonnée que violente semble porter en elle une force contraire. Alors que, dans la culture ambiante, tout y invite avec constance, que ce soit les films, les livres, ou les chansons, un obstacle puissant semble s'opposer à la jouissance. Tout se passe comme si chacun y pensait avec persévérance et ne s'en précipitait pas moins aussitôt vers d'autres activités, réservant à plus tard l'assouvissement d'un désir, dont les exigences n'en continueront pas moins d'occuper la pensée. Comment s'expliquer que ce qui semble le plus ardemment souhaité soit si difficile à satisfaire, et que les perversions les plus libertines s'avèrent aussi tristement réglementées par leurs amateurs, que, par exemple les normes de l'échange exogamique dans les tribus Bororos?

Pendant certaines périodes historiques, cet empêchement pesant sur la sexualité a été magnifié et considéré comme un idéal de vie, ou une ascèse. C'est le cas de l'amour courtois dont l'intérêt dépasse celui que l'on peut porter à l'érotique particulière d'une époque, celle du Moyen-Age. Cette modalité de l'amour ne compose-t-elle pas en effet notre moyen-âge le plus quotidien, puisque c'est tous les jours que notre relation au désir est décalée par rapport à notre sexualité effective? En ce sens, le commerce que les hommes et les femmes entretiennent est le plus souvent courtois, en dépit de quelques incartades qui restent peu de chose, si on les compare aux désirs dans lesquels ils sont immergés.

On a pu écrire que la Dame de l'amour courtois était celle du seigneur, interdisant à l'amant de l'approcher. On peut dire aussi que ce qui maintient l'essentiel de la relation des hommes aux femmes dans la courtoisie est le respect des convenances et la crainte des tabous sociaux, ou plus brutalement la peur du gendarme. Cependant, tout semble montrer que lorsque le seuil de permissivité sexuelle d'une société s'accroit, le niveau de la courtoisie ne baisse nullement, bien au contraire.

Ce que le désir réalise est sans commune mesure avec ce dont il rêve. Pourtant, tout ne se prépare-t-il pas pour lui ouvrir la voie? La plupart des femmes cherchent à plaire, et les hommes les regardent comme s'ils ne pensaient qu'à çà — ce qui est d'ailleurs le cas. Et pourtant, ils se confinent plutôt dans l'irrelation que dans l'érotisme. C'est la démesure du désir qui se maintient dans ce suspens.

Il est banal de constater l'existence d'un clivage entre la sexualité et les autres activités, y compris inconscientes, qui travestissent le désir, au point de ne le laisser subsister que dans le seul déguisement. Ce clivage est universel, et toutes les civilisations en témoignent. Il fait valoir ses droits à tous les moments de la vie quotidienne. Pendant la vie éveillée, un sentiment aussi constant que la pudeur le manifeste, et au plus profond des rêves il vient masquer l'expression des souhaits les plus anodins, sinon les plus innocents. Ce clivage est différent du refoulement, puisque la plupart du temps chacun est conscient de ce qui l'agite et de ses intérêts érotiques (cachés), alors qu'il ignore la cause de ses symptômes (refoulée). Le clivage de la vie sexuelle se distingue donc du symptôme et, usuellement, nul ne songe à établir un lien entre ces deux ordres de manifestations.

Avant l'invention de la psychanalyse, qui aurait pu imaginer une relation entre les productions de l'inconscient, les symptômes, et la vie sexuelle ? Il paraît tout d'abord n'y en avoir aucune, et l'hétérogénéité la plus complète semble caractériser d'une part un phénomène comme une migraine ou un ulcère à l'estomac, et d'autre part les aléas de l'amour. Un siècle après la découverte de la psychanalyse, cependant, chacun est en mesure d'envisager une telle relation — tout du moins lorsque cela ne le concerne pas trop directement. Un névrosé devine souvent que ses symptômes viennent à la place de l'activité sexuelle débridée qu'il aurait si son désir ne lui faisait pas aussi peur, et c'est pourquoi il préfère être malade plutôt que de faire face à cet enfer (qui n'est pas remboursé par la sécurité sociale). Le symptôme fait tampon aux exigences de la vie sexuelle, il les amortit. Comme Freud a pu le faire remarquer, la civilisation la plus avancée risque d'aller vers sa propre fin par défaut de reproduction, lorsque la conversion du symptôme répudie l'érotique en croyant éradiquer seulement sa sœur, la perversion.

Cependant, pourquoi le traitement du symptôme devrait-il résoudre en retour le problème du désir dont il procède ? Que le symptôme disparaisse ou devienne simplement supportable, n'implique aucunement que la difficulté qui a présidé à sa naissance ait miraculeusement disparu.

Ne convient-il pas de réfléchir alors à l'efficacité de la psychanalyse en ce domaine, où elle paraît n'être que de peu de secours, puisque son effet est principalement centré sur les conséquences symptomatiques du désir ? Pourra-t-elle offrir une issue aux impasses de l'amour ? Le clivage ne va-t-il pas au contraire empirer, puisque l'analyse est supposée rendre la névrose habitable ? Si elle permet d'aménager le symptôme, n'aménage t-elle pas aussi une relative absence de vie sexuelle ?

L'effet de la psychanalyse sur la vie amoureuse mérite donc d'être interrogé. Il est vrai que la perspective de son relatif endormissement est parfois envisagée avec soulagement par la plupart des névrosés, qui considèrent non sans motifs leurs expériences sexuelles comme des épisodes qui, une fois passé un premier temps d'euphorie, ont été souvent traumatisants. Il peuvent reconnaître en ce point le lien qui existe entre sexualité et perversion, et considérer le désir sexuel comme ce qui peut leur arriver de plus fatigant, sinon de pire. Un pire qui les tente et les fascine — côté nocturne — mais dont ils peuvent déclarer vouloir se garder, lorsqu'ils tiennent une conversation raisonnable.

Préférence est ainsi accordée au symptôme. L'essentiel des résistances au progrès de l'analyse, le vissage indéracinable de la névrose, tiennent à cette résistance au pire que représentent les aléas de la vie amoureuse. En ce sens, les difficultés auxquelles se heurte la guérison sont proportionnelles à ce que le désir comporte d'exténuant.

La « résistance thérapeutique négative » n'est-elle pas causée par une jouissance du symptôme, si ce dernier tient lieu de plaisir sexuel ? S'il en va ainsi, cette jouissance est un sérieux handicap et une source de souffrance, qui entrave en retour le désir lui-même. La jeune femme qui se plaint de maux de tête plutôt que de satisfaire aux exigences de son époux, met en évidence le rôle défensif de la souffrance. « Avoir mal à la tête » correspond sans doute à un désir névrotique, mais ce dernier s'oppose au désir sexuel et à ce qu'il comporte de perversité : il évite par exemple d'avoir à penser, pour pouvoir jouir, à une scène d'humiliation relevant du masochisme. Le symptôme protège, il sert non seulement de refuge, mais aussi bien de substitut : lorsqu'un homme ou une femme n'ont pas de partenaire, le symptôme ne leur tient-il pas lieu de sexualité ? « Puisque rien ne se passe ce soir, j'ai mal à la tête ».

Cette modalité du symptôme pose un problème lorsqu'une demande d'analyse succède à des contrariétés de la vie amoureuse, et qu'un symptôme se présente dans ces difficultés momentanées. Pour qu'une analyse commence dans de telles conditions, sans doute faut-il déjà distinguer la part de la névrose, et la part de ce que Freud appelait la « névrose actuelle », c'est-à-dire les désordres engendrés par des problèmes immédiats de la sexualité. Si « névrose actuelle » veut seulement dire qu'il se présente des symptômes à l'occasion des failles de la vie amoureuse, comment peut-on opposer cette « actualité » à la névrose proprement dite ?

On pensera d'abord que l'actualité va s'opposer au passé : le névrosé ne sera-t-il pas celui qui a pris de mauvaises habitudes quand il était petit, et qui les a gardées ? Ses symptômes auront ainsi la particularité de témoigner pour son enfance. Pourtant, à faire une telle hypothèse, rien n'indiquera encore en quoi ces mauvaises habitudes concernent « l'ordre sexuel », et cela si radicalement que le choix du sexe lui-même semble en dépendre.

Une nouvelle question se trouve alors posée. En effet, si dans un premier temps, on peut montrer une articulation entre le symptôme et les ratés de la sexualité, et si l'on cherche à déterminer quel est le point d'ancrage de ce symptôme, ne va-t-on pas devoir interroger le moment où, en accord avec son anatomie ou contre elle, un sujet choisit son genre ?

La nature semble avoir déjà décidé du sexe, et pourtant, la relation symbolique aux ascendants ne manquera pas d'infléchir l'anatomie, jusqu'à la subvertir parfois complètement. Si bien que la détermination signifiante se montre décisive : certains prennent l'habitude d'être du côté des garçons et d'autres celle d'être du côté des filles. Comment ce que demande la famille, consciemment ou inconsciemment, peut-elle avoir une influence dont l'effet se fera sentir jusqu'à l'élection du sexe, sinon parce qu'il existe, du côté parental, une préférence signifiée à l'enfant, entre ce qui serait un bon sexe, et un Autre sexe ?

Le désir d'avoir un enfant peut être également partagé par un père et par une mère, et, leur souhait concernant son sexe peut varier. Cependant, quel que soit le vœu conscient et qu'il soit renié ou accepté, le désir d'enfant ne répond il pas, du côté maternel, à l'envie du pénis ? N'est-ce-pas alors le sexe masculin qui sera en ce sens privilégié ? Sans doute une mère peut-elle préférer de beaucoup avoir une fille, il n'empêche qu'elle pourra attendre d'elle un phallicisme égal ou supérieur à celui d'un garçon. Et lorsque tel n'est pas le cas, sa fille devra quand même répondre de ce pourquoi elle a été attendue. Si l'équivalence posée par Freud entre le désir d'enfant et l'envie du pénis est vraie, alors n'est-ce pas l'insigne phallique qui déterminera un « bon » sexe, quelles que soient les préférences affichées ? Ainsi, du point de vue de la demande maternelle, la position masculine, même si elle n'est pas préférée, ne sera-t-elle pas plus facile ? N'est-il pas plus aisé de débuter dans le rôle du bon garçon ?

Une fille peut, elle aussi, commencer par être un bon garçon, et c'est d'ailleurs ce qu'elle fait toujours. C'est pourquoi le phallus est le seul symbole qui compte pour les deux genres. Cependant, en tant que fille, elle sera d'abord une mauvaise fille. En effet, si elle commence tout comme son frère, par montrer sa valeur phallique, elle entrera comme lui dans un rapport d'amour, de service et de dette vis-à-vis de sa mère : elle se sentira tenue de répondre à la demande maternelle en lui donnant le phallus. Il est vrai que la nature semble la désavantager pour remplir cet office. Cependant, l'insuffisance anatomique reste un détail et n'apparaîtra comme un handicap que lorsque sa mère lui fera remarquer, parfois avec constance, son incapacité à la satisfaire, et, pour tout dire, sa nullité de n'importe quel point de vue.

Alors qu'elle doit fournir un travail intense, une jeune analysante rencontre inopinément de grandes difficultés de lecture. Elle comprend ce qu'elle lit mais les mots manquent de sens, et lorsqu'elle reprend à nouveau le texte, la répétition ne fait qu'augmenter une impression de « platitude » angoissante. Alors qu'elle se demande comment elle va pouvoir surmonter cet obstacle, elle se souvient brusquement qu'au moment où elle a commencé ses études supérieures, sa sœur — moins douée qu'elle — lui avait fait remarquer qu'il ne lui servirait à rien de lire autant. Elle se met alors à rire, sans que je comprenne ce qui pouvait bien l'amuser dans l'évocation d'une rivalité plutôt désagréable. Ce n'est qu'à la séance suivante qu'elle me confiera le motif de son hilarité. C'est que la masturbation accompagnait souvent ses lectures. L'onanisme permet d'entrevoir l'origine de sa difficulté actuelle, surtout parce que le souvenir lui en est venu alors qu'elle évoquait une rivalité dont l'enjeu est l'amour maternel. La masturbation et l'absence de sens, la « platitude » de la lecture ne sont-elles pas ainsi liées ? Elle est réveillée, la nuit même, par un cauchemar. Il en va ainsi fréquemment depuis son enfance, où elle se réveillait souvent en criant. Mais cette fois-ci, elle se souvient du contenu de son rêve : il s'agissait de dresser un serpent, et sa mère lui offrait un livre, lui indiquant de quelle manière elle devait le dresser. L'éclair cauchemardesque du rêve l'éveille lorsqu'elle se trouve face à l'animal qu'elle ne sait comment maîtriser, et qu'en même temps elle doit lire les commandements maternels.

Ainsi, lire lui a-t-il bien offert un avantage dans la rivalité, et l'onanisme donne la mesure de ce gain de jouissance. Grâce aux lettres, la chose « dressée » rend ses comptes à l'amour, mais demeure aussi indomptable que celle qui la commande. Cauchemar dont l'horreur « aplatit » l'écriture jusqu'à la vider de son sens. Une mère réclame la chose, qui échappe au pouvoir de sa fille. N'en demeurera-t-elle pas insatisfaite, et ne continuera-t-elle pas à faire pression sur son enfant dans cette mesure ?

Toutefois, ce n'est pas toujours le cas. De nombreuses mères considèrent que leurs filles leur donnent toute satisfaction phallique et elles le leur font savoir par leurs manifestations d'affections. Et pourtant, une fille restera toujours d'abord une mauvaise fille : en effet, l'obligation d'être phallique pour l'amour de sa mère est non seulement une aliénation pesante, mais de plus, cette charge laisse en dette celle qui s'y emploie : jamais le phallicisme de l'enfant, fille ou garçon, ne sera assez grand pour satisfaire ce qu'il y a d'insatiable dans la demande maternelle.

Un garçon peut se dégager de cette créance en imitant son père, en s'engageant dans l'action et en portant son nom. Si une fille prend elle aussi cette voie, elle y réussira avec autant de bonheur que son frère. Mais ne risque-t-elle pas alors de mettre en danger sa féminité ? Au même titre qu'un homme, elle peut faire une œuvre afin de solder son dû, mais contrairement à un homme, elle s'expose à prendre en même temps en horreur son propre nom, parce qu'elle peut craindre de se situer ainsi du même côté que les hommes, lorsqu'ils prennent le nom de leur père. Elle retombera alors dans l'espace maternel, sur un territoire où sa dette grandit, accroissement qui fait d'elle une mauvaise fille, jamais à la hauteur de ce que l'amour de sa mère lui a réclamé.

Une fille est ainsi plus endettée qu'un garçon vis-à-vis de sa mère, et c'est pourquoi le lien qui l'attache à elle se montre parfois indéfectible. Son frère, même s'il tourne mal, aura d'abord été un bon garçon, et cette injustice est sans doute à la source de la réparation que la plupart des femmes semblent se sentir en droit d'exiger de la part des hommes, les amenant à considérer comme légitimes les cadeaux et les avantages qui peuvent leur être accordés, ou qu'elles peuvent exiger.

Il parait presque impossible qu'un enfant ne réponde pas à la demande maternelle, puisque c'est elle qui l'a amené à l'Etre et lui a donné sa place. Il semble indéfectiblement aliéné, voire identifié à ce qui manque à l'Autre, c'est à dire au phallus. Il ne peut espérer en réchapper, car en fuyant, il s'identifiera aussi à ce qui manque. La fuite précipite celui qui tente de s'échapper vers ce qu'il cherche à éviter. De même que celui qui croit s'esquiver par une porte dont il ne voit que le reflet, se heurte au miroir avec toute la violence de son propre élan, de même, plus la fuite est brutale, plus le piège se referme avec force : lorsqu'un enfant refuse la nourriture maternelle, il cherche à s'opposer à la conséquence aliénante de l'amour. Mais l'amour l'aliénera aussi violemment s'il reste bouche close devant son assiette. Une fois la demande de la mère formulée, il n'aura plus d'échappatoire.

Cependant le fait de refuser lui accorde une sorte de dignité, et lorsqu'il ne le fait pas consciemment, un symptôme, même douloureux (par exemple le vomissement) pourra avoir la même fonction. Il souffrira peut-être, et déclenchera chez sa mère une angoisse en proportion, mais cette voie du mal sera pour lui celle de la liberté. Voie libre qui consiste à choisir d'être un mauvais garçon, ou une mauvaise fille. L'élection de son sexe par le garçon l'amènera à être un mauvais garçon lorsque ses liens à la dette maternelle seront distendus, et une fille fera elle aussi un progrès, non pas si elle devient une mauvaise fille — elle l'est déjà — mais si elle le choisit.

Le refus de l'aliénation est ce mal, signifié d'abord par le coup d'arrêt porté par le symptôme, et au delà de lui, par tout ce qui dit non. Choisir la voie du mal veut dire affronter la privation d'amour. Cela peut être, par exemple, outre la mauvaise conduite, toujours excusable dans le jeune âge, l'élection précoce d'une vocation d'artiste, d'aventurier, ou de gangster. Ces choix ne sont-ils pas équivalents, sinon dans le lien social, du moins dans la proximité du mal ? Refuser d'être docteur, ou infirmière ou notaire, et préférer être un artiste, une danseuse nue, un comédien, un explorateur, un guerrier, un poète, un écrivain. Refuser, et plus encore, persévérer sournoisement dans son choix, écrire sur des cahiers cachés, préparer des plans d'attaque et d'exploration, danser déguisée devant la glace, la porte soigneusement fermée. Pire enfin, réussir et connaître le succès dans la voie du mal, pour la plus grande honte de la famille.

C'est ainsi que, certains analysants ayant parfaitement réussi leur vocation artistique, et dont la renommée est consacrée, continuent d'être considérés comme des traîne ruisseau par leur famille. L'un d'entre eux a reçu longtemps et régulièrement des chèques que lui envoyait sa mère, persuadée qu'elle semblait être que son enfant n'arrivait pas à boucler ses fins de mois. La fonction de cet argent était d'autant plus patente qu'il était envoyé en cachette du père : il rappelait à l'enfant son démérite, et lui soulignait que, quels que soient ses succès, il n'avait pas répondu à la demande maternelle et manquait de valeur (donc d'argent, même s'il était riche). Ce cadeau empoisonné a fait sombrer chaque fois celui qui le recevait dans une dépression dont il ignorait l'origine. Jusqu'au moment où le travail analytique l'amena, non pas à refuser ces dons — ce dont il aurait été incapable — mais à faire en sorte que son père soit informé de ces envois, qui se raréfièrent et s'interrompirent alors. Même si sa mère ne lui rappelle ses torts qu'en lui faisant part de ses maladies et des misères de l'âge, il lui reste maintenant à supporter son état de mauvais garçon, qui plus est en bonne santé, sans la circonstance atténuante de la dépression.

La voie du mal se définit donc moins par la valeur intrinsèque des choix, que par le moment d'affrontement douloureux où il faut se passer de l'amour maternel. Une fois passé ce cap, le mauvais garçon et la mauvaise fille sont lancés dans la vie. Est-ce à dire que les déplorables habitudes qu'ils ont prises en refusant d'être des anges, contre l'avis de leur mère, et en choisissant leur sexe, vont se perpétuer ? Ne vont-elles pas perdurer, et ce qui s'est tenu si longtemps dans le secret ne va t-il pas continuer de faire valoir ses droits par les mêmes voies, souvent marquées des travers qu'une longue habitude de la clandestinité a développés ?

Le mal, la douleur du symptôme, continuera ainsi de séparer le sujet de sa jouissance. N'y a-t-il donc pas moyen de lever cette barrière, dont l'imposition semble aussi puissante que ce qui cherche à la forcer ? N'est-il pas accablant de constater que les désirs les plus profonds, qui sembleraient les plus aisés à satisfaire, parce qu'ils rencontrent presque toujours leur complice, paraissent la plupart du temps s'empêtrer dans leur propre mouvement et laisser, sinon dans l'insatisfaction, du moins dans une attente indéfiniment reconduite ?

Lorsque l'ange choisit son sexe contre le souhait de sa mère, il choisit le mal, qui lui reste en travers de l'action sous la forme du symptôme. Ne retrouvons-nous pas ici le fait premier que nous avions évoqué, et que chacun peut constater ? On aura ainsi emprunté un raccourci : il donne l'intuition qu'un fait aussi massif que le clivage de la vie sexuelle résulte d'une lutte tôt engagée contre l'aliénation, et que de son issue dépend un certain ordonnancement. L'« Ordre » ne vient pas d'un commandement extérieur, mais il concerne seulement l'agencement — certes cœrcitif — qui se déduit d'une place et impose ses règles par rapport à elle. Cette place est celle d'un sujet qui se désigne d'une certaine façon par un nom, et en fonction d'un symbole – celui du phallus, régissant le choix du genre. « Phallus et Nom » apparaissent alors comme les notions qui vont permettre d'introduire les déterminations de cet ordre sexuel.

Il existe un agencement du désir sexuel. Il s'impose à chacun, qui y répond, comme il le peut, avec plus ou moins d'allant, sans savoir d'où vient cette force. Il le fait, tout en ignorant ce que cette puissance doit à l'amour.

C'est l'écart entre l'amour et l'ignorance que nous en avons, qui fait la force de cet ordre, auquel nous serons soumis avant même de nous être rendu compte qu'il s'imposait à nous.

Dans la *Genèse d'un cas d'homosexualité féminine,* Freud s'étonne de la méconnaissance des êtres humains concernant leur vie amoureuse : « je trouve étonnant que les hommes puissent accomplir des fragments si importants et si significatifs de leur vie amoureuse sans en remarquer grand-chose, parfois même sans en avoir le moindre soupçon, ou que lorsque la chose parvient à leur conscience, ils se trompent si radicalement dans le jugement qu'ils portent sur elle ». Ce qui le frappe concerne le temps de latence qui existe entre un événement grave de la vie amoureuse, méconnu, et le moment où un symptôme en rappelle l'existence. Le fait d'aimer et le savoir concernant cet amour sont dissociés. Entre trauma et symptôme, entre amour et savoir, notre conscience retarde. La douleur du symptôme, si elle survient, rend compte de ce délai qui s'écrit dans l'après coup du trauma.

Pourquoi sommes nous donc dans l'ignorance de ce trauma, méconnaissance à l'abri de laquelle notre vie s'ordonne d'un commandement sans voix ? C'est parce que nous aimons que nous ne voulons rien savoir de ce que l'amour comporte de traumatisant, et que nous obéissons, sans savoir à quoi. Nous ignorons le trauma pour préserver notre amour, et cette méconnaissance resurgit quelque temps plus tard sous la forme du symptôme (c'est-à-dire d'une certaine présentation de savoir).

Le traumatisme de l'amour, nous l'avons toujours connu ;

ne l'avons-nous pas découvert lors de notre premier amour, où il nous a fallu répondre au « rien » de la demande maternelle, et surmonter ce néant pour exister ? Le silence fait sur cette première rencontre est-il autre chose que le refoulement ? Et en a t-il été autrement pour notre deuxième amour, celui qui s'est adressé à un père pour nous dégager du premier ? N'est-il pas, lui aussi, traumatisant ?

Le lien consubstantiel de l'amour et du trauma nous fait ignorer la souffrance au moment où elle nous atteint. C'est sur le savoir concernant le traumatisme de l'amour que porte le refoulement.

Dans le cas d'homosexualité féminine décrit par Freud, la jeune fille subit un traumatisme violent le jour où sa mère se retrouve enceinte, alors que c'est elle qui voulait avoir un enfant. Sous le choc, elle se désiste de sa féminité, qui ne l'a pas servie auprès de son père. Comme lui, elle se met à aimer les femmes. Passion homosexuelle peut-être folle, ou immorale si l'on veut, mais ce choix lui permet de ne rien savoir, de ne pas être malade, grâce à sa nouvelle identité. Tout se passe comme si, pour préserver l'amour malgré le trauma, toute une mécanique de la vie sexuelle, de ses choix comme de ses fonctionnements, se mettait en place.

N'en va-t-il pas toujours ainsi pour ce qui concerne l'identité sexuelle et le choix d'objet, tels qu'ils commandent l'érotisme : dans le silence qui s'étend, pour préserver l'amour malgré la force du trauma, c'est toute une pantomime de la vie amoureuse qui se déploie, s'accomplissant comme si le choc n'avait pas eu lieu. C'est une mécanique sans équivoque, presque comportementale, puisqu'elle est encore sans souffrance et sans symptôme, qui se met alors en place. Il faudra donc questionner, à partir de l'identité sexuelle, la spécificité du désir masculin et féminin, et son rapport à la névrose. De plus, si la vie amoureuse est réglée par un ordre qui tire sa puissance du silence maintenu sur le trauma, ne faudra-t-il pas s'interroger une nouvelle fois sur l'efficacité de la psychanalyse à son égard ? Enfin, et rétroactivement à ces interrogations, n'est-ce pas l'agencement de la jouissance que l'on pourra questionner ?

# I. LE PHALLUS ET LE NOM

## Chapitre 1

## LE NOM ET LE FEMININ

En Russie, en Inde, aux Etats Unis, la femme qui se marie abandonne le plus souvent le nom de son père pour prendre celui de son époux et il en va ainsi dans la majorité des civilisations présentes ou passées. Lorsque le nom féminin ne subit aucune modification à l'occasion du mariage, comme par exemple en Espagne, les enfants qui peuvent en naître porteront toujours le nom du père. Le nom que porte une femme aura donc ainsi perdu sa valeur paternelle, potentiellement obsolète dès qu'il est question de la reconnaissance sociale de sa sexualité. Il existe des variantes, mais, à chaque fois, le signe de la filiation patronymique se trouve modifié. On interrogera la généralité de cette transformation, que les explications classiques sur le patriarcat et la domination des hommes éclaircissent de moins en moins. En effet, à une époque où le statut de la femme a été profondément bouleversé, la coutume du change du nom ne s'est modifiée que marginalement. Il doit exister pour cela un motif puissant, sans relation directe avec une coercition sociale, désormais hors de cause, et sans rapport non plus avec un problème d'identité (sauf à considérer qu'une femme prendrait le nom de son mari, parce que cela lui serait nécessaire pour pallier une faiblesse de son identité).

Le nom propre, qui est l'occasion de ce changement, n'est pas un mot semblable aux autres mots. Il sert à nommer un seul être vivant et sa lignée, tandis que le nom commun désigne les êtres animés appartenant à une classe, un genre ou une espèce, ainsi que les objets inanimés. Il est différent des autres vocables qui, quelles que soient leurs distinctions, restent solidaires entre eux. Quant à lui, il n'est pas solidaire : aucun signifiant ne peut définir le patronyme, alors que les noms communs peuvent tous, et par principe, se définir entre eux. Le nom d'un être humain se caractérise par son unicité et son absence de signification. Son exclusivité n'est cependant pas suffisante pour le situer ; il existe d'autres signes extra linguistiques qui sont tout aussi singuliers. Les traits physiques d'un être humain par exemple, ne sont jamais reproduits exactement chez l'un de ses semblables, sauf dans certains cas de gémellarité. Mais quand il faut subsumer, dans le langage, ces signes singuliers, il s'avère impossible de désigner un ensemble de qualités par une qualité qui leur serait supérieure ... sauf à faire de l'une de ces qualités un nom propre ; par exemple « Lebrun », « Leroux », etc. Une fois isolé, le trait échappe à la qualité et au sensible, il représente une sorte de qualité sans qualité. Le nom est résistant à l'apparence comme au vivant, son unicité est le signe de celui qui parle, la trace qu'il peut laisser pour attester d'un dire, et il permet de disposer d'un repère apparemment sûr de l'identité et de la singularité.

Le nom patronymique offre un rempart contre une déperdition de l'identité dans l'anonymat et le collectivisable du groupe social, par exemple l'église ou l'armée. Un homme préfère souvent cet anonymat, soit pour l'exercice de sa perversion, soit par goût d'un effacement auquel il peut consentir pour le succès d'une cause commune. Mais il ne perd pas pour autant son nom, qui ne fera que recevoir un qualificatif supplémentaire du fait de son appartenance à un groupe. Celui qui n'est qu'une unité au milieu de ses semblables aura le sentiment que son nom a gagné de la force dans ce bain pourtant impersonnel.

Il n'en va pas de même lorsque la décision est prise de changer de patronyme, comme ce peut être le cas de l'artiste au nom de son œuvre, du religieux au nom de Dieu, ou d'une femme en celui de son amour. Le nom adopté demeure comme un mémorial de la perte du patronyme, et cette dernière, alors qu'elle est consentie ou recherchée, pourrait passer pour le signe d'une carence de l'identité, qui chercherait une source plus certaine en se perdant dans quelque chose de grand comme l'œuvre, Dieu ou l'amour.

Donner le change du nom, ou précipiter son extinction, c'est affirmer une identité paradoxale, parce que rien ne permet de l'assurer, sinon l'instant de son propre effacement. Perte où s'assure une présence que rien ne peut prouver, sinon l'acte grâce auquel elle abandonne sa preuve. Il ne s'agit pas d'une absence ; mais d'avoir eu quelque chose, légué par un père, et puis de le laisser. La perte assure une identité différente de celle accordée par le patronyme.

Sans doute reste-t-il alors le prénom, qui, lui aussi, a été légué, et cette façon de s'appeler semble un signe de reconnaissance du féminin plus stable que le nom propre. Se nommer par son prénom paraît s'approcher du plus intime, et, dans la vie sociale, il est peut-être plus courant d'appeler une femme de cette façon que ce n'est le cas d'un homme, plus volontiers désigné par son patronyme. L'abandon du nom propre et la valeur accordée au prénom, comme indice de reconnaissance d'un genre plutôt que de l'unicité de l'individu, n'est d'ailleurs pas seulement le fait des femmes. C'est aussi celui des hommes d'église ; cette similitude n'est pas due au hasard, car le lien mystique au Nom divin délie du patronyme au même titre que la jouissance féminine réclame l'abandon du nom.

Le prénom évoque toutes les autres personnes qui l'ont également porté, et son choix a une importance par rapport à ces antécédents. Il permet de désigner une fonction ou un attribut, parfois imaginaire, et de lui donner ainsi la valeur d'une sorte de signe du destin. Le prénom est sous l'influence de l'analogie, sinon de l'identification imaginaire, et c'est à ce titre qu'il est le plus souvent décerné et discerné. Les rois sont prénommés en lignées dans une succession marquée par l'ordinal, parce que c'est ainsi leur fonction qui peut être collectivisée (et le changement de prénom dans la lignée n'est alors sans doute pas fortuit).

Il n'en ira jamais de même pour le patronyme, qui ne ressemble à rien, et ne permet de collectiviser ni une fonction, ni un attribut spécifique. Il concerne seulement la place dans la filiation mais il ne qualifie aucune identité féminine. Si le prénom était l'élément stable de l'identité féminine, s'il lui était accordé une importance plus grande qu'au patronyme pour se nommer ou pour se faire reconnaître des siens, il faudrait en conclure que l'identité féminine s'attarde de cette façon sur ses attributs, sur ses ressemblances, ou seulement sur l'imaginaire que cette dénomination évoque. Une certaine figure du féminin est ainsi convoquée, mouvante, mythique, elle peut se prénommer, mais elle ne se nomme pas. Si une femme se prénomme seulement, elle appartient de cette façon à la cohorte de ses semblables, qui, comme elle, demeurent dans l'oubli du nom, et trouvent dans cet oubli et cette perte le signe de leur identité.

Si l'on peut constater une perte du patronyme du côté féminin, quelle est sa fonction ? Le problème serait inextricable, ou sa solution resterait limitée, si l'on pensait que le nom propre sert principalement à désigner une identité – alors que sa fonction première est sexuelle ; il sert à symboliser le phallus : le garçon qui prend le nom de son père peut prétendre posséder la puissance phallique au même titre que lui. En considérant le patronyme comme une métaphore du phallus, on aura fait un premier pas.

Un second problème se pose alors, car le garçon comme la fille reçoivent le nom patronymique, qui leur confère à l'un comme à l'autre un certain phallicisme. Ce nom ne sert-il donc à rien du côté de la femme, est-elle seulement portée par son nom plutôt qu'elle ne le porte ? Ou bien ne faut-il pas penser qu'il aura cette caractéristique de pouvoir être perdu, selon une procédure qui éclaire une particularité importante de la sexualité féminine ?

Cette analysante a un souvenir d'enfance très vif d'un moment traumatisant vécu lors de sa première année de scolarisation. En cours d'année, sa maîtresse est tombée malade et une institutrice autoritaire l'a remplacée pendant quelques temps. Un matin, celle-ci lui demande brusquement son nom, et la petite fille ne peut répondre. Non qu'elle se trouve dans l'incapacité de parler, mais ce qui est beaucoup plus grave, elle ne se souvient brusquement plus de son nom, et cela pendant un long moment. La patiente se rappelle qu'elle faisait des efforts pour que ce nom lui revienne. Elle croit se souvenir qu'elle ne parvenait pas à retrouver ce nom, parce que l'image de son père, qu'elle arrivait à se remémorer, ne s'adressait pas à elle. Elle était sûre que si son père s'était adressé à elle, elle aurait immédiatement retrouvé la mémoire.

Il est secondaire de remarquer que ce souvenir est peu plausible, parce que les camarades de cette petite fille l'auraient certainement aidée si la situation relativement dramatique où elle se trouvait s'était prolongée aussi longtemps. L'important est la croyance qu'elle accorde à cette scène, et à sa possibilité de n'avoir un nom que dans la mesure où son père s'adresse à elle, dans une circonstance où elle est sinon persécutée, du moins fortement aliénée par une demande sans doute analogue à celle de sa mère. La perte du nom est corrélative à une aliénation dans cette demande, et son père est convoqué pour y mettre fin.

Le nom semble prêt à être perdu, comme si sa fonction était grevée d'un défaut: comment se fait-il que le nom qu'un père donne à sa fille ne suffise pas à la dégager de sa dette à l'égard de sa mère ? En effet, le don du nom devrait prendre le sens d'une symbolisation de la dette d'exister, il devrait suffire à symboliser le phallus comme symbole de la castration. Or, tel ne semble pas être le cas: le nom patronymique, ou son équivalent, est ce que la plupart des femmes abandonnent au profit d'un autre nom. C'est tellement vrai que le changement de nom est généralement réglé avec soin dans la plupart des sociétés, et c'est presque exclusivement de lui que dépend la reconnaissance sociale de la sexualité féminine.

Ce change du nom correspond-t-il à une insuffisance, à une carence de la fonction paternelle ? Cette question est pertinente parce que la plainte hystérique à l'égard du père est constante. Cette réclamation a son fondement dans la structure des fonctions paternelles. Le père est toujours inégal à sa fonction, car ou bien il interdit l'inceste avec la mère, et dans ce cas, il délaisse la fille ; ou bien il cherche à séduire sa fille et dans ce cas, ce n'est plus un père. Il déçoit quoi qu'il fasse. Aussi, le défaut paternel apparaîtra-t-il toujours. Cependant, il serait erroné de voir dans cet inévitable raté de la fonction paternelle un fait de structure imposé au sujet, qui, au contraire, la recherche activement. Le défaut paternel est une bénédiction, car grâce à lui la jouissance est possible.

C'est grâce à l'insuffisance paternelle que la question de la jouissance du corps peut seulement se poser, puisqu'un père qui serait vraiment tout-puissant sur cette terre (et non au ciel où il demeure pour le plus grand bénéfice de la jouissance) pourrait prétendre interdire totalement l'inceste et l'exercice de la sexualité qui vient dans sa suite. Ainsi la question de la perte du nom paternel prend-t-elle finalement son sens, non seulement par rapport à l'identité, non seulement par rapport à la sexuation, mais par rapport à la jouissance.

Une certaine interprétation, assez répandue, de l'anthropologie structurale et de l'œuvre de Lévi-Strauss, a pu donner son profil le plus bas à la question du change du nom féminin, ramenant la femme à un statut d'objet de troc symbolique entre les hommes, échange dont la passation du patronyme viendrait témoigner. Une telle lecture, outre qu'elle donne du rapport symbolique la vision mécanique d'une machinerie indépendante des hommes qui l'agissent, a l'inconvénient de ne laisser aux femmes que la place d'objets passifs manipulés dans les circuits masculins.

Cette lecture, déjà idéologique, « moderne », est subvertie du tout au tout dès que l'on se demande si, loin d'être la victime passive de mécanismes aveugles, une femme n'aurait pas le souhait profond de perdre son nom, de perdre un nom qui lui est étranger et qui la trompe. N'a-t-elle pas déjà souhaité perdre ce nom, en considérant qu'il est d'abord celui de son père, qu'elle l'a porté et le porte peut-être encore, mais que ce n'est pas vraiment le sien (point de vue qui ne sera jamais masculin) ? La perte n'est-elle pas déjà presque consommée, si elle considère qu'elle porte ce nom simplement pour honorer son père (et non sans impatience) ? Et si elle a consenti par avance à l'idée de cette perte, n'est-ce pas parce qu'il s'agit d'une condition de sa jouissance, puisque le nom symbolise le phallus, et que ce dernier s'oppose finalement à sa spécificité féminine ?

S'il y a une jouissance au moment où le nom tombe, alors, loin de constituer un système d'échange marchand, la perte s'accomplira au bénéfice de la jouissance féminine. Les femmes ne veulent-elles pas la perte du nom paternel, et les hommes ne la leur concèdent-ils pas volontiers, dans la mesure où ils sont intéressés à leur plaisir ?[1]

Se considérer comme propriétaire de son patronyme est une affaire de désir. Si une fille considère que le nom qu'elle porte est avant tout celui de son père, sans doute est-ce parce qu'elle est prête à le perdre à la première occasion. Mais cela ne va pas également sans le désir du père à l'égard de sa fille. Ainsi en a-t-il été pour cette jeune fille qui ne portait pas le nom de son père, mais celui de sa mère, du fait de circonstances qui semblaient tout devoir au hasard. Lorsqu'elle a 15 ans, le cadre de sa vie a changé, et des démarches administratives sont entreprises pour qu'elle prenne le nom de son père, avec l'accord de ce dernier. Pourtant, elle se montre incapable d'accomplir l'acte final. Depuis quelques semaines déjà, elle manifestait des réticences, mais ce n'est qu'une fois consommé l'échec de cette démarche qu'elle se souviendra brusquement d'un encouragement que lui avait prodigué son père : « Quand tu te marieras, tu changeras bien de nom ! »

Un concours de circonstances avait empêché cette jeune fille de porter le nom de son père dès sa naissance. Il se révèle, seulement dans ces 15 ans d'après coup, comme autre chose que le fait de hasards. Comment pourrait-elle porter ce nom, s'il a, avec autant de violence une signification incestueuse ?

Le patronyme semble assurer la neutralité de la filiation, mais la circonstance du legs entache sa fonction : à le considérer isolément, le nom patronymique est toujours symbolique, au sens où il transcende le vivant, et demeure à l'abri du temps. Les événements eux-mêmes ne l'entament pas, et pas plus la haine que l'amour ne l'affecte. Il existe en principe une sorte d'éternité du nom, qui passe inter-

1. Cet intérêt est d'ailleurs incompréhensible puisqu'ils ne connaissent pas ce plaisir, et l'on peut comprendre leur fascination seulement parce que cette jouissance et la perte qu'elle implique donne du lest à leur propre nom, comme on essaiera de le montrer plus loin.

minablement les générations, et ni la vie ni la mort ne devraient le concerner, bien que cette éternité elle-même le situe plutôt du côté de la mort. Le patronyme concerne une paternité symbolique, un père mort depuis toujours. Cependant, lorsque ce nom est perdu, c'est encore le signe d'un vivant qui se perd. Le change du nom qu'accomplissent les femmes atteste que le père symbolique est bien mort et cette assurance est prise aux dépens de celui qui en a fait don, et l'a transmis.

En ce sens le change du nom donne une consistance au fantasme de meurtre du père et il peut arriver, à cause de cela, qu'un père ne supporte pas le mariage de sa fille ; son irritation est moins le signe de son amour incestueux que celui de la proximité de sa mort, ainsi découverte.

La présence de ce fantasme où un père est tué est ainsi actualisée puisque c'est bien un vivant qui porte ce nom, et une sorte d'acte de décès – garantie d'efficacité symbolique – est ainsi dressé. Son nom abandonné ne viendra plus contaminer le vivant. Il faut s'en assurer, parce qu'il existe une ambiguïté du statut de ce père, dont on ne sait pas bien s'il est mort ou s'il est vif : n'est-il pas esprit, présence des fantômes, sang des règles, viandes, nourritures, animaux furtifs, excréments ? N'est-il pas tout ce qui provoquait les dégoûts de cette patiente de Freud, Emmy von N. qui craignait l'animation toujours possible d'un cadavre, capable de se dresser à partir de la moindre poussière, des saletés et des replis nocturnes, ceux de l'insomnie comme ceux du corps ? Que ce père puisse encore bouger et animer du vivant glace le corps ; la frigidité peut venir de ce regard fixé sur l'animation d'un mort, sur le dégoût de tout ce qui l'évoque. La perte du nom s'assure de son immobilité, et, dans l'espace où il succombe, une jouissance différente de celle du phallus qu'il symbolise est possible.

Pourquoi assurance devrait-elle être prise de la mort du père ? Quelle fonction paternelle nécessite une telle opération ? La jouissance humaine est tout entière structurée par sa propre impossibilité. Avec constance, tout ce qui est sexuel, et phallique, se présente masqué, couvert par la pudeur, par les convenances sociales, par autant de signes d'un interdit qui, non seulement défend cette jouissance mais aussi la provoque. Or, c'est à une instance paternelle qu'est conférée cette fonction de prohibition. C'est pourquoi quiconque rêve de la jouissance et la recherche se heurte au père : au phallus qui est l'insigne de sa puissance comme au nom qui le symbolise. Aussi libérale que soit une société, elle engendre cette limite paternelle, qui fonde aussi son érotisme.

Cette structure empêchée de la jouissance phallique semble se vérifier pour les deux sexes, également tentés par le plaisir qu'il ne faudrait pas. Que peut bien ajouter la perte du nom du côté féminin ? Cette perte assure de l'évanouissement paternel, elle affirme qu'il est possible de jouir au-delà de la prohibition qu'il impose. Et si les hommes ne peuvent trouver leur plaisir dans cet au-delà, qui pourtant les fascine, c'est dans la mesure où le nom qu'ils portent leur est nécessaire : ils ne peuvent le perdre car il les protège de leur propre féminisation. Dans cette mesure, ils ne sauraient connaître la jouissance qui est au-delà de ce qui leur confère leur puissance phallique. Leur jouissance s'arrête donc sur cet os. Elle tourne court à l'endroit où commence la spécificité de la jouissance féminine.

Ce n'est donc pas la faiblesse de son identité qui amène une femme à laisser le nom de son père et à prendre celui d'un homme. Elle ne cherche pas de cette façon le soutien de la virilité. Elle est seulement attentive aux conditions d'une jouissance, dont la réalisation est de beaucoup plus intéressante que la liberté apparemment concédée par le nom propre. Ce n'est pas tant qu'il y aurait à choisir entre le nom ou la jouissance, mais c'est plutôt qu'il s'agit de suivre un certain chemin allant vers la jouissance, et qu'à le suivre, la perte du nom semble nécessaire parce que quelque chose de paternel barre la route. Franchir cette limite donne sa spécificité à la jouissance féminine.

Sade, jamais à court d'imagination, a pu décrire dans l'introduction des *120 journées de Sodome* une scène familiale assez horrible où la mort d'un père correspond à un orgasme : le père d'une jeune fille a été incarcéré puis condamné à mort et il doit être exécuté. Le héros de cet épisode a promis qu'il obtiendrait la vie sauve du malheureux, mais à condition que la virginité de sa fille lui soit réservée. Au jour dit, la jeune fille arrive, conduite par sa mère, et au moment où elle est violée, les rideaux s'ouvrent sur la scène d'exécution du père.

Le point d'appui du patronyme pourrait permettre de situer l'orgasme féminin comme l'envers du nom propre. Cependant cette description peut paraître théorique, et bien éloignée de ce que livre l'expérience. Comment pourrait-on croire que la jouissance féminine s'articule avec constance à un fantasme parricide ? Elle ne parait pas dépendre avec autant de régularité du patronyme, et rien ne semble permettre de la situer directement comme envers, ou même comme trou du nom.

Il ne s'agit pourtant pas d'une hypothèse déduite à partir d'une construction théorique de la psychanalyse (par exemple la prohibition du complexe d'Œdipe). Il est question au contraire d'une donnée immédiate de l'expérience, qui apparaît avec évidence si l'on considère le nom paternel sous l'angle de sa seule fonction. L'orgasme féminin, il est vrai, ne nécessite nullement avec constance la pensée d'un meurtre. Mais peut-il se dispenser, sinon de la pensée obscène, du moins de la pudeur qui la masque ? Est-il donc toujours affranchi du fantasme de subir une violence, ou une humiliation, autant de signes d'une culpabilité qui est le seul signe d'une transgression ? Dans la jouissance, parler du patronyme, du père, n'a de valeur qu'à proportion de la fonction paternelle, qui est d'interdire. Ainsi l'objet obscène, ou seulement la pensée obscène, tirent leur force de l'apposition du nom paternel. Ce qui est obscur et doit être caché sexuellement porte le sceau du patronyme, et se montre désirable à raison de l'obscénité qu'y appose sa marque. Grâce à lui, l'indécence est érotique, et s'ils portent sa griffe, les mots obscènes sont autant de noms paternels, imprononçables à la lumière du jour. Envers.

Avec cette marque du nom, l'érotisme de l'interdit et de sa transgression apparaît. Dans l'expérience la plus courante de l'orgasme, le fantasme inavouable, la pensée de faire l'amour sous la contrainte, avec la personne qu'il ne faudrait pas, en dépit de la morale ou de la religion, sont autant de signes du père, aussi efficaces que ceux de l'obscénité, et, avec eux, l'envers du nom se rejoint. Toute l'excitation se débonde au delà de cette limite, qu'aucune ligne de démarcation « naturelle » ne permet de tracer.

Le changement de patronyme, s'il trahit le père, occupe une fonction précise, puisqu'il est possible de cette façon d'aller au delà de la jouissance phallique. Au moment où le père s'effondre, l'inceste est réalisable, et le corps vaut pour ce qu'a toujours voulu l'Autre maternel, c'est-à-dire ce bouche-trou, ce phallus jouissif. De cette façon, une femme obtient une jouissance du corps qui lui est propre, sans rapport à la jouissance d'organe, puisqu'elle est au-delà de ce point où l'organe est symbolisé par le patronyme. Cette jouissance perd le nom sur lequel elle s'est appuyée, et dans cette chute, le corps se rejoint un instant.

Le retournement de l'orgasme autour de cette ligne de démarcation implicitement tracée par un père met en scène un fantasme parricide, et c'est en ce sens que la question du nom prend son importance. Le fait de changer de patronyme pourrait être seulement une mesure d'asepsie symbolique au moment où une femme quitte sa famille. Mais c'est d'abord au titre d'un accès à la jouissance ouvert par le fantasme que cette opération prend son sens.

Le désir va jusqu'à cette extrémité où une pensée meurtrière le fait aboutir, et la procédure concernant la dénomination lui est homogène. Il est difficile de concevoir que le désir puisse porter avec lui ne serait-ce qu'un germe de mort. Et pourtant il y a bien une telle proximité de la mort, dans le fantasme de séduction. La séduction est duplice. C'est aussi bien celle de la fille par le père, que celle du père par la fille. L'ambiguïté du génitif laisse ouverte ces deux possibilités, et quelle que soit la face sous laquelle on la considère, « la séduction de » comporte une implication meurtrière.

S'agissant d'abord du désir du père pour sa fille, de ce moment où elle est séduite par sa virilité plutôt qu'elle ne le séduit, il y a approche d'un péril. En effet, si le père désire sa fille, il disparaît comme père, puisque sa séduction semble tout le contraire de sa fonction. Il apparaît alors comme un homme ordinaire, et plus rien ne sépare sa fille d'un espace maternel incestueux et dévorant. A eux seuls, les souhaits incestueux avec le père peuvent s'accompagner d'images de morcellement et d'éviscération, de mise en scène cannibale et d'apparition de monstres, autant de représentations qui figurent l'inceste maternel. Le désir du père a donc comme perspective sa disparition. (C'est pourquoi la séduction est dangereuse : une femme peut ressentir l'attraction qu'elle exerce sur les hommes non comme un atout, mais comme un danger extrême).

S'agissant ensuite du désir de la fille pour le père, l'impasse est originelle, car c'est pour sa fonction que le père est sexuellement aimé, avant même qu'il ne le soit pour sa personne, ses qualités ou son apparence. Or, cette fonction paternelle signifie que son désir est celui d'une autre femme. Il est aimé comme père seulement s'il aime ailleurs, et c'est ainsi qu'il est désiré. Ce qui est séduisant en lui est l'impossibilité que son amour comporte. Cette impasse est celle d'un désir qui ne se réalisera pas, et l'amour du père implique le rejet, la perte, une mort puissamment manifeste, et presque incompréhensible.

Enfin, si l'ambiguïté du génitif de la séduction comporte ces deux tranchants du désir, la déchirure qu'il ouvre lie le désir du père à la question de ce qu'est une femme. En effet, le désir a une conséquence meurtrière pour celui qui donne l'identité. C'est donc l'identité féminine qui va se trouver dénudée du nom par le propre mouvement du désir, et elle ne sera plus alors supportée que par ce désir sans nom. Avant toute jouissance, et seulement dès l'instant où il est tourné vers l'homme, le désir programme en lui la perte du patronyme, qu'il implique avec sa réalisation.

En ce sens, le change du nom donne consistance au fantasme de meurtre du père. Toutefois, il ne concerne pas à proprement parler la personne (comme c'est le cas pour le garçon qui est en rivalité avec son père) et l'on ne peut pas dire non plus qu'il s'agisse d'un pur sacrifice symbolique, car le père symbolique est toujours déjà mort (l'opération concernant son nom n'affecte pas le vivant). Cette limite où se joue la perte du nom concerne une personne, et elle ne la concerne pas.

Cette ambiguïté a de nombreuses conséquences qui

restent incompréhensibles lorsque leur origine est méconnue. En effet, le désir est traversé par la mort jusqu'à la jouissance dont le retournement est contaminé par un vœu parricide. Ce dernier est d'autant plus inavoué qu'il n'apparaît pas vraiment comme un parricide, il peut être dénoté seulement par la pudeur, ou un fantasme d'humiliation. Même lors d'une opération aussi ouverte que le change du nom, il reste toujours un doute sur le père qui s'y représente. Il y a ainsi cette notion essentielle d'un meurtre qui n'en est pas un, faux crime dont la conséquence est l'impossibilité du deuil, puisqu'il n'y a pas de cadavre, et donc pas de dette le concernant que l'on puisse payer.

Aussi violent que le désir lui-même, ce deuil impossible porte à peine un nom, et pourtant il apparaît partout où l'amour va jusqu'à sa conséquence sexuelle. Il ne peut pas se nommer puisqu'il ne s'est rien produit d'assassin, qui permette de particulariser la constance de la chute du nom dans la jouissance. Rien, sinon le sentiment dont cette perte peut s'accompagner : une tristesse indéfinie ou une dépression violente, la notion vague d'une proximité avec la mort. Pourtant nulle mort n'est survenue ou n'a même seulement été pensée, puisque le seul mouvement sensible n'aura jamais été que celui du désir.

Cette personne se souvient que, lorsqu'elle était petite fille, elle suivait dans la rue les enterrements de voisins inconnus et elle pleurait à chaudes larmes, s'attirant la sympathie des participants légitimes de la cérémonie, (auxquels elle pouvait donner l'occasion de pleurer à leur tour, grâce à une sorte de contamination de l'émotion). Plus tard, lorsqu'elle fut jeune fille, elle se souvient avec quelle facilité elle pouvait être émue et s'habiller de noir à l'occasion de la mort de personnages publics. Ce penchant lui semble maintenant témoigner d'un goût morbide et peu sympathique, qu'elle préfère ne pas évoquer. Jusqu'au jour où elle rêve de la mort d'une connaissance, présentant sans aucun doute un trait paternel, et il lui est absolument interdit d'assister à son enterrement ; plus exactement, si elle y va, elle sera accusée d'avoir assassiné cet homme, alors que tel n'est pas le cas. Mais elle a cette idée que, si elle commence à être accusée, elle ne pourra pas se défendre.

Elle est donc mise devant ce dilemme : elle ne peut faire de deuil sans s'accuser elle-même. En ce point de ses associations, il se passe un phénomène étrange : elle a brusquement un doute concernant le personnage du rêve, et il lui est impossible de se souvenir si cet homme est actuellement vivant ou s'il est décédé... Cela lui rappelle maintenant qu'elle a longtemps eu cette idée – dont elle était incapable de savoir si elle était vraie ou fausse – qu'elle avait commis un meurtre alors qu'elle devait se trouver dans un état somnambulique, mais que personne n'avait pu soupçonner quelqu'un d'aussi innocent qu'elle, ni d'aussi plaisant à regarder : qui pourrait penser qu'une aussi mignonne petite fille – presque une jeune fille à laquelle en tout cas, beaucoup d'hommes rendent hommage – ait pu commettre un abominable forfait ?

Cette suite de pensées prend un relief particulier lorsqu'elle est déchiffrée en partant de la dernière d'entre elles, celle de la séduction, donnée comme un atout ou plutôt une arme de l'innocence. Pourtant la pensée qui précède immédiatement cette protestation lui est exactement contraire. On remonte ainsi jusqu'au rêve qui est l'occasion de cette série d'associations, rêve d'un deuil impossible, dont la pensée préliminaire, celle qui concerne un état bienheureux de l'enfance, représente le moment d'un deuil licite et généralisé, bien que la personne concernée soit alors inconnue.

Il s'agit de différentes présentations génétiques du même fantasme, et l'on remarque qu'il présente dans chacune d'entre elles une sorte de défaut, soit que le mort reste inconnu, soit qu'il soit connu mais que suivre l'enterrement présente un risque, soit encore qu'il y ait un doute sur la réalité de la mort, ou soit enfin que la séduction permette d'innocenter la meurtrière. Cette instabilité repose sur l'impossibilité de localiser le père symbolique. Dans tous les cas, le deuil ne peut pas s'accomplir pleinement, et la culpabilité ne sera pas purgée non plus. Cette position fondamentalement bancale du deuil ou de la culpabilité est essentielle dans la clinique.

Il existe une modalité particulière de la tristesse, de la perte, qui ne peut pas se reconnaître et se pleurer avec raison, car en réalité, rien n'a été vraiment perdu. Et pourtant la dépression montre qu'une perte s'est accomplie, sinon en un sens aussi violent que celui de la mélancolie, du moins sous la forme paradoxale d'un deuil précédant tout objet.

Une telle dépression, due à l'impossibilité de trouver le corps mort qui lui correspondrait et de procéder à des funérailles, est incompréhensible pour celle qui la subit car comment pourrait-elle imaginer que son désir comporte une telle conséquence ? Ne serait-il pas ridicule de dire à une femme déprimée qu'elle a probablement eu un fantasme meurtrier ? Comment pourrait-il en aller ainsi, alors que l'homme concerné par une telle pensée est justement celui qu'elle aime et dont elle prend soin ? Et comment serait-il pensable que s'occuper d'un homme avec tendresse ne le préserve de rien, et est plutôt le blason inverse de la mort que porte le désir ?

Prendre soin de la personne désirée ne lui offre aucune garantie. Faire la cuisine, raccommoder le linge, ranger le désordre de celui dont le plaisir sexuel est attendu passe pour une preuve d'affection toute naturelle, ou même — selon la pire version masculine — pour un signe de reconnaissance manifesté en souvenir du plaisir reçu ou de celui qui est attendu. Mais n'est-ce pas un peu trop solliciter le désir inconscient que d'interpréter des soins généreux comme un geste de réparation, si ce n'est comme un secours anticipé, apporté à celui qui a fantasmatiquement pâti d'un mauvais traitement, ou en a pris seulement le risque ?

A dire vrai, les soins pris à l'égard de l'homme désiré ne commencent à montrer leur doublure meurtrière que lorsque leur accomplissement est non seulement compulsif, lancinant, mais qu'il s'accompagne de plus d'une tristesse s'accroissant avec le sentiment de la tâche accomplie. S'occuper de multiples tâches domestiques, ou apporter un soutien matériel ou moral peut avoir de nombreuses justifications. Mais l'éventail des raisons alléguées se resserre si les soins donnés creusent une sorte de trou, de dépression où l'agir s'enfonce. Plus les services rendus sont importants, plus l'abnégation grandit, et plus la tristesse s'accroît à proportion du fantasme d'anéantissement qui borde le désir et chemine avec lui jusqu'à l'instant de la jouissance, où il occupe tout l'espace. En ce sens, la dépression et les activités domestiques font le plus souvent bon ménage.

Dans un petit texte paru dans un almanach féministe, et intitulé : *La soupe aux poireaux,* Marguerite Duras donne la recette de cuisine de ce plat simple. L'auteur se contente d'apporter quelques explications utiles. Rien dans le poireau ne justifierait le lyrisme ou même un effet poétique. Pas de phrases oiseuses, ni d'enthousiasme pour cette tâche modeste, pas plus d'ailleurs que de mauvaise humeur eu égard à l'énergie ainsi dépensée. On imagine la femme absorbée par la confection de sa soupe, dans l'intimité de sa cuisine, pesant les ingrédients, comptant le temps et les proportions. La dernière phrase de la recette tombe comme un couperet. Elle est composée d'un seul mot : — « suicide » —. Pensée du suicide, qui vient en ce moment final où la préparation soigneuse du repas est enfin terminée. La pensée de la mort accompagne cette activité généreuse, alors qu'elle semblait guidée seulement par l'affection et la tendresse.

La dépression est la monnaie courante d'un deuil impossible, qui, dans sa forme la plus épurée et la plus incompréhensible est présentifié par la jouissance elle-même : le moment de l'orgasme ne peut-il pas présenter à lui seul le moment d'un deuil impossible au travers du trou du nom ? Lorsqu'elle est obtenue, la jouissance sexuelle elle-même peut plonger dans une dépression, variable selon la méconnaissance plus ou moins importante de la perte qu'elle implique. L'homme de rencontre, l'amant d'une nuit aussitôt perdu est séduisant, parce qu'il accepte sa propre disparition : le deuil en est ainsi effectif et immédiat. Il s'accomplit joyeusement. Jouir avec un inconnu oublié le lendemain est la possibilité offerte par Don Juan ; il exerce une séduction bizarre, dont il n'est investi que parce qu'il est déjà plus loin. Sa force est celle de l'absence. Avec Don Juan la pensée homicide ne se méconnaît pas, elle éclate au grand jour.

Elle ne se dissimule pas non plus, lorsque le désir est tourné vers un homme à l'égard duquel il existe des motifs d'aversion, ou qui est seulement l'occasion de reproches. La colère ou la récrimination peuvent alors facilement prendre le deuil à leur compte. Il n'en ira pas de même lorsque celui qui est désiré est aimé, et que sa présence n'est pas refusée. Le deuil nécessaire à la jouissance tourne alors sur lui-même et cherche son signe d'alliance, sa bague obsidienne, l'habit noir qui peut couvrir ce que l'entrée dans la loi comporte de sanglant.

Mille indices peuvent servir à manifester la présence du père mort, à signifier sa trace. Ainsi du sang menstruel, signe qu'un enfant ne viendra pas, et donc que le père qu'il aurait pu avoir s'en va avec lui. La douleur des règles fait deuil de ce père, et de l'homicide occulte qu'elles représentent (dans un nombre de cas suffisamment grand pour que différentes religions aient considéré les règles comme le moment impur de la féminité). Cette souffrance menstruelle, sans doute, n'est pas « physique », mais elle n'est pas morale non plus puisque personne n'est concerné par cet événement, et qu'il s'agit d'une présentation ne représentant rien qui l'antécède. Cette douleur du corps présente l'impossibilité du deuil, comme de la culpabilité qui lui est attachée.

Cependant, cette culpabilité n'est que l'un des deux versants du deuil : s'il y a faute, c'est qu'il y a aussi jouissance, la première venant sanctionner la seconde. C'est pourquoi la manifestation du deuil peut aussi bien s'inverser, il peut y avoir pour un motif identique, une jouissance des règles, ou une jouissance de prendre des contraceptifs. Et également une jouissance de l'avortement.

Cette analysante est depuis quelques temps légèrement sourde de l'oreille droite. Tout a commencé suite à un plongeon dans une piscine, et, alors que tout aurait dû rapidement rentrer dans l'ordre selon les spécialistes, cette surdité demeure. Elle ne se manifeste qu'occasionnellement, en particulier dans les réunions ou à la suite de l'une de ses conférences, son symptôme se renforce lorsqu'elle doit répondre aux questions de l'assistance. De même, lors de certaines discussions dans son milieu professionnel, il lui arrive d'avoir des difficultés à entendre de cette oreille.

En l'écoutant détailler les circonstances d'éclosion de sa surdité, je remarque que, presqu'à chaque fois qu'il en est question, elle parle ensuite de son antipathie, voire de sa haine pour ses interlocuteurs. Mon attention est attirée sur cette association à cause d'une homophonie qui existe dans sa langue entre la haine (odio), et le fait d'écouter (oïr). La pertinence de cette proximité sera vérifiée dans les séances suivantes.

Alors qu'elle parle une nouvelle fois de sa surdité, elle se plaint de son oreille gauche, alors que c'est la droite qui est déficiente. Que peut lui évoquer cette erreur ?.. Il lui revient brusquement le souvenir de son dernier avortement. Les circonstances en furent tellement dramatiques qu'il avait fallu lui enlever la trompe gauche. Sur cet avortement, elle avait dû faire le silence. En effet, cela s'était passé juste après son mariage et alors qu'elle voulait un enfant. Avant ce mariage elle avait déjà avorté quatre fois dans l'année, en quelque sorte tout naturellement, alors qu'elle était enceinte des œuvres d'un homme plus âgé qui était pour elle une sorte de père spirituel. Elle s'était mariée brusquement avec un autre homme dont elle était tombée passionnément amoureuse, alors que ça n'était pas le cas avec son ancien amant. Elle avait dû avorter car elle ne savait pas auquel de ces deux hommes elle devait sa grossesse. Cette situation où elle ne pouvait savoir qui était le père alors qu'elle voulait un enfant l'avait mise dans un état de haine froide, impersonnelle, « un odio ». Horreur de cette situation dont on voit de quelle façon s'y articulent le symptôme auditif, la haine et la question de la paternité.

Il peut paraître choquant de parler d'un plaisir de l'avortement. Pourtant, la question se pose en ces termes lorsque tout a été fait pour obtenir ce résultat, même si cet événement n'en est pas moins une souffrance, d'autant plus vive qu'elle est liée au fantasme de meurtre du père. Lorsque cette personne qui vient de subir une anesthésie du fait d'un avortement provoqué se réveille, les premiers mots qu'elle prononcera seront : « pardon papa ».

Entre le moment dépressif du deuil, et la jouissance qu'il dénote, tout se passe comme s'il se présentait un double versant, maniaque et mélancolique du deuil, selon que la faute est prise sur son versant de jouissance, ou sur son versant de culpabilité (l'un n'allant pas sans l'autre). La clinique montre que certaines femmes ne connaissent que la dépression (par rapport à cette faute qui n'a pas eu lieu, et qu'elles ne peuvent donc purger) d'autres ne connaissent que la jouissance (par exemple le plaisir de se faire avorter). La plupart passent de l'une à l'autre de ces modalités, chacune démontrant à son tour l'inanité des procédés qu'elle met en œuvre.

Qu'il y ait dépression, qu'il y ait douleur ou qu'il y ait jouissance, les signes accompagnant le fantasme de meurtre du père se manifestent d'autant plus violemment que la personne qu'ils concernent demeure inaccessible. Dans le fil qui va de la chute du nom à la jouissance féminine, le parricide ne concerne aucune personne vivante, mais cherche à atteindre à travers l'homme, le père idéal résidant au-delà de lui, père sans consistance, seulement éveillé par l'amour, et n'habitant aucun corps plus d'un instant.

L'impossibilité de faire un deuil, ou seulement de reconnaître le corps mort autrement qu'à travers les figures du dégoût, de la dépression, de la culpabilité, donne à la question du père une dimension tragique. Des séquences essentielles du fantasme hystérique s'enfoncent ainsi dans la morbidité. L'attrait de la mort porte à sourire lorsqu'il s'agit de la petite fille suivant avec passion l'enterrement d'inconnus; mais ce penchant provoquera l'effroi lorsqu'il insistera avec violence dans les actes de la vie quotidienne. Cette dimension de l'hystérie est tragique, car une fois le fantasme de meurtre enclenché, il est répétitif. En effet, aucun « père » exposé à ce traitement ne saurait être le bon, et le circuit qui cherche à le supprimer va se réitérer, courant sans fin de l'interdit du parricide à l'impossibilité de faire un deuil, alors que tout indique — à commencer par la jouissance — que l'acte assassin a vraiment eu lieu, même s'il n'en reste aucun indice, aucune preuve. Ainsi, à la violence meurtrière succède la dépression, quand ce n'est pas le goût de disparaître. Est-ce encore une jouissance qui s'expose ainsi, et qu'est ce que cette puissance paternelle incorporelle, qui n'est pourtant rien sans corps?

Chapitre 2

## QUE VEUT UNE FEMME ? QU'EST-CE QUE LA VIRILITE ?

Dans quelle mesure peut-on soutenir que le changement de nom est moins un impératif de l'échange social qu'une condition de la jouissance féminine ? Une telle hypothèse se fonde sur le fantasme de meurtre du père : si le propre de la jouissance féminine est au delà de la jouissance phallique, alors la perte du nom signifie le point de passage dans cet au-delà.

La simplicité de cette argumentation pourrait convaincre, mais un autre problème se pose alors, parce que la paternité comporte plusieurs fonctions, et il faut déterminer laquelle d'entre elles est concernée par l'opération évoquée : pour parler, le sujet énonce d'un lieu dont le nom patronymique fait signe, permettant l'existence au langage, ainsi que son utilisation. Avec le don de ce nom, c'est la fonction symbolique de la paternité qui se trouve donc définie.

Cependant, le père symbolique est toujours déjà mort, puisque le nom est ce qui passe les générations. Comment ce père du patronyme peut-il alors être l'occasion d'un fantasme de meurtre ? Si le père symbolique n'est pas vivant dans sa fonction, on ne voit plus quel rôle la perte du nom peut tenir dans le fantasme parricide, et, par voie de conséquence, dans la jouissance. L'objection est donc sérieuse, et la difficulté oblige à faire intervenir une autre fonction paternelle. En effet, si le père était seulement celui dont le nom est attendu, le problème serait insoluble. Mais le père a un autre rôle, purement masculin : c'est vers lui que le désir sexuel maternel est tourné et la transmission du patronyme est autre chose que cet enjeu érotique. Cette fonction paternelle est distincte de la première (ce rôle peut d'ailleurs être tenu par une personne n'étant pas le père patronymique). Ce père sexué, contrairement au premier, est bien vivant, et c'est sa présence qui pose un interdit sur la jouissance maternelle. Il tient ce rôle en occupant le lit de la mère. Il n'a pas besoin pour cela de se prévaloir d'un titre paternel. S'il n'occupe pas son lit, il lui suffira d'occuper manifestement son désir. Quelle qu'elle soit (et même quel que soit son sexe), la personne provoquant le désir maternel interdit la jouissance en jouissant, ou en étant supposée le faire.

Une telle fonction nécessite une forme de présence physique qui n'est nullement nécessaire au père symbolique. Ce dernier peut être absent physiquement, et la fonction de léguer le patronyme semble n'avoir aucun rôle du point de vue de la prohibition de l'inceste.

La fonction paternelle liée au sexe permet de lever l'objection qui a été soulevée concernant la recherche de la jouissance féminine, car, grâce à la présence physique de ce père vivant, se met en scène un fantasme concernant le père mort, celui qui donne le nom. N'importe quel homme peut relayer le père dans sa fonction sexuée (et a fortiori lorsqu'il présentera un trait physique ou moral évoquant ce père) et ce qu'il incarne alors permet de mettre en jeu, grâce au nom, l'instant jouissif du parricide.

Cependant, cette mise en scène rencontre un obstacle, car le père symbolique est tout différent du père sexué, et il semble impossible de faire coïncider ces deux instances de la paternité. Jamais un homme ne pourra les accorder, être à la fois mort et vif, être au service du sexe jusqu'au point mortel où, rencontrant sa propre absence, il s'éternise. Jamais il ne pourra offrir à une femme une harmonie entre ces deux extrêmes qu'elle cherche à joindre avec violence : extrême est le parricide fantasmatique. Il origine une jouissance dont le ressort n'a rien de charnel puisque c'est le nom perdu qui la cause — s'il fallait définir cette jouissance, il faudrait dire qu'elle est plutôt mystique. Extrême aussi est l'amour du phallus, de la chair sans visage qui le porte sans fin, car c'est seulement la symbolisation du patronyme qui peut la borner — s'il fallait définir cette jouissance, il faudrait dire qu'elle est plutôt prostituée, puisqu'elle concerne une fonction paternelle encore anonyme.

Ainsi, à la question adressée par la jouissance féminine aux instances disjointes de la paternité répond cette oscillation entre sexe et nom, entre prostitution et mysticisme. Interrogation angoissante, parce qu'il ne s'agit pas seulement de deux extrêmes mais de deux inconciliables, pourtant tous deux requis par la jouissance. Ils ne peuvent être joints que dans la méprise, par mensonge, ou par violence, sous le masque de la tendresse ou à force ouverte.

Cette opposition entre le nom et le phallus apparaît exemplairement dans le rêve pervers, c'est-à-dire dans l'anonymat de la sexualité. Le catalogue de toutes les perversions humaines a sans doute été établi pour la première fois par le marquis de Sade, dans les *120 journées de Sodome*. Cette liste est dressée par une ancienne prostituée et c'est d'ailleurs dans une maison de passe et grâce à la prostitution que les différentes perversions vont être décrites. Le bordel est ce lieu anonyme où la puissance phallique peut s'exercer indépendamment du nom, la prostitution débutant avec son abandon. Celle qui a été chargée de faire le catalogue des perversions porte bien un nom, celui de Duclos, mais ce patronyme est celui du premier homme qu'elle a rencontré lorsqu'elle fit ses débuts. « Il était d'usage dans cette maison que chaque fille adoptait le nom du premier avec qui elle avait eu affaire ». Paradoxalement, la prostituée ne porte-t-elle pas ainsi le nom d'un inconnu ?

Quant à Sacher Masoch, il veut prostituer sa femme : en répondant à son vœu, par amour pour lui, elle se dédouble, elle est à la fois celle qui porte son nom et celle qui le perd. Elle lui fait honneur en le déshonorant. Lorsque Wanda écrit dans ses mémoires que son mari la persuadait non seulement de chercher des amants, mais de se prostituer pour de l'argent, il se justifiait en déclarant que rien n'était plus merveilleux pour lui qu'une telle duplicité : « C'est une merveilleuse chose de trouver chez sa propre, honnête et brave femme, des voluptés qu'il faut généralement aller chercher chez les libertins ». Le nom de Masoch est ainsi perdu par la prostitution.

Comment l'assemblage de ces deux contraires que sont le phallus et le nom peut-il seulement être envisagé ? Si chaque femme est vraiment en butte à cette contradiction, comment fait-elle pour ne pas verser soit dans le mysticisme, soit dans la prostitution ? Peut-être est ce parce qu'il est aussi difficile de joindre ces deux opposés que la monogamie s'affirmera plus facilement du côté féminin que ce n'est généralement le cas pour les hommes. En effet, un nom unique est nécessaire pour que la question de la jouissance féminine puisse seulement se poser, alors que la jouissance masculine ne réclame pas cette exclusivité. Cependant, une fois ce choix effectué en fonction de l'unicité du nom, la place occupée par l'élu le laissera aussi mort que l'est un patronyme, parfois à un point tel que sa sexualité ne pourra s'en relever. Sans doute l'homme préfèrerait-il tenir les deux rôles qui sont requis par la jouissance féminine, c'est-à-dire lui donner son nom en la débarrassant de son patronyme, tout en étant son amant au sens le plus charnel. Mais le peut-il sans se laisser silencieusement diviser par la question féminine ? Silencieusement, parce qu'il n'y a pas de solution de continuité, pas de raison qui tienne entre le nom et le sexe. Le lien sexuel, physique, se rejoint seulement à travers le no man's Land du nom, nouant le sans-lieu à la présence.

Un homme supporte ainsi deux fonctions extrêmes et inconciliables pour la femme qui l'aime, et elle est face à lui avec ces deux questions ; sa présence apparaît au milieu de leur insolubilité – son existence offre une prise à cette discorde, il tient le milieu, et figure cette sorte de trou qui existe entre sexe et nom.

À la fin du film « L'empire des sens », la femme étrangle son amant et lui tranche le sexe. L'homme a consenti. A l'extrême de la passion, il accepte de subir ce traitement.

En ce point ultime de l'érotisme féminin se départagent la présence vivante et la sexualité. Tuer et couper le sexe sont deux actes supportés par le même homme, et, en voyant la scène, on a moins l'impression d'une violence gratuite et incompréhensible, que d'un mystère appartenant à la sphère du sacré. L'érotisme féminin trouve ainsi une solution qui élimine sa propre question : il répond à la fois à l'interrogation que pose le nom de l'amant par le meurtre, et à celle du sexe en le retranchant du corps. Mais alors l'érotisme s'est lui-même annihilé. Il a trouvé la solution désespérément recherchée en détruisant son propre objet. L'héroïne du film de Hoshima choisit cette solution, et l'histoire dit qu'elle sera un peu plus tard arrêtée dans la rue, errant dans la ville, le sexe retranché de son amant dans la main. Elle résout de la sorte les deux questions dont un seul homme était mis en demeure, sinon de répondre, du moins de supporter l'antinomie. Elle fait ainsi un choix définitif parmi les différentes issues possibles de la contradiction. En effet, elle pouvait opter entre plusieurs solutions : entre le mysticisme ou la prostitution, ou encore choisir mysticisme *et* prostitution, soit enfin ni l'un ni l'autre. Elle se décide, comme si elle voulait préserver et le nom dans son éternité, et le sexe dans son anonymat.

Isoler le nom unique de l'amour du phallus, séparer la jouissance du nom, annule ce qu'il y a de sexuel dans la relation à l'homme et son extrémité vraie est la voie mystique, puisque le Nom de Dieu est le seul signifiant dont la pureté puisse être soutenue. Rien de vivant, ni d'ailleurs de mort, ou de représentable ne vient l'entacher.

Dans le film, l'amant reste passif, il subit jusqu'au bout cette fureur féminine qui le tue et le castre. Et s'il faut considérer l'acte meurtrier et l'éviration comme une des extrémités — sans doute la plus exemplaire — de l'érotisme féminin, il faudra voir aussi dans la passivité de cet homme une figure extrême de la virilité.

Qu'est-ce que la virilité ? S'il faut la comprendre comme la position d'un homme par rapport à la féminité, ou plus exactement par rapport à « ce que veut une femme », on peut compter quatre occurrences de cette virilité, répondant chacune aux quatre modalités de la jouissance féminine que l'on vient d'évoquer — c'est-à-dire : mysticisme ou prostitution, l'un et l'autre, ni l'un ni l'autre. Cependant, l'une d'entre elles n'a pas de pertinence. En effet, un homme n'a rien à répondre et rien à proposer quant à la voie mystique. Il peut seulement assister à ce transport, qui toujours le dépassera. Il devrait satisfaire à une autre de ces quatre voies, celle de l'amour du phallus, qui le spécifie dans sa masculinité. Mais alors il sera aimé seulement pour l'impersonnalité de son sexe, et le propre de son nom — c'est à dire sa capacité de faire jouir — restera méconnue.

Ainsi la notion de virilité sera-t-elle spécifiquement intéressée par la passivité exemplaire dont fait preuve l'amant de « L'empire des sens », mourant comme nom, castré comme sexe, pris dans l'indétermination qui existe entre phallus et patronyme, et la supportant en silence pour l'amour de cette femme. L'indétermination qu'il supporte le fait cause d'un désir fou, plus fort que le sexe, qui pourtant semble le déchaîner. Désir plus que sexuel, indéterminé pour ce motif, car rien ne peut nommer ce qui se trouve dans cet espace contraire où apparaît le corps de l'aimé, chargé d'un mystère qu'il emporte dans sa mort.

La virilité est intéressée par cette passivité exemplaire, même lorsqu'il n'y a pas d'actualisation de son extrémité de mort et de castration : c'est par sa seule présence qu'un homme en supporte le poids. On peut ainsi définir la virilité comme une sorte de passivité. Dans sa rencontre avec « ce que veut une femme », un homme fait face à la fois à l'extrémité de la perte du nom, et à l'extrémité du désir pour le phallus.

Faut-il alors considérer que cette virilité diffère de la terminologie freudienne classique ? En effet, si la masculinité se définit par l'activité, et la virilité par une certaine passivité, ne risque-t-on pas de confondre cette passivité virile, et la passivité féminine ? Il ne s'agit pas seulement d'un problème théorique, car tel homme, plutôt passif et débonnaire eu égard aux excès de sa compagne, ne méritera sans doute pas d'être taxé pour autant de manque de virilité.

Le masculin est défini par Freud en terme d'activité. On peut le comprendre simplement, en considérant l'activité comme un effort de conquête : celui qui cherche à conquérir reconnaît en même temps son manque : son activité, aussi loin qu'il la poursuive, avoue sa castration, dévoile une tension à laquelle l'action doit apporter son apaisement. Cette tension érotise le sexe : l'activité en général, et pas seulement l'activité amoureuse, n'a t-elle pas un effet de phallicisation ? Agir excite sexuellement, de même qu'en revanche celui qui est empêché d'agir peut voir sa vie érotique atteinte à proportion de l'aliénation qu'il subit.

Cependant, la virilité mérite d'être distinguée de cette activité du masculin, puisqu'elle concerne la contradiction que supporte un homme à cause de son amour pour une femme et ce qu'il est prêt à affronter pour elle. A travers lui, elle cherche la solution d'un problème auquel il ne saurait répondre dans aucun de ses attendus, sinon en supportant la contradiction de ses données. Le terme de passivité permet de décrire une absence de réponse qui est une réponse, durant ce temps de mise en scène, de scène, où se développe une certaine violence féminine. Ce laps de temps est nécessaire pour que la question même de la jouissance puisse seulement se poser (ce qui, avec un peu de patience, ne manquera pas de se produire au titre d'une résolution de la contradiction).

Naturellement, définir la virilité par cette passivité, par le silence, le laisser dire et le laisser faire, doit être distingué de la passivité féminine, qui concerne le fait d'être désirée passivement. La passivité virile ne consiste pas à se laisser désirer comme une femme peut le faire, mais à supporter une question conflictuelle, à accepter d'être le lieu d'une dévastation, puisque le seul fait de formuler cette interrogation est ravageant — pour celle qui la pose.

Une femme peut ainsi être minée par la question de « ce qu'elle veut », à laquelle elle ne saurait répondre sans la trahir. Pourquoi le fait-elle alors ? Quel est le gain de cette opération, si ce n'est seulement la possibilité de l'exposer, grâce à la présence virile ? Le ravage porte désormais le nom d'un homme ; il le supporte. La présence unit silencieusement ce qui est disjoint, ce que tout acte et toute parole désunit et rend à l'incommensurabilité du mort et du vif. Le point de suture, de belligérance de la jouissance, son moment de chute, de franchissement, trouve un support dans cette présence. Elle donne d'un côté son lieu à l'envie du pénis, à tout le déploiement du phallicisme, et de l'autre elle rencontre sa limite mortelle dans le fantasme parricide.

A défaut d'une solution apportée aux conditions contradictoires de la jouissance, la présence elle-même devient réponse. Il existe ainsi une nécessité de la proximité physique de l'homme, qui est encore autre chose que la satisfaction sexuelle. Une femme pourrait prendre son plaisir sans préalable et sans beaucoup de précautions particulières — c'est à dire comme la plupart des hommes — si elle n'avait affaire à la particularité imposée par sa relation au nom, qui lui rend difficile la jouissance anonyme dont peuvent se contenter les hommes.

La division féminine entre quête du phallus et perte du nom — ou encore entre prostitution et mysticisme — peut rencontrer un point de butée plus ou moins solide, qui ne tranquillise pourtant pas, parce qu'il représente aussi un frein. En effet, ce que la quête du phallus peut avoir d'infini s'interrompt, se heurte d'un certain point de vue à une limite infranchissable en rencontrant un nom pourtant requis par la jouissance elle-même.

Le nom marque une limite qui contredit ce pourquoi il est invoqué. Il interdit ce qu'il permet : il signifie la présence du corps de l'aimé, mais sa fonction est au delà de ce corps (c'est pourquoi le choix mystique est sa perspective canonique ; il permet d'en finir avec l'amour du phallus, grâce à l'invocation d'une présence divine, d'un nom désincarné). La difficulté rencontrée est extrême, car s'il est requis d'un homme de tenir deux fonctions contradictoires, si une femme peut trouver assez facilement un père spirituel, et sans trop de difficultés non plus un amant qui la désire, il est plus hasardeux de rencontrer chez la même personne, non pas la palette harmonieuse de ces qualités, mais l'homme qui se laisse mettre en pièces entre ces deux fonctions.

Ce n'est donc pas seulement une généralité de « la femme » qu'il est difficile de définir ; c'est l'existence de chaque femme dans le particulier de « ce qu'elle veut » qui est problématique, puisque la présence d'un homme semble requise pour que sa question apparaisse seulement.

Le plaisir masculin ne réclame nullement une telle unicité de la présence. La monogamie virile, lorsqu'elle existe, n'est pas le résultat d'une même exigence, parce que la jouissance phallique n'est pas articulée à la perte du nom, mais à son contraire. Un narcissisme du nom régit la jouissance de l'homme, et le fait jaloux de n'importe lequel de ses rivaux, et ce narcissisme est diamétralement opposé au propre de la jouissance féminine (un homme peut par exemple accepter de mourir pour l'honneur de son nom, alors qu'une femme peut perdre le sien sans difficultés). A cet égard, et contrairement à une opinion répandue, les hommes sont plus narcissiques que les femmes pour ce qui concerne les conditions de leur jouissance. Une femme peut aimer un homme, même s'il est laid, méchant, stupide, voire peu brillant au point de vue sexuel, à partir du moment où sa présence lui permet de poser la question de ce qu'elle veut. S'il est brutal, elle peut l'aimer malgré tout, car sa violence montre aussi qu'il supporte la question féminine, sans trop savoir comment y répondre. Si un homme accepte d'être le lieu des contradictions de ce que veut une femme, il sera reconnu dans sa virilité, et une fois ce cap franchi, son éventuelle laideur, sa bêtise, ou son inhabileté érotique deviennent secondaires.

« Ce que veut » une femme trouve ainsi son lieu, même si le bénéfice accordé par la présence virile n'en apparait pas clairement. On ne peut pas dire que cela consiste à jouir sexuellement. La présence virile est requise même lorsque la sexualité est devenue inexistante. Disposer de l'homme, porter son nom, afficher sa puissance, dépenser son argent, ne permet pas non plus de définir à quoi sert la présence virile. En avoir un enfant n'apporte pas davantage de réponse, car l'enfant ne remplacera pas cette présence. Comment pourrait-on d'ailleurs préciser la nature de ce vouloir féminin, qui tient le milieu d'extrêmes aussi contraires que prostitution et mysticisme ? Ce vouloir ne sait pas dire ce qu'il veut, bien qu'il s'affirme cependant sans faiblesse : ce n'est pas le désir sexuel, ni l'appel à un protecteur et encore moins l'amitié. Car « ce que veut une femme » présente seulement avec violence l'insoluble de la question paternelle, qu'il s'agisse du père dans sa relation au phallus, ou du père dans sa relation au nom. L'amour d'une femme présente le nœud des Noms paternels.

Quelle relation peut-on faire entre le « vouloir » féminin et le désir proprement dit ? Si le désir féminin était seulement celui d'être désirée par un homme, selon la version dite passive de la sexualité, non seulement ce désir ne saurait être homogène au vouloir, mais il lui serait le plus souvent contraire. Il est, par exemple, assez facile à une femme de se faire désirer, au moins par quelques hommes, et pourtant, être l'objet du désir sexuel peut aller à l'opposé de ce qu'elle veut, si le vouloir féminin recherche la virilité bien plus que le désir masculin.

Comment peut-on maintenant situer cette virilité par rapport au désir masculin ? Dans le mythe de Don Juan, le drame est initié par un parricide, tout du moins dans la version de Mozart. En supprimant le père d'une de ses amantes, Don Juan ouvre la liste indéfinie de ses conquêtes, dont il fait à chaque fois noter le nom, comme si l'accumulation des patronymes confirmait l'acte meurtrier. Le drame se termine par la vengeance du père, le commandeur, qui agit en quelque sorte au nom de tous les pères assassinés ou bafoués. Simplifié de cette façon, le mythe de Don Juan apparaît comme celui d'une jouissance phallique effrénée, accroissant son empire contre les droits du patronyme, à chaque fois tourné en dérision. Il s'agit d'une jouissance du phallus présentée comme une pure activité, bien éloignée de la passivité virile, et fort peu soucieuse de « ce que veut une femme », ou plutôt lui proposant sa réponse avant toute question.

Prenant à chaque femme son nom, et dans des conditions tellement déshonorantes que le parricide en est à chaque fois attesté, il offre une jouissance du phallus débarrassée de ce qui semble l'encombrer habituellement (c'est-à-dire les questions d'honneur, de convenances ou de pudeur). Ne peut-on pas alors considérer, comme l'a proposé Lacan, que le mythe de Don Juan est un fantasme féminin ? Il correspond en effet, non à ce qu'une femme veut, mais à ce qu'elle peut désirer, c'est-à-dire la perte du nom jointe à la jouissance du phallus, et cela sans qu'un nom nouveau ne vienne aussitôt remplacer l'ancien. Il s'agit d'un fantasme féminin dans la mesure où une femme et Don Juan s'accordent sur un point, et seulement une seule fois, au moment du meurtre paternel et de la perte du nom. Il ne peut y avoir de « deuxième fois » du côté de Don Juan, car ce qui l'intéresse, c'est de déshonorer le patronyme porté par la femme. Et pas de « deuxième fois » non plus du côté du fantasme féminin, car si c'était le cas, le nom de Don Juan viendrait remplacer celui du père. Mais une femme peut-elle vouloir cela ? Ne le désire-t-elle pas seulement secrètement ? Il semble alors que ce qu'elle peut désirer sexuellement soit contraire à ce qu'elle veut.

L'histoire de Casanova n'a jamais permis de constituer un mythe moderne comme cela a été le cas pour Don Juan. Ce personnage est pourtant généralement rangé dans la même catégorie, celle des séducteurs effrénés, des amants sans autre foi ni loi que leur amour du féminin. Pourtant, le ressort du désir de Casanova est différent de celui de Don Juan. Il lui est opposé, même si le résultat final semble identique. La stratégie de la conquête, leur manière de séduire distingue ces deux héros. Casanova n'est-il pas pris par les femmes, alors que Don Juan les prend ?

Casanova est séduit au sens d'une captation par l'apparence, celle de la femme dont le regard lui renvoie la sienne propre. Il tombe en elle. Don Juan en revanche est captivé par la conquête elle-même, il s'intéresse au nom ; il ne tombe pas, mais fait tomber : il attend la femme en cette issue meurtrière qui commande aussi l'orgasme. En ce sens, le premier attire par des moyens qui sont ceux de « l'entrée » dans la jouissance phallique, moment de séduction physique, alors que le second conquiert avec des armes qui sont celles du meurtre paternel, et concernent la « sortie » de la jouissance phallique (celles qui ouvrent la possibilité de l'orgasme).

Parler d'entrée et de sortie dans la jouissance phallique est imagé, mais force le sens des mots. En effet, pour définir une entrée, encore faudrait-il pouvoir préciser ce que pouvait être un « avant » de cette jouissance ; or, c'est seulement par déduction que l'on peut affirmer son existence. De même, le fait de parler de « sortie » laisse entendre qu'il existe une issue vers quelque chose, et rien de tel n'apparaît avec le moment orgastique, sauf à considérer la sortie comme une nouvelle entrée, ce qui, à plus ou moins brève échéance, est le cas.

Don Juan est intéressé par la « sortie », au sens où ce qui l'anime, ce dont il tient sa séduction est le meurtre du père et la perte du nom. Casanova, en revanche, charme dans la mesure où il met en scène les conditions d'entrée dans la jouissance : il s'appuie sur la fascination narcissique. Son amour s'adresse à une semblable. Il ne se préoccupe pas de prendre le nom, mais il propose une union des corps qui n'a que faire du patronyme. Ce n'est pas un collectionneur de noms propres, mais un amant pris par les femmes : presque par n'importe laquelle. Séduit plus que séducteur, tombant sans défense dans leur regard, ce qu'il voit d'elles révèle un manque qu'il comble ; son érection est, sinon celle d'un frère secourable, du moins celle d'un homme pris d'une sorte de vertige, entraîné par un désir inconditionnel et sans limite.

C'est ainsi que Casanova se décrit dans les premiers souvenirs relatés dans ses mémoires. On ne saura jamais si ces réminiscences peuvent être qualifiées de souvenirs écrans, et elles sont sans doute reconstruites par le fantasme qui a régi sa vie de séducteur. Le héros se présente comme un débiteur insolvable à l'égard des femmes. Il leur doit tout. Les événements relatés n'ont peut-être pas vraiment eu lieu, mais ils constituent une trame dans laquelle l'existence viendra par la suite se rassembler et se déplier (comme le vérifie aussitôt la première aventure amoureuse).

Pour Casanova, la femme majuscule est d'abord celle qui le sauve. L'initiatrice n'est pas porteuse d'un trait paternel, symptomatique, qui la vouerait à l'amour autant qu'à la haine, mais elle le retient dans la vie alors qu'il est déjà entraîné par la mort. Femme le tenant par la main, double vivant situé de l'autre côté du miroir, et dernier lien avant l'anéantissement narcissique. Sa rencontre est une épreuve dont la traversée le sauve. C'est pourquoi il aime complètement et sans partage, pris par la femme qui le garde ainsi vivant.

Son premier souvenir se situe alors qu'il a huit ans: « J'étais debout au coin d'une chambre, courbé vers le mur, soutenant ma tête et tenant les yeux fixés sur le sang qui ruisselait par terre et que je perdais abondamment par le nez ».

Cette image initiale est celle d'un mourant, car cette hémorragie dure déjà depuis plusieurs jours. Dans cette épreuve, il est assisté et finalement sauvé par sa grand-mère maternelle: suivant en cela les coutumes de l'époque, elle l'emmène voir une sorcière, qui se livre sur lui à différentes pratiques magiques. Il est enfermé dans une malle, et il entend les vieilles danser et crier autour de lui. L'hémorragie s'arrête, il est sauvé. Durant la nuit suivante, il rêve d'une femme merveilleuse, celle dont son destin dépendra désormais.

Plusieurs raisons font penser que ce souvenir est remanié par le fantasme: d'une part, un saignement de nez durant plusieurs jours et menaçant la vie est un événement improbable. Ensuite, écrit-il, sa grand-mère l'aurait menacé de mort s'il dévoilait la pratique de sorcellerie l'ayant sauvé. Il aurait ainsi gardé le silence pendant plus de soixante ans, jusqu'au moment où il prend la plume pour écrire ses mémoires (que d'ailleurs il pensait brûler un jour). Le secret, si jalousement gardé, n'est-il pas celui du fantasme qui a initié et régi son existence, plutôt que le résultat de la peur d'une grand-mère morte depuis longtemps? N'est-ce pas le ressort même de son désir qu'il a souhaité tenir à l'abri de la curiosité d'autrui?

« Le lendemain, ma grand-mère étant venue pour m'habiller, commença, dès qu'elle fut près de mon lit, par m'imposer silence, m'intimant la mort si j'osais parler de ce qui devait m'être arrivé pendant la nuit. Cette sentence, lancée par la seule femme qui eut sur moi un ascendant absolu, et qui m'avait accoutumé à obéir aveuglément à tous ses ordres, fut la cause de ce que je me suis ressouvenu de la vision, et qu'en y apposant le sceau, je l'ai placée dans le plus secret recoin de ma mémoire naissante. »

Le personnage de la grand-mère mérite une attention particulière, parce que tout le souvenir est construit comme si Casanova lui devait la vie, comme si elle l'avait fait naître une deuxième fois, au moment où sa propre hémorragie allait l'emporter. Une telle fonction de la grand-mère est logique car la suite des mémoires montre que leur auteur a été, pourrait-on dire, en quelque sorte « donné » à sa grand-mère par sa mère.

« Ma mère me laissa entre les mains de la sienne ». Et il semble être resté depuis cette date sous la domination de cette grand-mère ; si bien que dans le cours de ses aventures, il prendra plusieurs fois son nom, celui de « Comte Farussi ». Casanova a ainsi été donné par la fille à sa mère selon la modalité féminine la plus courante du déni de la castration maternelle. La fille donne le phallus à sa mère sous la forme d'un enfant. Cette grand-mère est donc « omnipotente » sur lui, comme il l'écrit, et elle exerce à son égard un droit de vie ou de mort.

Entre la mère et la fille, il est Phallus, objet hallucinatoire toujours au bord de disparaître (dans le sang), et il ne restera en vie que grâce à une autre hallucination, celle de la femme. Il est pris dans cette incarnation d'un phallus évanescent entre deux femmes, et il demeure dans cet espace, entre la vie et la mort dans cette fonction de communication, de flux, qui s'est fixée avec son premier souvenir sous la forme de cette hémorragie où il se retourne dans son propre sang. Il est tiré vers la vie, retenu dans le monde par un amour de la femme qui est en quelque sorte son double narcissique, dans la mesure où elle incarne elle aussi et d'une autre façon, le phallus comme symbole du manque. Il est dès lors pour toujours son débiteur. Il reste son Eternel amant, car il ne peut se rencontrer vivant que dans cet amour. Cette incarnation phallique de la femme lui apparaît dans la suite immédiate de son souvenir. Après l'avoir sauvé et tiré de sa malle, la sorcière lui prédit le rêve qu'il fera la nuit suivante :

« Elle m'annonça qu'une charmante dame viendrait me faire une visite la nuit suivante, et me dit que mon bonheur dépendait d'elle, si je pouvais avoir la force de ne dire à personne que j'avais reçu cette visite ». Dans les heures qui suivent, cette prédiction se réalise : « ... je vis, ou crus voir descendre de la cheminée une femme éblouissante... ».

Ainsi la femme apparaît-elle comme force du destin, objet du désir, dans les suites de cette lutte pour la vie. Une fois sauvé, l'enfant hallucine la femme qu'il servira ensuite pour prix de son salut. C'est elle qu'il suivra le reste de sa vie durant. Comme l'écrit Casanova : « Telles choses deviennent réelles qui n'existaient d'abord que dans l'imagination... ».

Son amour reste inégal à ce qu'il lui doit. Il existe une culpabilité profonde, à l'œuvre dans l'amour. Elle n'est pas œdipienne, morale, mais seulement liée au fait d'exister. « Exister » veut dire avoir survécu au trauma premier de la rencontre avec le langage, vivre malgré la première promesse, celle de s'égaler par amour à l'incompréhensible de la première demande et à son vide. Il a donc fallu commencer par trahir pour vivre. « Exister », c'est ainsi demander le pardon de vivre, pour avoir été inégal à sa propre promesse. Tout amour ne se souvient-il pas de cette faute, et une femme ne peut-elle en tirer son pouvoir de fascination sur un homme, la puissance qu'elle exerce sur lui au point qu'il peut souhaiter être son esclave ? Cette souveraineté exercée par une femme tient moins à ce qu'elle fait ou à ce qu'elle a, qu'à ce qu'elle n'a pas : ce rien insondable fait l'amant asservi, parce qu'il ne peut le combler et se remémore ainsi sa dette.

La femme devient l'objet secret du désir, et son élection ne semble rien devoir à la métaphore paternelle. Casanova l'aime pour sa beauté et la force vitale qu'elle lui donne. Il est au service de son plaisir au nom de sa dette ; à peine l'a-t-il payée, qu'il doit le faire à nouveau, subjugué par une autre beauté qui passe. De la femme à la femme, il ouvre et franchit les unes après les autres les portes innombrables par lesquelles il entre dans la vie. Il continue ainsi d'exister dans cette séparation reconduite, où il s'aperçoit désespérément autre, infiniment lui-même.

Nul père ne semble borner la jouissance phallique dans laquelle il ne cesse d'entrer. Il ne doit rien à la mort et tout à la vie, et s'il note que ce premier souvenir précède seulement de trois mois le décès de son père, mort qui le laisse sans émotion, c'est seulement, écrit-il, à titre d'information : « Je ne le communique au lecteur que pour lui donner une idée de la manière dont mon caractère se développait ».

Il s'avance dans l'existence, comme s'il était tiré en avant par sa dette, et la présentation de cette sorte d'amour anonyme est contraire à celle de Don Juan, qui est aimé et fait payer dans la souffrance un prix parricide. Casanova ne saurait purger son dû. Dès sa première aventure il se décrira comme une victime et il persistera dans cette attitude : « Malgré cette belle école qui a précédé mon adolescence et qui aurait dû servir d'égide pour l'avenir, j'ai continué à être toute ma vie la dupe des femmes ».

Il ne cherche pas à faire souffrir, contrairement à Don Juan que la douleur excite, et l'union qu'il espère est plutôt un moyen d'éviter la douleur, de connaître un bonheur fraternel dans son lien à la femme, dont l'apparition est celle d'un autre lui-même. Ainsi écrit-il à sa première liaison : « Je vous prie d'épargner mon cœur, car je vous aime comme si vous étiez ma sœur ».

Premier amour exemplaire de Casanova adolescent : la jeune fille qu'il aime s'amuse de lui et elle réussira à le faire se déguiser en fille à l'occasion d'un bal masqué où il doit l'accompagner. Face à son premier rival, il est immédiatement vaincu, encore une fois inégal à Don Juan, toujours prompt à l'attaque et prêt au meurtre. Il reste cependant dans le camp des séducteurs, car il sait changer sa défaite en victoire. C'est en vaincu, en homme féminisé qu'il plaît. Casanova entre dans sa relation aux femmes par la porte de l'amour, du lien narcissique, beauté et apparence qui réclament la lumière du jour, le scintillement et la clarté de l'image.

Don Juan se tient masqué, il entre moins dans un rapport aux femmes qu'il ne cherche à travers elles à vider sa querelle avec le père. Il en traque l'issue côté fantasme, dans l'obscurité requise par le meurtre, dans un rapport nocturne où l'amour narcissique est bien peu, et à l'instant plus rien. Entre le moment passif de prise narcissique de Casanova et l'échappée meurtrière, symptomatique de Don Juan, entre l'entrée dans la jouissance phallique, et la sortie de cette même jouissance, que permettent de thématiser ces deux personnages, ne parcourt-on pas, du côté masculin, l'espace cerné par ces deux extrêmes qui répondent à la quête de la jouissance féminine, entre prostitution par amour du phallus — du côté de Casanova — et mysticisme du côté de Don Juan — que sa quête du père finira par conduire en religion ?

Et de même que toute femme peut avoir à connaître dans son fantasme ces deux extrêmes, n'en va-t-il pas identiquement pour un homme, qui peut aussi bien être pris par les femmes que finir par les prendre ? Il est pris côté narcissisme, lorsqu'il tombe sous le regard, qu'il entre dans sa relation à une femme par la porte de l'amour ; et il prend dans la violence, ce qui du nom paternel doit vider le terrain et lui laisser la place — non sans déflation de l'amour. Qu'il s'agisse du conquérant, ou de celui qui est conquis, de Don Juan ou de Casanova, ces deux positions ne donnent-elles pas une idée des étapes que peuvent franchir le commun des hommes dans leur relation à « ce que veut une femme ? »

Chapitre 3

## « MEPRISE DE L'AMOUR »

A la fin d'un bal costumé, après une longue promenade amoureuse, et comme si le moment en était venu sans qu'ils aient eu besoin de se consulter, les deux amants tombent le masque. Surprise ! ça n'était pas elle. Stupeur tout aussi grande : ça n'était pas lui non plus ! Chacun connaît cette anecdote d'Alphonse Allais, que l'on veut exemplaire des méprises de l'amour et de leur éventuelle chute comique.

Dans la vie ordinaire, la méprise est souvent moins drôle, et le malentendu qui régit la relation de l'homme et de la femme, s'il tourne rarement au tragique, n'en est pas moins l'occasion d'un tourment quotidien.

Une lecture rapide de Freud pourrait laisser penser que le tourment de l'amour, la dysharmonie qu'il découvre si souvent, est une conséquence du narcissisme : l'amant cherche dans l'aimée un idéal, et il souffrira toujours de la distance que lui impose sa propre création. Une lecture plus approfondie amènera à penser que cette origine narcissique de l'amour est contaminée par les souvenirs d'enfance, et que l'amant retrouvera dans ce qu'il aime un trait essentiel de son lien œdipien.

Le narcissisme de l'amour est loin d'en constituer l'écueil le plus sérieux, et pas davantage la mise en scène névrotique œdipienne qu'il peut programmer. Le malentendu ne devient inextricable qu'à partir du moment où le désir de la femme, au même titre que celui de l'homme, est orienté par un seul symbole, le phallus. C'est ce que démontre la découverte freudienne, et l'éclairage qu'elle donne de l'exténuant chassé-croisé qui préside à la rencontre des hommes et des femmes est celui d'une course-poursuite autour d'un enjeu unique, que chacun des deux sexes aborde selon des voies contrariées.

Lacan a pu dire que la femme était pour l'homme un symptôme, alors qu'un homme était pour une femme un ravage. En effet, une femme est un symptôme pour un homme, dès que son désir le tourmente. Mais la réciproque n'est pas vraie : à partir du moment où une femme cause le désir, elle est identifiée au symbole de ce qui manque, c'est-à-dire au phallus, et cette identification est ravageante. Sa propre beauté peut ainsi parfois lui être un poids. Non seulement la rencontre se trouvera manquée à cause de cette dissymétrie, mais il semble qu'il ne saurait y avoir de relation harmonieuse ou de rapport de complémentarité entre deux sexes, qui resteront toujours séparés par la distance du symptôme, ou celle d'une identification ravageante.

Quelle est la portée de ces appréciations sur l'amour, que l'on peut déduire de la lecture de Freud et de celle de Lacan ? Ne s'agit-il pas d'un point de vue pessimiste ne concernant que la pathologie, alors que l'amour a été chanté de tous temps pour les plaisirs qu'il donne, et les consolations qu'il apporte à la dureté de l'existence ?

A quoi sert l'amour ? La réponse le plus souvent prêtée à Freud est celle de la satisfaction narcissique : j'aime qui me ressemble. Mais pourquoi faire ce détour du semblable, si ce n'est parce que j'ai oublié qui je suis, et à quoi je ressemble ? Je l'ai oublié lors de ma première rencontre avec le langage. J'ignore ce que voulaient dire les premiers mots entendus ; je sais seulement qu'ils me demandaient quelque chose, et, essayant de m'y égaler, ressemblant ainsi à ce que j'ignore, j'ai oublié ma propre apparence, dont le souvenir ne me revient que grâce au miroir, au regard du semblable, à l'amour. L'amour est donc la répartie de cette perte première. Il répond du refoulement originaire.

Le trou que comporte la langue, ce que je ne peux nommer, commande mon désir, et cette chose du langage s'incarne en qui j'aime. Elle m'a interrogé la première, et depuis je m'efforce d'en répondre, bien que je n'aie toujours pas compris ce qui m'était demandé. Rien ne peut sans doute m'assurer que quelque chose m'ait été demandé, mais je continue d'essayer d'y satisfaire, comme de ce qui doit être fait pour avoir le droit d'exister. De cette dette vis-à-vis de la chose du langage, je ne saurais me soustraire. La monnaie d'échange qui me permettrait de la payer m'est inconnue et son montant ne sera pas soldé à mon dernier jour.

L'amour, il est vrai, est une réponse parmi d'autres, apportée au manque à être qui est le lot commun. Si la confrontation première au langage est affrontement à une énigme, et si ce vide est mon premier abri, je peux espérer que le regard d'autrui — son amour — en borne le contour. « Aimer » aura alors eu comme fonction de présenter l'irreprésentable du corps où je suis supposé demeurer.

Je peux aussi répondre autrement de l'absence que j'habite et qui m'habite, par exemple tenter d'enserrer ce vide dans un acte ou dans une œuvre et les montrer. L'objet de la sublimation, lui aussi, peut présenter l'irreprésentable.

Comment répondre à la chose du langage ? Comment matérialiser son vide ? L'enjeu est vital, puisque c'est seulement en le créant, en le montrant, que je ne le serai plus. Pour ne pas disparaître comme Narcisse, je dois présenter le lieu vacant où j'ai été appelé. Mais comment peut-on exhiber ce qui manque ? L'amant le fait, et c'est cela qu'il sent monter dans son corps. L'artiste le fait aussi, se servant pour créer son œuvre, des instruments mêmes qui en ont appelé au vide : il fait du son la musique, du regard l'œuvre visible. Il détourne la chose du langage, la présente et la signe.

Il s'invente à cet instant un nom plus fort que celui de son père. Même s'il ne prend pas de pseudonyme, et s'il garde le nom de sa lignée, son œuvre désormais l'origine. Dira-t-on que cette ascendance qu'il s'est créée l'amène à être infidèle à son père, à commettre une sorte de trahison de son origine ? S'il se fait un nom, il trahit un nom : il apprend ainsi que le nom ne lui aura été transmis qu'à la condition de son courage. Il ne sera fidèle qu'au prix de l'infidélité, d'un bref affrontement qui se conclut par un meurtre aveugle.

L'œuvre offre ainsi deux particularités : d'une part, elle présente l'irreprésentable, le refoulement originaire, et d'autre part elle se signe. Mais n'était-ce pas la même opération qui était en jeu dans l'amour ? La personne aimée ne vient-elle pas, elle aussi, donner corps à l'irreprésentable ? L'amour et l'œuvre ne présentent-ils pas le même défaut auquel ils viennent prêter leur forme ?

L'apparence du corps de l'aimée équivaut alors à ce qui manque. Le seul fait d'être exposée au désir la présente comme un objet identique à celui de la sublimation, comme un équivalent de l'irreprésentable. Et cela ne suffit-il pas pour obtenir une jouissance qui est seulement le résultat de la séduction ? En se montrant comme ce qui manque, n'est-ce pas une forme de plénitude qui est ainsi atteinte, puisque le corps fait ainsi réponse au-delà des mots à tout ce qui peut être demandé, dans une parade identique à celle qu'a pu exiger la première demande, celle de l'Autre maternel ?

La jouissance de la séduction n'est-elle pas alors incestueuse ? Grâce au regard des hommes, une femme peut espérer combler sa mère, et la perfection de sa beauté ne recueille l'hommage masculin que pour le profit secret de l'Autre maternel.

Une fois cet objectif de la séduction atteint, l'homme risque de devenir un gêneur, et s'il continue de manifester son désir, c'est la fuite qu'il va provoquer. La dérobade succédant à la provocation est presque inévitable, car le désir des hommes est aussi nécessaire qu'insupportable : il est nécessaire, du point de vue de la jouissance due à la mère, et il est insupportable, car incarner le manque est une identification intolérable. Ainsi, le fait de plaire en provoquant le désir des hommes ne va pas sans risque, et réclame le plus souvent un effort intense. La fuite devrait pouvoir apporter une solution à ce danger, mais le fait de se dérober ne fera qu'accentuer la représentation du manque et accroîtra donc le désir. Ainsi, d'une part provoquer le désir et se dérober à ses conséquences s'avère-t-il nécessaire, bien que d'autre part cette échappatoire n'arrange rien et en augmentant la jouissance, précipite l'angoisse qui est sa conséquence incestueuse.

Mais n'en va-t-il pas ainsi à chaque fois que le vide est figuré ? N'est-ce pas la même angoisse qui saisit le peintre lorsqu'il va terminer son tableau et lorsqu'il va y apposer son nom ? N'est-il pas au moins un instant pris du désir de détruire cette consistance donnée au manque, ou pour le moins de la faire rapidement disparaître dans les circuits de l'échange ? Sa propre création, à sa manière elle aussi, le fuit.

Lorsqu'une femme est désirée par un homme, elle se tient à la place de ce manque, et si l'on peut montrer, comme Lacan l'a fait, que « la femme n'existe pas », encore faut-il se rendre compte que cette inexistence est semblable à celle de l'œuvre d'art, lorsqu'elle prétend présenter l'irreprésentable. Son inexistence empruntée, faite de semblants et d'artifices, ne l'empêche pas d'être à la place du seul symbole.

Il existe une grandeur de « la Femme », qui est liée à cette incarnation du symbole phallique. Rien ne peut être pensé de plus grand, puisqu'il vient à la place de ce qui manquera toujours, – bien que l'on ne puisse pas plus prouver cette grandeur que celle de l'œuvre d'art, ou que celle de Dieu. Il s'agit de l'immensément grand que Kant évoque dans sa description du sublime (ou de ce que Saint Anselme a pu écrire à propos des preuves de l'existence de Dieu : « Aliquid quod non majus cogitari potest » – une chose telle que rien de plus grand ne peut être pensé –). Il n'y a pas de différence qualitative entre l'esthétique de la femme et celle d'un tableau, l'une comme l'autre sont aussi peu naturelles, aussi anormales. En ce sens, une femme est produite, au même titre qu'une œuvre d'art, elle forme une abstraction, créée par le désir d'un homme.

Qu'une femme puisse faire partie de ce qui est créé au même titre qu'une œuvre montre tout ce que l'amour comporte de non sexuel (au sens qu'a couramment ce terme). L'amant est ainsi comparé à un amateur de la beauté. Pourtant ce qu'il éprouve n'est pas analogue à l'émotion d'un esthète devant une œuvre déjà présente, car dans ce moment de sublimation, l'homme est créateur. Nulle création déjà là ne précède son désir, qui, au moment de son invention, provoque une émotion esthétique concernant une femme – sublimation courtoise dont l'existence est indépendante du plaisir sexuel : cet amour est une sublimation, abstraction faite de ses conséquences érotiques, qui ne sont pas nécessaires pour le qualifier. La sublimation de l'amour ne mérite d'être distinguée de ses implications sexuelles ni dans le sens où elle lui serait compatible, ni dans celui où elle s'y opposerait (comme cela semble être le cas dans l'amour courtois).

Mais n'y a-t-il pas un point de comparaison supplémentaire entre l'amour et la sublimation ? De même qu'une œuvre d'art, une femme ne peut-elle se « signer », au sens où elle prend le nom de l'homme dont elle est aimée ? Si le désir assigne à une femme une place identique à celle de l'œuvre, le nom de l'homme qu'elle prend n'est-il pas analogue à la signature de l'artiste ? Le nom de la femme mariée est à cet égard pseudonymique, au même titre que le nom qu'un auteur peut se choisir. Ce dernier, lorsqu'il appose son nom sur son œuvre, s'invente un nom plus fort que celui légué par son père. Il le trahit donc à cet instant. De même, lorsqu'une femme change de patronyme, elle abandonne le nom de sa lignée et son choix rejoint cette signification. L'amour connaît ainsi un destin, qui, au même titre que la pulsion dans la sublimation, peut se signer. S'il présente l'irreprésentable, il est comme l'œuvre, onirique, et il garde la marque de l'irréel. Il reste incertain, tant qu'un témoignage aussi fort que celui du changement de nom ne vient pas l'estampiller.

Cette conception de la création d'une femme par le désir masculin ne manque pas de romantisme, mais elle semble dater. En outre, elle fait la part trop belle à l'homme auquel elle accorde le privilège de l'action et de la création en amour. Elle est en effet partielle et ne rend compte que de la moitié du chemin : il faut montrer maintenant qu'il existe une autre moitié de ce chemin, qui, malencontreusement, n'est pas dans le prolongement de la première.

Si le désir d'un homme crée une femme, on remarquera d'abord que ce créateur est particulier. Il ne l'est pas au sens où la création a pu être attribuée à Dieu, mais bien au sens où elle est signée par l'artiste, qui est lui-même créé dans les suites de son œuvre. Il est « inspiré », il ne sait d'où lui vient la création : d'un lieu qui le dépasse. Elle procède d'un désir qu'il ne reconnaît qu'avec surprise.

Cette remarque ne modère pas seulement ce que pouvait avoir d'abrupt une division entre créateur et création, car la création devient elle-même créatrice, et le créateur est à son tour créé : du côté de la femme, l'identité au symbole du manque, c'est-à-dire au phallus, se trouve constituée. Ainsi, l'identification de la femme et du symbole peut-elle trouver sa raison à travers le désir d'un homme. Du côté de l'homme, par contre, c'est le nom qui se noue au terme de l'opération. L'amour d'une femme permet à un homme d'arrimer son nom, de lui donner une consistance égale à celle que peut espérer l'artiste, et c'est pourquoi un homme peut être fasciné par une jouissance féminine à laquelle il reste pourtant étranger : tandis qu'elle jouit, il peut sentir son nom se nouer, et avant d'en éprouver un plaisir physique, le cœur de son existence s'assure. Cela se noue sans qu'il puisse savoir à quoi. Sa vie s'arrime à la mort que porte son nom. Sa mortalité se reconnaît au moment où il provoque une jouissance dont il n'est que l'agent.

Il est un instant unique comme l'est son nom, qui n'apparaîtra jamais aussi « propre » que grâce à l'artifice d'une jouissance qui n'est pas la sienne. Un homme devient aussi singulier qu'un patronyme pendant le temps de l'amour physique, si bien que, renouvelant son alliance au symbole, il noue le vivant dans sa jouissance au mort qui aura pu procréer.

Ainsi, loin de se réduire à un plaisir narcissique, la jouissance qu'un homme peut procurer à une femme lui assure en retour une assise que son nom ne trouverait pas sans elle. Cependant, aucune relation de complémentarité ne peut s'écrire entre l'identité féminine au symbole phallique d'un côté, et l'arrimage du nom de l'homme grâce à ce qui l'excède de l'autre. On peut écrire de cette façon le double mouvement de la rencontre :

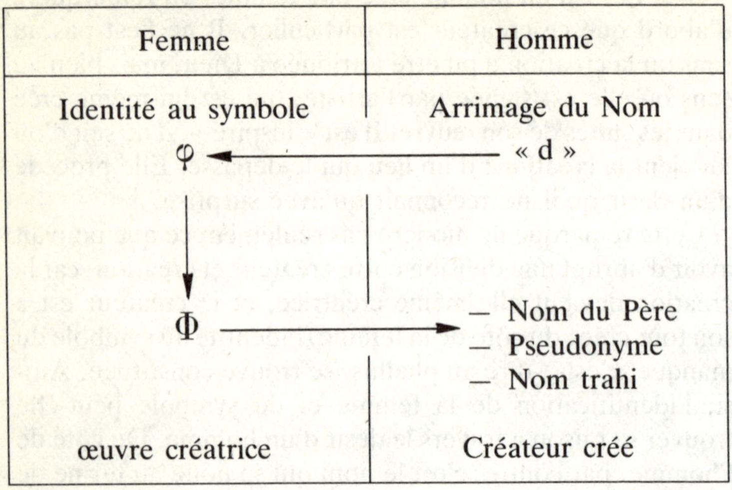


Le circuit tenant lieu de rencontre prend son départ au point indicié par la lettre « d », du côté masculin. Cette lettre symbolise le désir d'un homme pour une femme, qui va s'en trouver identifiée au phallus imaginaire (φ). A cette écriture correspond un cran au-dessous Φ, l'écriture du phallus symbolique, symbole de la castration. En retour, l'homme peut signer ce que son désir a créé : il arrime son nom. Ce circuit permet d'avoir une première intuition d'une sorte de rythme de la vie amoureuse ; ce rythme fait entendre son premier coup lorsqu'une femme est désirée par un homme ; il marque son tempo quand elle est approchée, puis rejointe par la signification phallique, et il trouve sa conclusion avec le nouage du patronyme.

Les termes qu'indique ce tableau ne sauraient être considérés isolément, ils n'ont aucune signification en eux-mêmes et écrivent seulement des relations logiques. Ils fonctionnent l'un par rapport à l'autre selon un fléchage réglé, et sans avoir le moindre sens. Ils sont seulement articulés entre eux. Le non-sens caractérise la mécanique amoureuse, ce qui ne l'empêche pas d'avoir sa logique. Cette absence de sens aussi réglée qu'implacable peut sembler désespérante, mais d'un autre point de vue, elle est encourageante : en effet, il est possible d'inverser cette logique, puisque ses paramètres et son fléchage sont connus.

L'énigme du désir connaît sa syncope au niveau de la signification phallique, éventuellement symbolisée par le nom, selon un rythme de la vie amoureuse dont les temps apparaîtront mieux lorsque l'on aura détaillé davantage ce qui est rendu à un homme en échange de son amour. Contrairement à l'œuvre d'art, une femme n'est pas passive. Sans doute, être aimée peut-il être considéré comme un état passif, mais ce n'est jamais sans y mettre du sien qu'une femme cause le désir d'un homme (et est passive en ce sens).

La notion de passivité s'éloigne de son sens courant dès qu'elle succède à un choix (forcément actif). S'il suffisait à une femme d'être désirée par des hommes pour incarner le symbole du manque, et pour payer du prix de cette jouissance terrible la dette qu'elle doit à sa mère, alors un désir impersonnel permettrait de s'affranchir d'un tel tribut. Il lui suffirait, par exemple, de marcher dans la rue, pour que des regards anonymes lui accordent cette valeur. Nul homme en particulier ne serait responsable d'une telle opération, et aucun d'entre eux n'aurait lieu d'être aimé en conséquence. Certaines femmes peuvent le faire, et se contenter de la séduction, mais l'expérience montre qu'il n'en va généralement pas ainsi. Le plus souvent, une femme aime un seul homme d'une manière élective et parfois avec plus de détermination que ce n'est le cas réciproquement.

Si une femme est plus électivement monogame dans son amour, elle se heurte, une fois qu'elle a fait son choix, à ce que la question du nom a de problématique. Comment éprouver ce nom, s'assurer de sa valeur d'usage, au sens où il permet la jouissance ? Rien ne permet de s'en assurer, sinon en le mettant à l'épreuve. La solidité du nom de l'homme aimé peut être mise à l'épreuve de mille façons, par exemple en vérifiant si celui qui le porte est prêt à le donner, ou bien s'il est disposé à être père, ou encore en mettant l'amant en rivalité avec d'autres prétendants.

Ainsi de cette personne qui ne manque pas de tromper son amant pour lequel elle a la plus grande passion : « J'ai toujours pris garde que cela ne transperce pas »... dit-elle, à propos du secret qu'elle garde sur ses liaisons. La formule, inusitée, dévoile la nature contondante de ses relations multiples.

Plus fondamentalement, si la jouissance féminine va plus loin que le nom, elle fait connaître à un homme la présence de sa mort jusque dans son plaisir le plus intime. Ce qu'il cherche est aussi finalement ce qu'il craindra, rencontrant dans l'orgasme féminin la puissance qui le dominera toujours. L'amour d'une femme met son existence en question, car ce qu'elle lui demande est au-delà de son apparence, ou de sa beauté physique. N'est-ce pas en effet tout ce à quoi il prétend, qui est ainsi interrogé, puisque le moindre de ses actes est accompli pour assurer la place de son nom ? L'amour d'une femme éprouve ainsi le nom, l'au-delà de la vie sur lequel s'appuie l'existence.

Ce risque couru par un homme permet de comprendre le mouvement de retour indiqué à l'étage inférieur du tableau proposé. Si, à l'étage supérieur, une femme peut s'enfuir lorsque le désir d'un homme l'identifie au phallus, à l'étage inférieur en revanche, c'est plutôt l'homme qui risquera de prendre peur. L'angoisse ne le saisira-t-elle pas au moment où il rencontrera la signification de son propre nom ? Son patronyme ne lui disait peut-être rien jusqu'alors, en tous cas, rien de sexuel, et il découvre brusquement son lien à une castration qui porte un coup d'arrêt à l'anonymat de son fantasme. Il peut se mettre alors à fuir, pris d'une panique identique à celle de l'artiste brûlant son tableau au moment de le signer.

Il existe ainsi de violentes raisons, qui ne sont pas symétriques, pour que l'homme comme la femme décident de prendre la fuite, au moment où l'amour se déclare. L'une verra l'identification au phallus l'approcher de trop près et l'autre sera saisi par la signification de son nom.

La fuite précipitée de l'une n'est pas contradictoire avec la débandade de l'autre, et les règles de cette partie n'excluent pas qu'un aveu passionné réciproque entraîne une panique simultanée. Les deux amants peuvent ainsi courir longtemps, si l'un des deux ne se retourne et ne s'arrête, voyant que sa peur n'a d'égale que celle qu'il a provoquée.

Cependant, le cas de figure le plus logique et le plus quotidien est celui où les amants se dérobent à tour de rôle : lorsque (au niveau supérieur) une femme prend la fuite, l'homme qui la désire ne craindra rien pour lui, et il pourra s'élancer bravement à sa poursuite. Mais si elle s'arrête (et descend au niveau inférieur), l'amant pourra prendre peur, et détaler à son tour au moment où il rencontre le symbole de la castration. Ainsi se déploie un certain rythme de la vie amoureuse, dont peu de couples sont dispensés, et dont ils suivent à l'aveugle les chicanes.

Cette sorte de course-poursuite met en jeu le phallus et le nom, et elle donne l'impression qu'il existe dans l'amour une difficulté presque impossible à surmonter.

Quelle est la conséquence sexuelle du procès qui vient d'être décrit ? Le ressort essentiel de la jouissance mise en jeu est le patronyme, et ce signifiant manque de chair ; a t-il une efficace sur le corps, et concerne-t-il seulement la différence sexuelle ? Un tel procès pourrait en effet avoir lieu entre des protagonistes de même sexe, pourvu que l'un désire et soit actif (en ce sens freudien) et que l'autre soit l'objet du désir et soit passif (dans le même sens). Considéré de ce point de vue, rien ne semble charnel dans ce qui vient d'être décrit ; le sexe n'y a sa place qu'au titre d'un symbole entraînant certaines conséquences, où l'érotisme n'a pas nécessairement sa part.

Lorsqu'une femme aime un homme, l'amour de ce que représente le nom est sans doute un aspect décisif de son sentiment et un appui essentiel pour son plaisir. Cet amour peut lui suffire, et, à ce titre, il pourrait aussi bien s'adresser à un nom désincarné comme celui de Dieu. En ce sens, un tel lien peut être désexualisé. La jouissance mystique montre qu'une jouissance du corps grâce au nom est possible, et elle est dispensée de tout intérêt pour le phallus. Toutefois, dans la plupart des cas, l'amour d'une femme pour un homme est sexuel, non seulement dans le sens vague et imprécis de la passivité déjà évoquée, mais dans le sens d'un amour du sexe masculin. Sexuel au sens de l'amour du pénis de l'homme, indépendamment de l'unicité de son nom.

Cet amour du pénis est souvent considéré comme tout naturel, alors qu'il est problématique pour plusieurs raisons, dont la clinique montre que chacune d'entre elles peut suffire à l'invalider. En effet, aucune des trois occurrences de la relation d'une femme au phallus n'implique un sentiment tendre, ou une appréciation esthétique positive pour cet organe. On sait que les trois occurrences de la relation d'une femme au phallus sont, ou bien qu'elle le soit (en incarnant ce qui manque à un homme), ou bien qu'elle croie posséder ce phallus, ou enfin qu'elle ne l'ait pas et souhaite l'avoir.

Dans le premier cas, si une femme incarne le symbole phallique, elle n'aura que faire du pénis, dont elle aura plutôt lieu de rire. Si son fantasme l'amène à penser qu'elle est également munie de cet organe, elle ne voudra rien savoir de celui de l'homme, considéré comme un rival déloyal et impudent. Enfin, si elle ne l'a pas, son sentiment est plutôt l'envie de le posséder. L'amour du père en tant que phallophore implique cette « envie du pénis » ; cependant ce sentiment est encore autre chose que l'amour de l'organe phallique.

La particularité d'un amour aussi peu évident, apparaît si l'on interroge le motif le plus général du désir sexuel de l'homme. En quelle occasion le pénis rejoint-il le phallus, si l'on peut définir ainsi l'érection masculine ? Le désir de l'homme pour une femme a comme premier effet sinon la fuite, du moins une certaine forme de négation : il s'agit de l'instant où une femme se refuse, ce qu'elle fera presque toujours pendant un temps, parce qu'elle n'ignore pas qu'en se dérobant, elle ne nie pas le désir, mais au contraire réserve sa place. Qu'il s'agisse du refus ou de la fuite, une femme est alors le symbole le plus aigu du manque, et cela à proportion de la jouissance refusée. En ce sens, elle incarne le phallus, et c'est lancé à sa chasse qu'un homme rejoindra d'abord par son érection le symbole qu'il poursuit.

Si l'érection est le résultat du désir provoqué par une femme, on pourra alors écrire une équation entre le pénis érigé et cette femme. Elle est alors doublement phallus ; une fois dans son corps qui incarne ce symbole, et une autre fois comme cette tumescence apparaissant sur le corps de celui qui la désire. Le pénis érigé s'égale à ce qu'il poursuit, et c'est ainsi tout naturellement qu'une femme peut aimer ce pénis comme elle s'aime elle-même. La dimension narcissique (sinon chrétienne) existant dans cet amour du sexe masculin, montre le ressort d'un amour du phallus, dont la force peut être indépendante de l'amour du nom.

Certaines formes de séduction féminine, sans être des symétriques du donjuanisme masculin, se déploient comme si seule la fonction phallique présentait un attrait. Une femme peut ainsi éprouver beaucoup d'intérêt pour le phallus, sans avoir par ailleurs le moindre égard pour l'identité et les qualités des porteurs de l'organe. Cet amour du phallus peut se répartir selon les deux modalités de la féminité, qui sont « être le phallus » ou « ne pas l'avoir ». Dans le premier cas, il suffit de se laisser aimer sans répondre, identité que la distance et la fuite peuvent suffire à mettre en scène, et dans le second cas, il s'agit d'aimer les hommes pour leur phallus, amour de l'organe apportant sa solution à la même question de l'identité. Le problème de l'identité féminine se trouve ainsi un instant résolu (bien que l'amour du phallus détaché de celui du nom n'aille pas sans rendre l'orgasme féminin difficile).

L'amour du pénis peut ainsi avoir une relative indépendance qui n'implique pas de forclusion du nom. Dans la quête du phallus de ce donjuanisme féminin, le nom reste seulement potentiel chez tous les hommes, et aucun de ces derniers n'arrive à en soutenir la fonction. En effet, dans la mesure où le nom fait limite à la jouissance, sa fonction risquera de s'annuler à chaque fois que la séduction aboutira. On peut le vérifier dans diverses formes du fantasme de prostitution : celle qui se prostitue, ou qui se livre systématiquement à des rencontres de hasard, peut toujours fantasmer qu'elle rencontrera un jour son père parmi sa clientèle. Offerte à tous les hommes, cette universalité incluera son géniteur, que cette rencontre annulera dans sa paternité. De même, celle qui rêve qu'elle a été adoptée après avoir été abandonnée par des parents plus prestigieux que ceux qui l'élèvent, peut se représenter la scène délicieuse où, à l'occasion d'une rencontre fortuite, elle se trouvera en présence de son vrai père, qu'elle identifiera juste avant qu'une liaison amoureuse ne se déclare.

Il existe ainsi, entre le nom et le phallus, un écart que l'amour espère réduire. Non sans contradiction, car l'amour sans nom du phallus, en ce sens prostitué, s'oppose à l'amour du nom unique, dont l'extrémité est le mysticisme.

A mi-chemin entre phallus et nom, l'amour féminin affronte une antinomie qui ne disparaîtra pas si un choix est fait entre l'érotisme sexuel ou la jouissance du nom, pas plus que si alternent ces deux choix successifs.

Le chassé-croisé de la rencontre de l'homme et de la femme a donc une implication érotique précise : il apparaît en effet que le malentendu de l'amour comme la sexualité sont également motivés par la contradiction entre phallus et nom. Et l'on comprend mieux maintenant comment s'effectue le retournement du mouvement de fuite de la femme, en ce cheminement contraire où quelque chose est rendu à l'homme pour prix de son désir. Dans le schéma proposé, comment se produit le passage de l'étage supérieur à l'étage inférieur, ou encore, quel est le sens de la transformation d'écriture de $\varphi$ (phallus imaginaire, symbole de la jouissance) en $\Phi$ (phallus symbolique, symbole de la castration) ?

C'est la castration que l'homme rencontre si une femme se retourne et répond à son désir : d'une part, parce que lorsque la fuite cesse, le désir n'est plus interdit et comporte alors le risque de s'auto-interdire (c'est le cas de l'éjaculateur précoce), d'autre part, parce que la jouissance féminine s'appuie sur un nom qui est au-delà de la vie. La manifestation du désir féminin a donc cette fonction, entre toutes paternelle, de la castration. Non pas au sens vulgaire où une femme serait « castratrice », mais au sens d'une relance du désir. Il convient donc d'ajouter un « Nom-du-père » du côté féminin dans le schéma proposé.

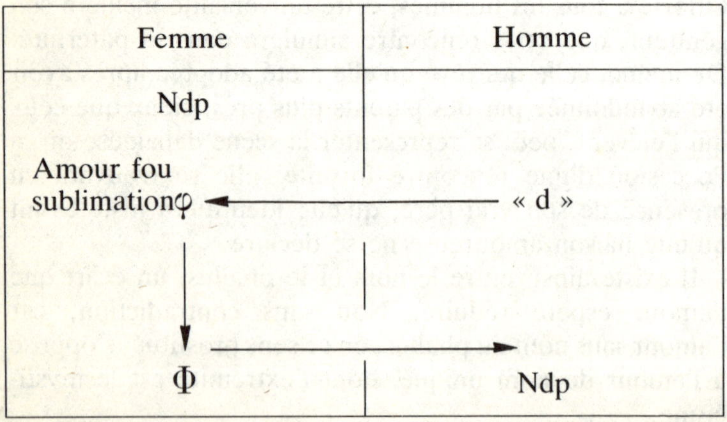

Une femme peut ainsi avoir une fonction de « Nom du père » pour un homme, et grâce à elle, l'amour fou qui lui était adressé fait volte-face. Le désir anonyme et sublime qui animait l'amant interrompt sa dérive infinie, lorsque l'apparence insaisissable devant laquelle il n'était plus rien l'appelle par son nom. L'homme peut alors arrêter sa course un instant, considérer qui il aime, et s'il aime en une femme autre chose que ce qui l'anéantit, autre chose que le visage prêté à une mort qu'il pressent.

N'est-il pas étrange qu'une femme soit investie d'une fonction paternelle ? Cela se réduit-il à dire « non » au désir ? Il n'en va pas ainsi, car le refus n'arrête en rien l'amour Fou, mais au contraire l'accroît. De même, le fait qu'une femme soit porteuse d'une qualité « paternelle », que ce soit son métier, son origine sociale, sa race, sa nationalité, sa religion ou même les amants qu'elle a pu avoir dans le passé, n'est nullement ce qui lui donne une fonction de castration, mais bien plutôt ce qui exprime un amour du père incœrcible.

La fonction paternelle « féminine » ne résulte donc pas d'une ressemblance avec le père, ni de la possibilité de dire non, mais de ce qui est rendu à l'homme en échange de son désir. C'est-à-dire ce qui, ne pouvant décider entre phallus et nom, cherche, mais ne trouve pas, la solution de l'énigme du premier dans le nouage du second.

L'amour féminin vacille entre ces deux inconciliables que sont le phallus et le nom, et il formalise leur incompatibilité. Ainsi une femme fera-t-elle la Loi seulement grâce à son amour, et nullement parce qu'elle énoncerait une interdiction ou parce que l'une de ses qualités évoquerait la paternité. C'est pourquoi son amant pourra lui faire des reproches comme si elle l'empêchait de faire quelque chose, alors qu'il ne saurait préciser la nature exacte de ses griefs.

Sur notre schéma, le nom du père se trouve maintenant situé en deux endroits, et il peut paraître illogique d'articuler une série de termes comportant deux fois la même constante. Il faut seulement prendre en compte qu'elle n'a pas à chaque fois la même fonction : du côté de la femme elle régule le désir, alors que du côté de l'homme elle assure l'existence. Cette particularité est rassurante du point de vue, sinon de la morale, du moins de l'espoir animant les amants de voir leur amour durer. En effet, tout se passe comme si le circuit infernal de la vie amoureuse pouvait trouver son point d'équilibre dans une sorte d'échange des Noms du père, puisqu'une femme n'est « Nom du père » que dans la mesure où un homme la désire, et qu'en contrepartie est rendu à l'homme un autre nom, qui, en se nouant au symbole, apporte sa régulation à la folie de son désir.

Cet échange croisé peut apporter sa stabilité à la dérive infinie de l'amour. Sans lui, la monogamie ne se soutiendrait pas plus d'un instant. Grâce à une contradiction à laquelle son amour donne la rigueur d'un axiome, une femme est celle qui fait rêver et elle est aussi celle qui réveille. A la source de l'amour Fou, elle est aussi celle qui l'interrompt.

Un tel échange croisé permet, sinon une idyllique stabilité, du moins une dialectique de l'irrelation. Cependant, les conditions qui permettent cette dialectique ne sont pas toujours réunies. Le Nom du père peut manquer d'un côté ou de l'autre du tableau, entraînant là où il est absent, une dissymétrie, une souffrance, qui est différente du tourment causé par l'incertitude amoureuse. C'est le cas lorsqu'une femme ne rend pas à un homme son nom pour prix de son désir ; elle ne le reconnaît pas, mais n'en accepte pourtant pas moins de se laisser aimer. Il peut arriver aussi qu'un homme ne reconnaisse pas à une femme cette position où elle a barre sur son désir, et ce faisant, fait nom. Il se laissera aimer à son tour.

La souffrance engendrée par ces deux positions où le nom ne s'échange pas, est distincte de la méprise de l'amour, qui résulte d'un mouvement dialectique du circuit complet. Que l'amour soit rendu à l'amour n'empêche pas qu'il y ait une telle méprise, heureuse en comparaison de l'impasse parfois tragique produite lorsque la dissymétrie des noms est imposée. Un tourment inextricable menace alors, car l'appel à la reconnaissance est sans fin une fois qu'il est engagé : en effet, celui qui désire risque toujours de voir son désir s'accroître avec le refus.

## Chapitre 4

# FOLIE FEMININE, FOLIE MASCULINE

La contradiction entre phallus et nom impose de violentes contraintes. La résolution de leur antinomie est-elle possible ? Ne serait-il pas justifié d'employer le terme de folie pour définir l'issue plus ou moins explosive de ce dilemme ? Ne faut-il pas parler de « folie » plutôt que de psychose, de névrose ou de perversion, puisqu'il ne s'agit pas de manifestations qui soient propres à l'une de ces appellations cliniques, mais d'un fait de structure, aussi inévitable que ce que Freud a évoqué sous la dénomination de « Névrose actuelle », sorte de névrose liée directement aux impasses de la sexualité ? Ce terme de Freud est tombé en désuétude alors qu'il serait utile pour définir ce qu'il y a d'incurable dans la sexualité humaine. Il présente l'avantage de faire équivoque en français entre ce qui est actuel, contemporain, et ce qui est lié à l'acte (c'est-à-dire, ce qui du ratage de l'activité — de l'acte manqué — retombe dans le rêve sexuel).

Le terme de « folie » peut donc se justifier, bien qu'il manque de précision : et pour cause puisqu'il concerne tout humain dans son rapport au sexe. « Folie » est un mot vague. Il laisse les coudées franches. On pourrait parler d'elle à propos des guerres de religion qui tentent d'abriter l'unicité du Nom. C'est encore la folie qui anime le soldat obéissant jusqu'à l'aveuglement, trouvant dans son rapport au chef la preuve de sa masculinité ; mais doit-on se limiter à l'exemple du soldat, ou du militant, alors que tout le groupe social se discipline dans le ratage du rapport sexuel ? « Folie » est ainsi un terme d'un emploi trop vaste. Il garde pourtant une pertinence si son emploi est limité aux conséquences les plus immédiates de la contradiction entre phallus et nom. On peut ainsi décrire un point de folie localisé, permanent ou momentané, qui est le fait de l'homme comme celui de la femme, dans la mesure où ils recherchent l'un à travers l'autre la solution d'un même problème. Il existe ainsi une folie plus ou moins latente du côté masculin lorsqu'un homme est confronté à la difficulté d'être aussi unique que son nom. De même, lorsqu'une femme ne peut trouver en un homme la réponse à sa question.

Cette folie est peut-être la gardienne la plus sûre de la monogamie et de la paix des ménages. Elle fait la solidité des couples, car elle ne concerne pas un danger abstrait : délirer par défaut d'amour, ou dans la hantise de la tromperie est un risque effectif. Ainsi certains couples restent-ils unis, alors que rien ne se passe plus entre l'homme et la femme qui les composent, et qu'ils restent ensemble seulement afin de se protéger contre son danger.

La folie masculine devient évidente dans certaines formes de jalousie, lorsque l'unicité et l'honneur du nom sont mis en cause. Un homme peut ainsi être jaloux à en devenir fou, sans qu'il s'agisse de psychose, bien que les preuves qu'il peut trouver concernant l'infidélité paraissent parfois délirantes. Il s'agit d'une jalousie qui, parce qu'elle est liée au nom, est transtructurale, elle se retrouvera aussi bien dans la psychose, la névrose, que dans la perversion, où elle affirme à chaque fois sa propre certitude.

Il est étonnant de retrouver cette jalousie également dans la perversion qui passerait facilement pour libérée de ces contingences de l'amour. Et pourtant dans la correspondance que Sade a entretenu avec sa femme alors qu'il était emprisonné, le marquis fait état d'une jalousie obsédante, par ailleurs compréhensible dans sa situation. Il ne se contente pas d'insulter son épouse et de l'accuser de tous les vices – ce qu'elle lui pardonne bien volontiers parce que ces excès verbaux sont plutôt une preuve d'amour – il s'acharne à trouver dans les lettres de sa femme – pourtant exemplairement fidèle dans cette épreuve – le langage codé, les signes qui lui permettraient de prouver sa faute. Il parle par exemple de signaux qui auraient été disposés dans le but de lui indiquer les dimensions du sexe de son rival. Il a recours pour sa démonstration à un métalangage délirant. Cette façon de justifier sa jalousie serait suffisante aux yeux de plus d'un psychiatre pour parler de jalousie quérulente et d'homosexualité paranoïaque. Il ne s'agit pourtant pas de psychose, mais du point où une contradiction concernant l'unicité apparaît. Cette antinomie cherche sa solution dans un délire localisé au nom lui-même. Par rapport à une femme, il y a une difficulté pour un homme à être unique car il la satisfera ou bien du côté du sexe, ou bien du côté du nom : la jalousie ne manquera donc pas de le questionner.

Il y a contradiction du côté de l'homme, à partir du moment où une figure de la paternité en contredit une autre : le père du totem commande la jouissance sexuelle, alors que le père de l'œdipe l'interdit, et s'il est menacé dans son unicité, un homme ne saura plus à quel père se vouer. En effet, le père totémique est bien celui du sexe, mais c'est seulement le père du nom, de l'œdipe, qui permet à une femme d'atteindre le propre de sa jouissance. Pour garder malgré tout une place privilégiée, un homme pourra donc chercher à localiser son rival en s'octroyant la seule place qui soit unique (celle du nom). Le rival potentiel, le personnage tiers se trouvera situé de la sorte à la place de la jouissance obscène (celle du phallus), et c'est lui qui déclenchera cette jalousie « de structure » qui forme le propre de la folie masculine, lorsqu'il est question de ce qui assujettit l'homme à l'autre sexe.

La contradiction qui existe entre les fonctions paternelles précipite également du côté féminin une forme de folie qui n'est ni la psychose ni la névrose. La duplicité de ces fonctions interdit de décider sans retour quelle est la figure du père qu'il convient de choisir et fait s'évanouir l'espoir de trouver une harmonie d'un côté ou de l'autre. Lorsqu'un homme est aimé, il lui est demandé d'en supporter la contradiction, plutôt que d'être soit l'époux mystique, soit l'amant d'un jour. L'amour féminin tient sa spécificité de cette tentative de solution.

On peut parler d'un risque de folie quand l'amour se dérobe, lorsque plus personne n'assure de sa présence la conciliation de ces deux contraires. Ce risque est la conséquence de leur disjonction, et il peut aller jusqu'à l'hallucination et au délire, lorsque la question apparaît momentanément ou définitivement sans solution.

Une pointe de folie apparaît par exemple à chaque fois que s'impose une confusion entre l'amant et le père (qui thématisent la disjonction du sexe et du nom). C'est le cas dans le rêve de cette analysante :

Au début du rêve elle aperçoit d'abord Henri, son amant. « Il est dans une pièce où se tient également un personnage assez célèbre et puissant, qui lui annonce qu'il va le frapper… ». « Je sais qu'il va le faire, qu'il aura le dessus, et que cela va être terrible… Je pars en courant pour chercher du secours, mais les voisins refusent de me laisser téléphoner de chez eux. Je reviens dans la pièce, Henri n'est plus là, et le personnage terrifiant de tout à l'heure est sur un lit, en train de feuilleter un roman. En cherchant bien, je trouve le corps de Henri plein de sang avec un mouchoir posé sur le visage, plein de sang partout. Je soulève le mouchoir, mais ce n'est pas lui, bien que ce soit lui. C'est à la fois l'apparence du fils de ma sœur, sans doute parce qu'il a été récemment mordu par un chien. Il y avait du sang partout. Et c'est aussi le visage de mon père. Mon père, je n'en ai pas eu, j'ai fait sans. »

J'arrête la séance sur ce dernier « sans », dont le son vient faire équivoque avec tout le « sang » précédemment décrit. L'intérêt de cette suspension est de reporter l'absence paternelle que l'analysante vient d'associer d'une manière inattendue, sur son propre désir de meurtre à l'égard d'un homme aimé. C'est elle qui « fait sang », révélant la pointe tragique de son rêve, sans marge d'erreur possible, puisqu'elle vient de dire qu'elle n'a pas eu de père (qu'elle a « fait sans » — alors que cela n'a pas été le cas).

La disjonction entre phallus et nom n'est pas toujours évidente parce qu'elle peut se présenter comme une plainte dont les fondements semblent plausibles. Qu'une femme se plaigne d'avoir subi une violence sexuelle peut souvent être raisonnablement accrédité. De même, si une femme fait remonter le début de ce dont elle souffre actuellement à un traumatisme sexuel subi dans son enfance, elle rencontrera d'autant plus facilement la compréhension que de tels événements peuvent se produire. Il peut arriver que des enfants aient affaire à la séduction active de certains adultes. Cependant ce qui fait le traumatisme tient essentiellement à la coïncidence de l'événement et du point de structure potentiellement délirant de la névrose. Ainsi tel incident insignifiant pour l'entourage pourra être vécu comme un traumatisme. Le souvenir pourra le transformer en une scène de viol. En revanche, le fait d'avoir subi une pratique perverse effective pourra être considéré comme un accident pénible sans être pour autant « traumatisant » au sens qui vient d'être évoqué. Une agression sexuelle peut ne pas être traumatisante si elle ne met en jeu aucun signifiant paternel. L'acte équivoque d'un aîné, ou d'un adulte, outre qu'il ne sera pas toujours considéré comme désagréable, ne provoquera pas de trauma, s'il tombe en dehors de ce champ.

Comme on l'a vu, il existe entre les fonctions paternelles une contradiction que rien ne permet de résorber, si ce n'est l'amour, qui fait tenir ensemble leurs extrêmes. Sa force est fonction de leur incompatibilité. Il y a de l'amour, non parce que le père est aimable — il ne l'est pas toujours avec évidence — mais parce qu'il est incertain. Ainsi l'acte de séduction sexuelle sera d'autant plus traumatisant qu'il va tomber dans un défaut d'amour, ou qu'il signifie un défaut d'amour, et qu'ainsi se dévoile l'incompatibilité affolante des fonctions paternelles.

Le point de fragilité de la névrose concerne les noms du père, et si l'amour pallie cette précarité, c'est dans son défaut qu'il peut exister un moment hallucinatoire ou délirant, dont l'avènement n'est pas la psychose. Il en faut beaucoup pour qu'un névrosé soit dans un défaut d'amour, car il est prêt à aimer à la première invite et plus encore à croire qu'il est aimé. En dernier ressort, si personne ne répond à son amour, il lui restera encore l'amour de Dieu, qui dévoile le motif le plus lointain, paternel, de l'amour. En revanche, pour accorder un signe de son amour, Dieu se montre inégal ; plus inégal que les hommes, eux-mêmes bien incertains dans ce don.

Dans l'absence d'amour, la plainte hystérique vire à la persécution. Tous les détails de la vie quotidienne deviennent non seulement signe de l'inconfort et de la souffrance, mais aussi celui de l'agression sexuelle. Une femme peut alors se sentir violée par un simple regard ou agressée par une vague allusion. Le manque d'amour dévoile l'absence de solution de ce qui organise et donne son assiette au monde (c'est-à-dire les fonctions paternelles). Ce monde lui-même devient persécutant, parfois jusqu'au délire, déclenchant une sorte de rage contre ce qu'il peut avoir de blessant, et contre les hommes ridicules qui s'y agitent, inégaux à leurs propres prétentions.

Il n'est pas facile de rendre compte de la modification de la réalité qu'entraîne sinon un total défaut d'amour, du moins la solitude. Tout se passe comme si l'aimé, ou seulement la personne à qui l'on peut parler, permettait de centrer la réalité. Si cet autre se dérobe, les objets du monde perdent leur lest et deviennent blessants. R.M. Rilke a décrit une telle expérience dans les *Cahiers de Malte Laurids Brigge* :

« ...lorsque quelqu'un rassemble ses forces, un solitaire par exemple qui voudrait en toute rondeur reposer sur soi, jour et nuit, il provoque véritablement la contradiction, les railleries et la haine des objets dégénérés, qui, conscients qu'ils sont de leur déchéance, ne peuvent plus supporter que l'on se contienne et que l'on recherche son propre sens ».

Dans une telle sensibilité à un monde sans solution, le traumatisme sexuel peut avoir un effet d'implosion. Il suffit alors d'événements ou de souvenirs parfois construits à partir de détails insignifiants, pour que s'impose l'idée d'un viol, non seulement parce que le désir a porté au devant de la séduction, mais encore parce que l'amour a baissé la garde. Lorsque les événements ou les souvenirs tombent dans cette absence d'ordre du monde, ils poussent à leur guise, tiraillés d'un côté ou de l'autre, dans l'indécidable qui existe entre phallus et nom. Leur potentialité délirante est inversement proportionnelle à l'amour.

Avec la chute de l'amour, le moment hallucinatoire peut s'imposer dans la mesure où le père du sexe, le père du mythe de Totem et Tabou vient investir la réalité, qui est alors en quelque sorte débarrassée de l'entrave du patronyme. Il peut se produire de la sorte une imposition du mythe du père de la jouissance sur un homme, éventuellement le géniteur, « un père », ou en fait n'importe quel individu de rencontre. Le moment hallucinatoire ne fait que rendre persécutant une imposition du mythe qui se produit normalement : ce que peut être le vrai visage « d'un père » échappe au regard, car il est toujours masqué par ce mythe. La figure de l'homme est ainsi investie du totem, qui, au-delà « d'un père », concerne tout homme dans sa masculinité.

Cet investissement de la réalité par le mythe est un événement banal. Si par exemple une femme est effarouchée par un homme, ce dernier se trouve investi par sa frayeur de la puissance du mythe, et c'est d'ailleurs pourquoi la peur qu'il peut provoquer l'excitera. Une femme ne peut-elle, au demeurant, user de cette modalité de l'érotisme, en faisant semblant d'avoir peur, ou en se montrant seulement pudique, alors même que l'homme ne l'impressionne nullement ? N'en va-t-il pas ainsi quand sa voix semble martelée par la contrainte, quand son intonation expire et rend ses mots fuyants, ou encore lorsque son geste hésite et que son pas se précipite ? Une telle séduction par l'évocation du trauma ne s'ouvre-t-elle pas pour quiconque se range du côté féminin ? Ainsi de Saint Jean de la Croix, se comparant lui-même à une biche prise à la chasse, par un chasseur qui serait Dieu.

L'amour permet de réduire l'expansion d'un mythe affolant à la présence d'un homme, dont le nom peut être invoqué. Grâce à lui, la folie sort de l'anonymat, au risque de faire d'un homme un personnage à peine visible. La présence de l'amant recouvre la folie : elle ajointe la passion du sexe et la désincarnation du nom. L'amour féminin cherche ainsi à résoudre une ambivalence portée dans le tourment. Cette souffrance, particulière parce qu'elle est appelée et consentie, définit le propre du masochisme d'une femme — qui est différent du masochisme pervers excité par la douleur physique, et distinct aussi du masochisme qualifié par Freud de « féminin » (qui n'intéresse que les hommes). Ce masochisme d'une femme ne concerne pas le désir sexuel, il accompagne un amour dont le sexe fait le tourment.

La réciproque de ce masochisme n'est donc nullement un sadisme masculin. Nul homme ne provoque, volontairement ou non, cette blessure que l'élan de l'amour ouvre de son seul mouvement.

Sans doute un homme peut-il se montrer violent à l'égard de la femme qu'il veut. Mais cette forme de sadisme est seulement liée à son désir sexuel. Il peut l'exercer alors qu'au même moment il souffre dans son amour, qui implique, lui aussi, une forme de masochisme. Et son désir sexuel ne sera-t-il pas d'autant plus sadique qu'il se nourrira de la souffrance masochiste de l'amour, sans d'ailleurs que cette violence puisse calmer la douleur d'aimer? La violence du sexe s'appuie ainsi sur la souffrance de l'amour, qu'elle ne saurait guérir, et dont elle engendre le renouvellement.

Dans le livre *Paulina 1880*, Pierre Jean Jouve décrit une passion qui permet d'approcher du côté féminin, la disjonction qui existe entre Phallus et nom, et le ravage que cette absence de solution engendre.

Il y a une sorte d'évidence incompréhensible dans l'histoire de Paulina, une limpidité d'autant plus grande qu'aucun prétexte ne vient justifier, comme c'est le cas habituellement, l'extrémité à laquelle la passion la contraint. Elle tuera son amant au moment où les obstacles qui les ont séparés durant tant d'années sont tombés, alors que rien ne semble plus les désunir, et qu'il vient de lui demander une nouvelle fois d'être sa femme. Elle le tue par amour, et dévoile ainsi l'impossibilité inexplicable qui a régi son lien à cet homme, depuis que, à la fin de son adolescence, il a traversé, marchant comme un fou, la chambre de son père endormi et soit venu la prendre dans sa chambre. Elle était consentante, sans doute, puisqu'elle lui a ouvert sa porte, mais elle n'a reçu cet amant qu'à travers cet espace interdit, cette marge de sommeil où un père dort et où, dormant, il est trahi.

Paulina se débat entre sa passion charnelle pour son amant, pure à force de demeurer cachée dans son impureté, et la religion à laquelle elle demande le pardon pour un péché qu'elle a voulu et qu'elle continue de vouloir. La folie de son amour se montre dans ce qu'elle demande à l'église : elle réclame l'absolution sans vouloir renoncer à sa faute, qu'elle reconduit journellement. Entre le nom de Dieu et l'amour de son amant, elle ne trouve pas le repos.

Lorsque, le temps passant, les circonstances changent, la mise en scène de la trahison est ce qui reste nécessaire, alors que rien n'obligerait à maintenir cette passion cachée. La mort de son père, loin d'être libératrice, accroît le poids du secret, aggrave la faute et son tourment.

« Mon père m'a toujours conservé sa confiance et son affection. Moi il ne me reste plus à suivre que la voie ouverte par la tromperie... La première de toutes les nuits : elle, prenant la clef sous la tête du père endormi ; ouvrant la porte à celui qui ravira au père son honneur ».

Cette première nuit passée avec son amant devient l'archétype de sa faute, parce que jamais son père n'avait pu soupçonner ce qui avait pu se passer, et que durant tout ce temps de sa vie, elle n'avait jamais avoué les circonstances exactes de son péché à son confesseur.

« La première faute devenait immense, grossie pour ainsi dire par toutes les fautes semblables qui l'avaient suivies... Mais surtout le couteau de la mort était intervenu. Son père était mort ne sachant rien ».

La trahison se trouve scellée par la mort... « Le mensonge qu'elle avait dû faire afin de parvenir à son amour »... l'enferme pour toujours dans une peccabilité qui ne suffit pourtant pas à expliquer le meurtre final de son amant. Cette mort aurait pu être l'événement compréhensible qui éclaire le meurtre, nécessaire pour tenir ouvert l'espace de la faute. Il aurait fallu tuer l'amant comme ce fut symboliquement le cas pour le père. Mais il n'en va pas ainsi. L'amour charnel pour l'amant ne répète rien de l'affection portée au père. C'est au matin d'une nuit où son amant lui a encore proposé de l'épouser qu'elle a cette sorte d'hallucination : elle voit quelque chose d'écrit sur le mur « ... dans quelques heures... »...« dans quelques heures... » le reste de la phrase, qu'elle n'arrive pas à lire, elle le fait : elle le tue. La possibilité de vivre sans faute semble reconduire la faute, il est vrai. Mais ce qui n'était que trahison lorsqu'il s'agissait du père, devient meurtre lorsqu'il s'agit de l'amant. Il s'agit d'un autre acte, et pourtant, c'est un acte qui se souvient : « En vérité, le sentiment qu'elle éprouve est tout à fait ancien ». Rien ne justifie cet acte, ni même ne l'explique. Il met à jour cette sorte de folie qui a fait le tourment de la vie de Paulina, prise entre son mysticisme et sa passion charnelle.

« Dieu haïssait cet homme parce qu'il était mon amant, ayant enfin agi pour résoudre cette contradiction, Paulina peut comprendre, mais elle ne sait pas ce qu'elle comprend. » Il lui reste sa longue vie de prison, et sa libération qui la laisse suspendue dans l'identité du souvenir :

« Dans la créature éteinte que voici, il n'y a rien, il n'y a plus rien qui puisse concevoir l'idée de meurtre, mais aussi rien, rien qui lui permette d'oublier le meurtre accompli ».

Dans l'histoire de Paulina, la trahison concerne l'honneur et le nom paternel, alors que le meurtre intéresse l'homme dont la jouissance est attendue. La trahison du père est un événement banal, dont usuellement l'abandon du patronyme au moment du mariage donne une idée. Pour Paulina, la trahison est maintenue par la constance de sa faute, qui enferme son amant dans sa fonction sexuelle. Dans cet isolement, l'érotisme se trouve purifié de la faute qu'est la trahison du père. Manquement pour lequel il ne saurait y avoir de pardon, et pourtant Paulina demande l'absolution pour ce péché, tout en soutenant, dans ce que l'on peut appeler une position éthique, qu'elle continuera de le commettre. Dans le cérémonial du mariage la responsabilité de la trahison est laissée à l'homme. L'amant de Paulina, en revanche, n'est pas l'agent jusqu'au bout de la trahison du père, puisqu'elle refuse de l'épouser. Si son amant lui donnait son nom, ce dernier viendrait à la place de celui de son père et c'est ce qu'elle récuse, gardant sur elle la faute, comme si c'était le moyen de préserver la pureté du sexe. Le meurtre de l'amant a ainsi une fonction paradoxale, il maintient la jouissance sexuelle à l'abri du symbole. Paulina venge-t-elle son père en perpétrant ce meurtre ? Ou se venge-t-elle elle-même d'avoir été séduite et tenue sa vie durant dans cet attachement à la faute ? Si c'était le cas, pourquoi agirait-elle au moment où le mariage lui est proposé ? Son acte paraît alors incompréhensible, pure folie répondant d'une contradiction insoluble.

De la trahison au meurtre s'étend l'espace qui va de la question du nom à celle du phallus, lieu spécifique du « traumatisme sexuel », du viol immémorial jamais si bien accompli, côté phallus, que lorsque le nom est perdu. Le traumatisme sexuel, à la fois nœud de la folie féminine et organisateur psychique, trouve ainsi sa place dans l'inceste Père/Fille : le père est incestueux et violeur dans la mesure où il n'y a pas la protection du nom (qui symbolise le phallus, et élimine donc ce qu'il y a de sexuel dans l'amour du Père).

Ne peut-on en tirer une leçon plus générale : dans le développement de l'histoire de chacun, le « premier » père est celui de la puissance phallique : le traumatisme est donc inévitable. Il n'y aurait pas de trauma si le père du nom se présentait le premier (ce qui est impossible puisque de toute façon, il n'aurait rien à symboliser), et le trauma est d'autant plus grand pour une femme, qu'elle ne saurait avoir recours au nom, même postérieurement, sans mettre en question sa féminité.

Quelle est alors la tentative de la cérémonie du mariage, lorsqu'elle prétend ne s'accomplir qu'à la condition de la virginité de la femme ? Il s'agit d'inverser le sens de l'histoire, de faire en sorte que le nom précède toute sexualité, et d'annuler ainsi la portée du traumatisme sexuel. Tout se passe comme si le cours de l'existence, qui va de la sexualisation par le Totem à la répression par le patronyme, pouvait se retourner, et comme si la sexualisation n'allait prendre effet qu'à la condition du nom. Le cérémonial a la valeur d'un coup de force, il impose la virginité : la mariée est toujours en blanc, même si elle n'est pas vierge (et elle ne l'est pas du point du fantasme la liant à son père). Cette tentative d'inversion est sans doute ce qu'il y a de rassurant dans le mariage, dont le cérémonial se déroule comme si le nœud de la folie féminine allait se trouver réduit. Par contrecoup, la folie masculine s'en trouvera calmée : investi — bien malgré lui — d'une fonction pacificatrice, l'homme ne va-t-il pas s'en trouver pacifié, puisqu'il lui est accordé le rôle unique — magique — qui peut apaiser sa jalousie ?

# II. SEXUALITÉ ET PERVERSION

Chapitre 1

## ORDINATION DE LA CASTRATION ET CHOIX DU SEXE

Le terme de « complexe » a subi un certain glissement sémantique depuis la découverte de la psychanalyse. Pour son inventeur, il servait à désigner un ensemble d'éléments différents, alors que la signification qui lui est communément attribuée aujourd'hui est plutôt celle d'une entité dont on pâtit : on souffre d'un « complexe », comme d'un ulcère à l'estomac. Cette utilisation du mot lui fait perdre sa pertinence, car la « castration » ne se résume nullement à une menace pesant sur le pénis, comme le sous-entend la réduction actuelle de son sens. Elle est constituée d'un « complexe » d'éléments, dont certains sont nécessaires et d'autres contingents, et si elle se signale toujours par une angoisse, son agent et son objet sont variables. En effet, une chose est l'angoisse de castration « de la mère » et une autre celle « du sujet » ; une chose est la menace qui pèse sur le corps dans son entier et une autre encore celle dont seulement le pénis (ou le clitoris) sont affectés. Ces deux temps de l'angoisse forment les éléments d'un complexe où ils se trouvent articulés, et il est donc cohérent de les réunir sous le même terme générique de « castration ».

La castration concerne la sexualité de l'être humain dans ce qu'elle a de plus concret, et la reproduction elle-même ne saurait s'accomplir sans elle. Cependant, pour être charnelle au point que la survie de l'espèce en dépende, elle n'en procède pas moins du langage.

Frédéric II, roi de Sicile avait fait venir dans son château plusieurs nouveaux-nés, auxquels tous les soins étaient accordés, mais il était interdit de leur parler. Le monarque voulait savoir à quel vocable il convenait d'accorder la primauté, et quelle était la langue que les enfants allaient spontanément se mettre à parler : l'hébreu, le latin ou le grec ; c'est à la mort qu'il dut laisser le premier rang, car la privation de langage eut comme conséquence le dépérissement des nourrissons.

Les premiers sons qu'entend l'enfant lui sont incompréhensibles et ne lui disent rien, sinon qu'il se doit d'en répondre. Il est convoqué par eux au-delà de tout ce qu'il peut en saisir, et il est appelé à se loger, à grandir, dans la vacuité que l'appel de ces sons comportent. Les paroles prononcées par une mère roulent en avant d'elle un vide qui est aussi un appel, et, par rapport à cette sollicitation naît une première angoisse, celle d'avoir à combler la vacance incompréhensible de l'Autre maternel. Cette angoisse concerne donc la castration maternelle, et son objet est le corps pris dans son entier. Elle est couramment figurée par la peur de disparaître, de tomber dans un gouffre ou d'être dévoré.

Le terme de castration est-il pertinent pour décrire cette angoisse, dont aucune manifestation ne semble évoquer la sexualité, alors que ce complexe la concerne plutôt ? On peut concevoir que l'amour de l'enfant pousse son corps à la hauteur d'une demande maternelle incompréhensible, mais comment peut-on justifier qu'il s'identifie pour ce faire au phallus, c'est-à-dire à un organe sexuel ? N'opère-t-on pas un coup de force, en faisant une analogie entre le manque à dire de la parole et l'absence de pénis de la mère (que l'enfant ne connaît d'ailleurs pas plus que la signification des mots) ? S'identifier au manque peut-il être considéré comme une identité au phallus ? Si c'est le cas, cette équivalence justifie alors la référence faite à la castration, pour définir la première angoisse saisissant l'être humain lorsqu'il rencontre le langage.

Il est classique de justifier cette équivalence en la considérant dans la rétroaction du complexe d'Œdipe : après avoir découvert la castration maternelle, l'enfant construirait une équivalence entre le manque de pénis et l'énigme de la demande. Cependant, c'est presque immédiatement qu'une érogénéisation du pénis permet de vérifier cette équation. Il existe un lien direct entre l'identification du corps entier au manque et l'érection du pénis. L'érotisme de l'enfant presque nouveau-né permet de situer rétroactivement sa propre identification au phallus, telle qu'elle s'érige dans la parole où il est pris.

On peut montrer les différentes phases de cette érotisation, mais, de même qu'il est plus facile de voir un film selon son déroulement chronologique plutôt qu'en marche arrière, de même il est plus aisé de considérer cette érotisation selon son déroulement temporel linéaire, en sachant que l'hypothèse faite à la première image (l'identification au phallus) ne sera vérifiée logiquement qu'à la dernière (l'érection du pénis). L'érection finale du pénis vérifiera rétroactivement que le corps était bien d'abord identifié au phallus :

*Scène 1* : La demande maternelle amène l'enfant à s'identifier au phallus. Lorsqu'elle lui propose de la nourriture, par exemple, l'enfant la comble en acceptant ce qu'elle lui offre. Il est donc « phallus » par les voies de la pulsion orale.

*Scène 2* : Cette mère est maintenant équipée du phallus qui vient de lui être donné. Androgyne, mère phallique, elle surgit d'un effet seulement langagier, grâce aux soins qu'elle a donnés à l'enfant et de la réponse que ce dernier y a apportés.

*Scène 3* : L'enfant s'identifie à cette mère phallique : il est maintenant comme elle, muni d'un sexe en érection. Les soins qu'il reçoit, s'il les accepte, l'érigent : le manger, la parole, la propreté, tout est l'occasion de l'érotisme.

Ce schématisme en 3 temps vaut pour les deux sexes. On conçoit donc son importance théorique, puisqu'il permet d'affirmer la prévalence d'un seul symbole, le phallus, pour l'homme comme pour la femme.

L'enchaînement de ces trois scènes n'est pas sans cohérence, mais il n'est pas sans mystère non plus, au moins pour la dernière d'entre elles : comment la constitution de l'Androgyne et son apparition peuvent-elles provoquer l'érection du pénis ? Expliquer ce temps de l'érotisme par une « identification » à une image de mère phallique est faible, et le terme de « transitivisme » conviendra mieux : il s'agit d'une sorte d'imitation totale de l'Autre muni d'un phallus, de cet Autre qui se montre pour ainsi dire hallucinatoirement à cet instant (par exemple, lorsque le moment de plongée repue dans le sommeil est accompagné d'érection, ce sommeil est en fait le moment hypnoïde du transitivisme, de l'identification totale).

Il ne s'agit pas d'un fantasme, mais de ce qui s'impose de l'Etre lui-même, qui transite au travers du phallus. Le « qui suis-je » du corps en proie au langage franchit ce travers sexué, et, par ce biais, l'Etre est ce qui apparaît d'abord hallucinatoirement, comme événement premier du système perception-conscience.

Cette hallucination concerne la présence du phallus maternel, dit Freud, et c'est aussi l'instant de certitude le plus violent de la présence de soi, puisque ce phallus n'est rien d'autre que l'Etre même de celui qui le perçoit. Se voyant avec obstination, en lieu et place d'un « rien », s'originant de là, il s'attachera à démontrer avec constance que l'Etre est ; que cette hallucination est. Mais qu'est-ce donc que ce découvrement de la présence, sinon l'habit porté sur un vide ? Habitat de rien dont la certitude est présentification de l'absence logeant dans le langage.

Ce transitivisme de l'être à l'avoir apparaît par exemple dans cette association faite sur un fragment de rêve. L'image onirique représente cette analysante tenant sa propre mère par la main, comme on peut le faire avec un jeune enfant. Bien qu'elle soit représentée avec ses traits d'adulte, elle ne semble pas avoir plus de cinq ou six ans. Depuis toujours, cette patiente a maintenue une relation indéfectible avec sa mère, qu'elle ne quitte que dans la faute et pour mieux la retrouver, convaincue qu'elle ne saurait se passer d'elle. En tant qu'enfant, elle cherche à échapper à cette relation, mais c'est comme mère qu'il lui faut rebrousser chemin. Commentant son rêve, elle fait la faute de grammaire suivante : « Mais qu'est-ce que *j'ai* venu soutenir là ? » (au lieu de « je suis »). Le verbe avoir vient à la place du verbe être, comme si l'action de soutenir, c'est-à-dire de ne pas supporter la castration maternelle, avait pour conséquence le fait de l'avoir. Ne retourne-t-elle pas auprès de sa mère seulement dans cet objectif ?

L'hallucination de l'Androgyne constitue l'accès à la jouissance phallique, un seuil marqué par l'érection et l'excitation sexuelle, parce qu'un transitivisme absolu s'établit entre le sujet et l'image qu'il perçoit ; il est incoerciblement en érection de lui-même à travers sa mère. Peut-être a-t-elle été il y a un instant cette personne différente qui le soignait, mais maintenant, c'est de lui qu'elle est phallique. Il ne peut faire autrement que d'accomplir ce transitivisme dont l'exigence est absolue, car c'est seulement lui-même qu'il accomplit de la sorte, répondant à la question philosophique du « qui suis-je » grâce à l'érotisme, et ne pensant plus qu'à la chose sexuelle, s'enfonçant en abyme dans l'excitation de sa propre quête.

L'apparition de l'Androgyne explicite ce que la castration de l'Autre a de charnel. En effet, si la réponse à la demande maternelle met l'enfant en érection, alors, son propre sexe ne lui appartient plus. Il est dans sa mère. Ce qu'il a accompli par amour comporte une conséquence érotique, qui le sépare de son sexe. Il en est scindé au point de bascule entre la scène 1 et la scène 3, c'est-à-dire entre le sentiment d'être dévoré, étripé, éviscéré, et celui d'être séparé de son sexe par une érotisation étrangère et aliénante. Son érection semblerait correspondre à son désir le plus intime, mais pourtant cela lui arrive malgré lui, comme si une force extérieure l'imposait. Ce risque de séparation du pénis (qui n'est pas une figure de style dans certaines formes de psychoses), montre de quelle façon l'angoisse de castration de l'Autre concerne le sexe comme organe.

Une telle menace pesant sur le sexe, permet-elle d'expliquer ce qu'est la castration ? On ne saurait s'en contenter, car cette castration de l'Autre n'est que le premier temps d'un procès. Son agent n'est pas encore un père. Il s'agit seulement du danger couru lors de la rencontre avec le langage, risque mathématique qui relève de l'entrée dans la jouissance phallique, et se trouve à l'œuvre dans la psychose comme dans la névrose.

On pourrait croire que les névrosés ne sont nullement

intéressés par cette forme d'entrée dans le complexe de castration. Or, c'est avec régularité que l'agent de la castration du névrosé apparaît sous les traits non d'un père, mais d'une femme. Il existe des formes d'impuissance sexuelle occasionnées par une angoisse de castration dont l'agent est une femme : leur intérêt est qu'elles se déroulent selon le schématisme en 3 temps qui vient d'être exposé : les débuts de l'action (c'est-à-dire ce qui correspond à la scène 1 et 2, les préliminaires pulsionnels) ont pu être glorieux, et puis, c'est la panne, d'autant plus embarrassante qu'elle survient avec une femme consentante. C'est d'ailleurs la manifestation du désir féminin qui provoque cette angoisse de castration.

L'angoisse d'être castré par une femme est massive dans la clinique psychanalytique des névroses, où elle se montre aussi bien dans les symptômes d'impuissance qu'à travers la haine du féminin. Elle est également évoquée dans les souvenirs d'enfance : il arrive souvent que la menace de castration ne soit pas imputée à un père, mais à une mère ou à une nourrice (qui ont proféré des menaces ou exercé des sévices lorsqu'elles ont découvert les manœuvres masturbatoires de l'enfant).

Cette angoisse de castration est indéfectible ; la dette d'amour contractée par le sujet lorsqu'il naît au langage le ramènera sans fin sur ce seuil, où il palpe pourtant sa mort, puisque le phallus auquel il est appelé à s'identifier est aussi vide que le trou porté par les mots. De la sorte, il oscille entre cette rencontre de la pulsion de mort, qui est son premier rendez-vous, et l'érotisme intense dont il est saisi en cette proximité.

C'est pourquoi, si la mère manifeste une attirance sexuelle pour le père, pour un homme, ou, plus généralement, au-delà de ce qui la tient rivée au berceau, cet attrait ne saurait être qu'un soulagement pour l'enfant. Il n'y a pas moyen d'échapper à la première angoisse de castration, qui est proportionnelle à l'érotisation, et si un rival apparait, sa présence est salvatrice. Le concurrent sauve, d'une part parce que l'agent de la castration va changer, et d'autre part parce que le nom de cet agent peut symboliser tout ce que le « phallus » comporte d'innommable, de trop grand, de trop présent à la mort et à une jouissance anéantissante. Ce qui caractérise ce rival est seulement la puissance phallique dont il est investi ; il est phallophore avant d'être à proprement parler père, et il n'est d'ailleurs pas nécessaire qu'il le soit, ni légalement, ni au sens de la filiation génétique, ni même au sens symbolique. Il suffit qu'il soit porteur du phallus, et désiré à ce titre.

La rivalité de l'enfant avec son père est une observation ordinaire et l'on ne prête plus guère attention aux conséquences de cette banalité. Le choix de ce rival est le fait de l'enfant ; cette élection investit d'une fonction paternelle un homme qui ne s'en rend souvent pas compte ou ne s'en soucie pas. Ce père du sexe ne considèrera généralement pas l'enfant comme un rival (même si la mère cherche à ce qu'il en aille ainsi), et il ne sera pas menacé, au moins sexuellement, par les prétentions de l'enfant. Ce rival est à cet égard toujours gagnant. La fonction paternelle qu'il remplit – car ç'en est une – prive de la jouissance maternelle, et la lutte inégale engagée contre lui (de même que celle qui s'engagera contre les futurs rivaux) soulage de l'angoisse d'éviration qui accompagnait l'érotisme maternel. La guerre est joyeuse dans cette mesure.

Cette libération de l'angoisse est à l'origine de l'amour de ce père particulier, porteur du phallus. Amour paradoxal, car il s'adresse à un rival ; amour pourtant, car l'affrontement obscur et profond qui s'engage ainsi extirpe d'une confrontation éreintante à la jouissance et à la mort, d'une sorte d'étranglement entre érotisme et disparition.

En ce cap s'impose le choix du sexe. Avant cet instant, le garçon comme la fille se trouvent également phallicisés, et leur érotisme est pareillement incestueux. Désormais, l'amour du père phallophore impose un choix. Si la fille choisit de reconnaître son amour pour ce père sexué, elle s'engage sur le chemin de sa féminité. Et si le garçon veut suivre la même voie, lui aussi sera féminisé. L'amour du père est salvateur, mais il féminise inexorablement. Il oblige à vivre dans la dépendance d'une image virile. Les deux sexes s'en trouvent énamourés et de l'homme et du phallus. Ils sont convoqués par cette figure de la virilité devant laquelle ils semblent n'avoir le choix qu'entre se soumettre ou bien se rebeller.

S'il tentait d'échapper à la puissance paternelle, le fuyard éventuel rencontrerait la chose du langage. Rapté et érotisé par sa violence, ne fera-t-il pas à nouveau appel au totem paternel ? Face à la chose, il en invoquera à nouveau le blason, auquel il fera allégeance.

Lorsqu'il s'agit d'un garçon, la féminisation masculine dans la rivalité est banale. Il en va par exemple ainsi pour celui qui relèvera tous les défis, mais fera toujours en sorte de se faire battre, même lorsque les circonstances semblent le favoriser. De même pour celui qui a le courage d'attaquer mais se trouve paralysé au moment de frapper. Il s'agit d'une féminisation (alors que celui qui y est soumis est déjà passé dans le camp des hommes) au sens d'une soumission constante à un homme, sujétion nécessaire pour être du côté masculin. On pourrait donc dire qu'il s'agit d'une féminisation virile, et celui qui s'y soumet est d'ailleurs le plus souvent dans le camp des hétérosexuels. Cette féminisation par le rival peut entraîner un empêchement à agir différent des deux types d'inhibitions distingués par Freud dans *Inhibition, symptôme, angoisse.* L'amour pour le père aura comme conséquence une paralysie de l'action, limitée à des circonstances sociales particulières, celles de la rivalité.

La rivalité semble en contradiction avec l'amour. La tendresse et la reconnaissance adressées au père du sexe paraissent s'opposer au fantasme de meurtre du père, classiquement invoqué en ce cap du complexe d'Œdipe. Cependant, malgré la violence de cette contradiction, cet amour est là, et l'on ne saurait le réduire ni à un désir de réparation – qui succèderait au fantasme de meurtre – ni à un amour de sa personne – qui précèderait le temps de la castration. Il ne précède ni ne succède à la castration. On pourrait l'appeler : « amour de la castration ». Le sentiment porté à celui qui soulage de la demande maternelle intéresse uniquement sa fonction. Cet amour n'est pas celui d'un frère, il n'est pas narcissique, et ne concerne qu'à peine le corps. Adressé au delà de toute apparence, il ignore à quoi ressemble le père.

Et pourtant, le fantasme de meurtre ne le contredit pas, parce que l'amour lui même porte un vœu de mort : en effet, il s'agit d'un amour sexuel, féminin, destiné à annuler ce père dans sa fonction de prohibition. Il s'agit de détruire une fonction qui n'en est pourtant pas moins à l'origine de l'amour. Amour qui ne se ressemble pas, sans espoir, donc, parce qu'il impose une séparation radicale et annule son propre objet. Cet amour est désincarné au point qu'il ne peut se reconnaître lui-même (et que le plus souvent nous ne savons pas, ou nous n'avons pas su que nous aimons ou avons aimé notre père).

Ainsi, il ne saurait y avoir de symétrie entre l'amour maternel, qui donne son armature érotique au corps, et l'amour adressé au père pour une fonction désincarnée[1].

Porter le phallus est l'une des fonctions de la paternité. Ce père du sexe est-il même un père, puisqu'il se distingue du commun des hommes seulement grâce à l'élection que la mère a pu faire de lui ? D'autres hommes ne pourraient-ils pas disposer de la même puissance ? C'est parce qu'un tel doute existe que ce père peut si facilement verser dans le camp du séducteur ou du violeur, et qu'il contamine si aisément n'importe quelle figure de la masculinité : un homme quelconque peut prétendre l'incarner, à partir du moment où il affiche son désir sexuel (ce qu'il fera en un regard). A lui seul, le désir permet d'identifier ce père.

Le rôle de ce totem viril, presque anonyme, est différent de celui du père donateur du nom. Le père sexué est vivant ; en revanche, lorsque le père transmet son nom, il reconnaît implicitement sa mortalité. Cette deuxième fonction patronymique est essentielle, car, en prenant le même nom que son père, l'enfant peut prétendre posséder lui aussi le phallus, grâce à ce trait commun. Le nom permet donc de symboliser le sexe masculin, au moment où la rivalité écrase, et alors que l'amour féminise. Grâce à lui s'accomplit une sorte de passation linguistique de la puissance virile.

1. Cette absence de symétrie remet en cause la notion « d'Œdipe inversé », expression qui fait penser à une symétrie avec un Œdipe « normal ». C'est une notion égarante, parce que si l'amour du père est accompagné d'une angoisse à l'égard de la mère, ce n'est pas en tant que rivale auprès du père qu'elle provoque ce sentiment, mais à cause de la castration et de l'aliénation érotique qu'elle provoque.

Le clivage des fonctions paternelles amène à faire une distinction forte entre sexe et nom, entre totem et patronyme, différence qui est déjà présente dans la façon de se nommer. Le surnom, le sobriquet, l'appartenance régionale, le signe du zodiaque, ou une qualité particulière, permettent de se référer à un totem, et de telles nominations ne dénotent pas une filiation du même ordre que celle qu'accorde le patronyme. Le surnom totémique fait allégeance aux puissances phalliques, à l'organisation du monde et de la société entre forces du bien et forces du mal. Il délimite l'univers selon les linéaments des fétiches. Tout autre est la filiation du nom patronymique, qui ne pactise ni ne cherche à établir de lien fétichiste avec les forces naturelles. Le nom ne conclut pas de paix ; il est sacrificiel. En effet, ce qu'il y a de potentiel dans sa transmission, c'est la symbolisation du phallus, au sens de la prescription de la violence maléfique portée par sa puissance. La part morcelante ou perverse de la jouissance, le nom l'assèche. Il ne pactise donc pas, et prétend dispenser de tout totem, de toute image, de tout veau d'or.

L'affrontement avec le père du sexe permet d'échapper à la féminisation seulement dans la mesure où s'ajoute à l'amour du totem phallophore la fonction du père du patronyme. Si l'absolutisme du rival sexué engendre un amour féminisant, que le don du nom contrebalance, les garçons n'en seront-ils pas assez vite attachés à l'honneur de leur nom, qu'ils défendront différemment de leurs sœurs ? Une femme reçoit aussi un patronyme, mais si elle le prend, son appartenance sexuelle n'en sera t-elle pas questionnée, puisque, par rapport à l'élection du sexe, le nom sert à lutter contre la féminisation ? Elle serait donc plutôt prête à l'abandonner, et c'est en ce sens qu'elle choisit la féminité dans sa relation à son père : elle en reçoit le nom, et pourtant elle n'a pas à le prendre.

On peut ainsi distinguer trois caps successifs dans le complexe de castration : il y a d'abord une angoisse de castration devant l'Autre du langage, puis une rivalité avec le père phallophore, enfin le don du patronyme. Seul le premier temps est nécessaire, inévitable. Le second est contingent : l'existence d'un rival n'est pas toujours vérifiée.

Enfin le 3ème temps est lui aussi contingent : le don du nom est une possibilité qui n'est pas nécessairement réalisée, d'autant que ce don ne suffit pas, encore faut-il que le nom soit pris. Le premier temps concerne la castration de l'Autre, et les deux suivants la castration du sujet, selon un trajet qui fait passer d'une angoisse pesant sur le corps entier à une angoisse concernant le pénis.

En opposition à celle « de l'Autre », cette castration mérite d'être dite « du sujet » à un double point de vue : d'abord parce que la reconnaissance d'une rivalité dépend de l'enfant, qui peut, s'il le faut, s'inventer un rival parmi des personnages de rencontre, au cas où sa mère vivrait seule. Cette élection, même imaginaire, est suffisante pour entraîner une jalousie qui n'est pas abstraite, mais sexuelle. En effet, l'intérêt de la mère pour un homme ne saurait avoir qu'un résultat identique à celui qui érotise l'enfant lors de son contact avec elle. Ce dernier attribuera au sexe l'enjeu d'une rivalité dont il a déjà senti les effets dans son corps.

Il s'agit de la castration du sujet pour une deuxième raison. Il n'est pas suffisant de recevoir le nom patronymique ou un autre trait ayant la même efficacité. Encore faut-il prendre et porter ce symbole, et ce faisant être l'égal d'un rival autrement imbattable. Le nom se prend et se soutient par les actes, qui, parce qu'ils se signent, prouvent cette prise du nom. Ainsi débute l'activité incessante dans laquelle entrent les hommes lorsqu'ils veulent éviter la féminisation. Le masculin équivaut à cet égard à l'actif.

La modalisation du nom dans le complexe de castration explique en quel sens Freud a soutenu que la seule traduction inconsciente du masculin et du féminin était l'opposition actif/passif. Les hommes sont lancés dans une activité constante parce que l'acte vérifie l'efficacité de leur nom et le fait qu'ils le portent. Les femmes, en revanche, peuvent faire le détour du nom d'un homme moins pour assurer leur droit sur un nom dont elle n'ont pas le même besoin, que pour soutenir leur rapport au phallus.

La symbolisation du phallus amenuise et contrarie la puissance sexuelle, mais – pour le salut de l'espèce – cette symbolisation reste toujours relative à l'efficacité symbolique elle-même, qui oblige à ce que l'action soit sans cesse remise en chantier, à proportion de ce qui est toujours manqué dans l'acte.

Le troisième temps de la castration est contingent, parce qu'un père autorisera ou n'autorisera pas la prise du nom. Il peut valoriser et encourager les actions de son fils ; mais aussi s'y opposer, soit passivement, parce qu'il considère qu'il n'a pris lui-même son nom qu'avec peine (c'est le cas du père du *petit Hans),* soit parce qu'il éprouve une difficulté à ce que son fils le considère autrement que comme un phallophore, et que, prenant son nom, il lui fasse rencontrer, avec sa mortalité, l'impossible de sa paternité.

Subrepticement, le nom signe l'appartenance sexuée, et, ce faisant, la culpabilité et la dette changent de camp : si le nom apposé est celui du père, la signature l'éternise. L'acte le tue sans le tuer, puisque ce dernier ne s'est jamais assis à la table des vivants, et qu'il se trouve néanmoins parmi eux au moment où ils se nomment, brièvement assassiné sans jamais avoir vécu.

La dette à l'égard de ce père, dont le souffle est reconduit dans l'action, est solvable, contrairement au dû exigé par l'Autre du langage. Passant à l'action, le sujet passe aussi de l'angoisse de castration de l'Autre à la dette dont le meurtre le rend débiteur. La mort cesse de peser sur lui, il est admis au rang des assassins.

Au cours des différents temps du complexe de castration, l'angoisse oblige à s'acquitter de deux dettes. Ce qui est d'abord dû à la mère concerne le droit d'exister. La monnaie en cours pour payer cette dette étant le phallus, celle-ci ne pourra jamais être payée. Il existe une autre dette, concernant le prix à payer pour le meurtre du père, qui solde la symbolisation du phallus. Les œuvres, l'action, peuvent espérer acquitter ce dû, et cela d'autant plus facilement que la culpabilité attachée à lui ne concerne pas un vivant.

Malheureusement le paiement de la deuxième dette ne règle pas la première. Au contraire, ce qu'il y a d'insolvable dans la première ouvre à nouveau le compte de la seconde, et toute nouvelle symbolisation du phallus réclamera un nouveau meurtre symbolique. Dans la mesure où l'homme agit contre sa féminisation, il passera son temps à payer sur ce territoire masculin, et avec une monnaie forte, une dette qui s'accroît au-delà de ses frontières, et dans une autre monnaie en proie à une incessante dévaluation. Ce circuit sans fin fait penser à ces couples où la femme dépense en frivolités ce que l'homme gagne laborieusement. Tout se passe comme si la première faisait payer le second en jetant tout aussitôt l'argent par les fenêtres. Ce mouvement n'illustre-t-il pas l'implication mutuelle des dettes ?

Cette articulation de deux dettes est importante dans la clinique, chacune d'entre elles ayant ses conséquences propres. La première, celle qui est due à la mère, est de loin la plus pathogène, puisqu'elle est, par définition, hors-la-loi, au sens où le paiement qu'elle réclame échappe à la loi du père, qu'elle mine subrepticement.

Ainsi de cette patiente, dont l'enfance s'est déroulée dans un cadre familial peu conformiste, imprégné d'une idéologie de la libération qui amenait, par exemple, les membres de sa famille à se promener volontiers tout nus (comme si de rien n'était). Elle est donc exposée très tôt à la vision du corps de la femme comme à celle de l'homme, mais la louable idéologie de l'émancipation ne lui épargne pourtant, ni la fascination de la nudité, ni la sorte de traumatisme qui l'accompagne. Elle a en particulier un souvenir qu'elle n'arrive toujours pas à s'expliquer : le sexe de son père lui paraissait plus charnel, d'une présence plus véritable que celui de son frère, toujours investi d'une sorte d'irréalité... Laissant là cette évocation, et après un moment de silence, elle se met à parler d'une pratique qu'elle considère elle-même comme un vol : il s'agit de franchir les barrières magnétiques du métro sans payer.

A l'occasion de l'un de ces exercices, son talon de chaussure se coince dans la barrière métallique et se casse. Elle doit alors rentrer chez elle plus ou moins à cloche-pied, n'ayant pas pu réparer, au moins provisoirement, le talon brisé. Cela lui rappelle un souvenir d'enfance : sa mère s' était coincé un talon dans une grille, rendant la chaussure inutilisable, et elle avait dû rentrer chez elle en s'appuyant sur son épaule.

Sa pensée a procédé selon différentes associations dont

on peut retrouver le lien logique, en partant rétroactivement de la dernière d'entre elles. Dans la séquence finale, sa mère est privée de talon, et elle s'appuie sur sa fille pour marcher. Cette dernière vient donc à la place du talon manquant (et au delà, de ce qu'il représente). On peut alors en revenir à la première séquence où il est question de faire une comparaison entre ce qui serait vraiment le phallus, c'est-à-dire le phallus paternel, et une autre espèce de phallus, frappé d'une sorte d'irréalité, dont le pénis de son frère est le modèle. En fait, différents éléments du contexte immédiat permettent de penser que ce frère est un autre elle-même, et que c'est dans la comparaison qu'elle a pu faire entre le corps fraternel, si proche, et le sien, que ce pénis lui paraît frappé d'irréalité. Cette relation entre la troisième et la première séquence est licite, non parce que le talon cassé évoque le phallus grâce à un symbolisme facile, mais parce qu'il y a entre ces deux associations le souvenir d'un moment où elle a été elle-même privée de talon, alors qu'elle commettait un vol. Le vol l'a privée de talon, et cette privation l'amène à faire ce saut de pensée où elle se retrouve, dans la troisième séquence, au service de sa mère elle-même privée de talon. Elle est « talon » (à défaut de l'avoir) et elle se tient au service phallique de sa mère dans les suites de son vol ; ce vol apparaît ainsi comme déni de la castration, comme tentative de payer — nécessairement hors-la-loi — la dette d'exister à l'égard de la mère.

La dette due au père, quant à elle, lance dans l'action : parce qu'il a ce devoir d'être à la hauteur de son propre nom, de ne pas se contenter de le recevoir, un homme, aussi modeste que soit son rang, est confronté à une sorte d'héroïsme quotidien. Au travers des activités qu'il doit soutenir, il se livre à une vérification journalière de l'adéquation du nom à son objet, c'est-à-dire à la castration. Il existe ainsi une dramatisation solitaire de la valeur d'un nom qui n'apparaît nullement comme une entité linguistique inerte, ou comme un insigne qu'il suffirait d'arborer, mais comme un tissu vivant demandant à être nourri, que ce soit grâce à la position tenue dans la filiation, par rapport à la jouissance, ou bien eu égard à une œuvre.

« Symbolisation du phallus par la transmission du nom » est une expression destinée à faire comprendre un problème général dont la passation du patronyme, ou d'un équivalent, n'est qu'une métaphore faible. En effet, la transmission du nom est problématique, parce qu'il n'y aura jamais d'action assez éclatante pour le faire briller. L'enclenchement viril dans une infinité de l'action ne peut rencontrer sa limite qu'avec la mort, qui est à cet égard également un acte. Aussi loin que s'achemine le sujet masculin dans son existence, il connaît la rivalité et un risque de féminisation (cette constante en fera un garçon plutôt travailleur). Il est vrai qu'avec le temps, le nom se leste, parce que certaines œuvres ont été accomplies : l'angoisse occasionnée par la rivalité sera moins vive pour un homme de cinquante ans, qui peut mettre à son crédit un certain nombre de réalisations ou d'exploits, que pour un adolescent. (Et ce dernier peut être prêt à mourir héroïquement pour donner en une fois à son nom un lest convenable).

La nécessité de ce lestage par l'action est, sinon sans importance, du moins sans commune mesure pour une femme, dont l'œuvre éventuelle n'aura jamais la même fonction. Elle ne verra pas baisser son angoisse en signant ses réalisations. Il n'en va pas ainsi parce qu'elle accorderait plus d'importance à l'affectif et au sentimental, mais parce que son nom peut lui paraître contraire à sa féminité.

En ce terme du complexe de castration, l'agent de l'angoisse a non seulement changé de camp mais, de plus, le choix du sexe est désormais établi. D'un côté, l'amour du père engendre la féminisation et l'envie du pénis, de l'autre, l'érotisation du pénis cesse d'être un phénomène extérieur et angoissant, à partir du moment où elle est liée à l'acte et à sa signature.

Le partage masculin-féminin apparaît ainsi dans la dépendance de la convocation du nom, comme un fait purement symbolique, un événement ne prenant en considération l'anatomie que pour la mettre en valeur, ou au contraire pour la combattre. L'élection du sexe contrarie ou ne contrarie pas la réalité organique. Freud a pu écrire que « l'anatomie c'est le destin », mais il n'a pas dit que le sujet aurait à accepter les arrêts du destin. Il ne les accepte d'ailleurs pas, et l'acte analytique tend plutôt à le conforter dans ce choix, car c'est de préférence dans ce qui lui est contraire qu'il peut trouver sa voie.

L'amour du rival phallophore pousse à renoncer au phallus. Parce qu'il existe un tel abandon, et non pour des motifs anatomiques, Freud a pu soutenir que les femmes entraient dans le complexe d'Œdipe en reconnaissant leur castration, et que, pour ce motif, leur amour du père risquait d'être interminable.

Evénement symbolique, le choix du sexe suppose seulement de savoir qui a besoin du nom, non seulement pour se débarrasser de l'angoisse de castration première (il suffit pour cela d'un rival quelconque) mais encore pour pallier la féminisation impliquée par l'amour du père. Une femme peut porter ce nom comme signe de son amour, mais il n'a pour elle aucune valeur d'usage. Il a seulement une valeur d'échange du point de vue de sa jouissance. Pour un homme, en revanche, le nom a une valeur d'usage mais pas de valeur d'échange. Sa valeur demeure absolue.

Cette convocation du sexe laisse une femme en dette à l'égard de sa mère, car prendre le patronyme activement peut lui sembler risqué pour sa féminité. Dans ce cas le nom d'un homme, à défaut du sien propre, lui permettra de parer à cette dette ; elle gagne ainsi à la fois sur le plan de son amour sexuel et, à raison inverse de ce lien érotique à un homme, sur celui de ce qu'elle doit à sa mère.

Ne doit-on pas également tirer quelques conséquences supplémentaires de la duplicité des fonctions paternelles ? En effet, la puissance phallique est antinomique avec la transmission du patronyme, contradiction qui peut passer pour un défaut dans la structure paternelle, au point d'être l'objet de la réclamation névrotique. L'hystérique se plaint généralement de la défaillance paternelle, plainte sans solution, puisque le père portant le phallus est vivant, alors que celui donnant le nom est déjà mort. Aussi, la question paternelle implique-t-elle moins la vie *ou* la mort que leur confrontation. Dire que les fonctions paternelles sont clivées entre sexe et symbolisation du sexe est faible du point de vue du choix du genre, puisque l'amour du phallophore est sexuel et féminisant, alors que celui du donneur de nom est spirituel et masculinisant.

Parce que ces deux figures de la paternité ne se recouvrent pas, une femme peut quitter l'amour du père pour celui d'un homme, sans que le premier puisse être considéré comme le modèle de l'attachement au second. Pour une femme, l'homme ne duplique pas nécessairement le père, auquel il peut s'opposer, de la même manière que le phallus et le nom se contredisent.

Le choix du sexe paraît être ainsi la conséquence de l'amour du père, de la féminisation que ce sentiment engendre, ou de la symbolisation du phallus qui permet éventuellement d'y échapper. C'est en deçà de la conscience qu'une telle élection s'effectue, parce que le père totémique qui y préside est impersonnel et sans nom (par définition). Dans la stupeur de l'amour, celui qui aime choisit son sexe sans savoir ce qu'il fait. Il en est inconscient, bien qu'il ne s'agisse pas de l'inconscience du savoir refoulé et des formations symptomatiques qu'il occasionne[1].

Il existe ainsi une sorte de mise en place impersonnelle, de machination du sexe, dont le sujet est en quelque sorte clivé. Il est séparé d'une identité sexuée qui entraîne à elle seule des contraintes tout aussi mortifiantes que celles engendrées par son rapport aux signifiants. S'il est bien vérifié, un tel clivage n'ira pas sans conséquences pour la conduite de la cure. Dans quelle mesure doit-on considérer que le sujet clivé par le sexe — dont on essayera de montrer qu'il est le même que celui de la perversion — est-il homogène à celui du fantasme névrotique ? Ou plus simplement : peut-on analyser la névrose sans tenir compte du

1. Le choix du genre et tous les problèmes qui en dépendent ne devront-ils pas être considérés d'une manière distincte de ceux qui concernent la névrose (les symptômes) ? Freud évoque cette indépendance relative de la question du sexe dans son article *On bat un enfant.* A la fin de la deuxième partie de ce texte, il considère, à propos des fantasmes de fustigation, que l'analyste « doit s'avouer que ces fantasmes demeurent la plupart du temps à l'écart du reste du contenu de la névrose et ne trouvent pas leur place propre dans la trame de celle-ci ». Or, à la fin du même article, Freud note que le choix du sexe dépendra de ces fantasmes.

sexe du patient ? En effet, une formation de l'inconscient, un symptôme ou un lapsus n'ont pas de genre, et semblent pouvoir s'analyser indépendamment de cette implication. Freud ne pose pas d'autres questions lorsqu'il fait remarquer, dans *On bat un enfant,* que ce ne sera qu'à partir de l'approfondissement que nous pourrons faire « de la genèse des perversions en général et du masochisme en particulier… que nous pourrons apprécier le rôle que joue la différence des sexes dans la névrose en général ».

## Chapitre 2

# CHOIX DU SEXE ET PERVERSION

Lorsque l'enfant se confronte à un rival, il est en quelque sorte à mi-chemin sur la voie du complexe de castration, entre psychose et névrose et il peut rester dans cette passe si rien ne vient symboliser le phallus, au sens où la transmission du nom le permet.

Alors qu'il est dans ce moment de rivalité écrasante avec le père phallophore, la voie de cette symbolisation peut lui être fermée. Son père ou sa mère peuvent lui interdire un tel choix, en l'empêchant d'agir. Eviter à l'enfant sa part de risque lui interdit aussi de prendre son nom, comme si celui-ci représentait le Mal. S'il subit une overdose de protection alors qu'il est confronté à un rival, ne sera-t-il pas d'un côté féminisé, alors que par ailleurs il ne pourra pas lutter contre cet état ?

Comment l'enfant va-t-il s'en sortir, si l'action se dérobe et s'il ne peut symboliser le phallus grâce au nom ? Ne pourra-t-il pas le symboliser grâce à n'importe quel objet dont il lui semble qu'il est symbole du manque pour sa mère ?

Le fétiche n'est-il pas un tel objet qui paraît désiré par la mère au moment où cette dernière est castrée par le père ? Lorsque s'affirme la puissance paternelle, il apparaît en conséquence un manque du côté maternel, qui est comblé par ce qu'elle aime. Ainsi le fétiche peut-il être élu comme l'un de tous les objets bizarres qui parent la féminité, de la chaussure si peu pratique, aux gants et aux sous-vêtements, non parce qu'ils seraient des sortes de pénis accessoires destinés à dénier la castration, mais parce qu'ils sont apparus comme des objets d'élection du désir féminin (parce que, par exemple, la mère en faisait collection), et qu'à ce titre ils symbolisent le phallus qui lui manque.

Il y a du fétiche, parce que le totem est autre chose que le patronyme. Le totem est le symbole de la puissance, (et non du manque), et le fétiche sert à assurer la transmission de cette force, à défaut du nom. Le totem préside au premier temps de l'angoisse de castration. N'est-il pas à la source conjointe de l'élection du sexe et de la perversion, dont le fétichisme n'est qu'un effet (alors qu'il passe habituellement pour le modèle de la perversion)?

En effet, la perversion commence lorsque, à partir de l'instance totémique de la paternité, rien ne permet de symboliser le phallus, si ce n'est le fétiche. Et si ce dernier apparaît comme symbole de ce qui manque à une femme (au moment où le père vient de tirer le phallus de son côté), c'est grâce à lui que la femme paraîtra désirable. Si le fétiche était seulement un pénis accessoire, destiné à remplacer une absence, on ne voit pas quel pourrait être son rôle érotique, sa fonction aphrodisiaque, si puissante parce qu'elle voile et dévoile la castration féminine.

Le fétiche sera d'autant plus violemment érotique qu'un moment de culpabilité en fera pour toujours le témoin d'un ineffaçable et délicieux souvenir. La faute l'estampillera comme un bon de garantie illimitée. C'est le fameux moment de découverte de la castration maternelle du jeune explorateur qui, s'étant glissé sous la table et n'en croyant pas ses yeux, attachera pour toujours, grâce à la honte, ce souvenir à la lingerie féminine. (Mais le pourrait-il si la lingerie n'était pas déjà fétichisée pas sa mère?).

La puissance érotique du fétiche résulte de la place qu'il occupe entre père et femme, et non entre père et mère, car il signifie ce circuit de la puissance phallique, qui va d'abord de la mère phallique au père qui la castre, puis du père à la femme. Son utilisation ne concerne pas le désir incestueux pour la mère, mais le désir sexuel, tel qu'il procède de la relation avec le père totémique : il se tourne vers le féminin.

Cet érotisme évoque d'ailleurs l'ordinaire du désir

sexuel, qui n'ignore rien d'un fétichisme latent. Les bijoux, le cuir, les bas, les chaussures, les sous-vêtements, tous les instruments de la séduction savent ce qu'ils lui doivent. Ces parures ne masquent pas la castration, et ne représentent pas non plus des ersatz de membre masculin. Au contraire, la parure évoque le manque, et en appelle au désir à ce titre.[1]

L'élection du fétiche est possible dès que l'enfant n'est plus lui-même phallus de l'Autre maternel (et pour cela, il faut qu'il y ait un rival). Et elle sera nécessaire si la symbolisation par le nom fait défaut. Il existe ainsi deux modes de symbolisation du phallus (comme symbole du manque, ou de la castration) : d'une part, la métaphore paternelle, d'autre part le fétiche. Le premier concerne la névrose, et le second la perversion.

Cette genèse du fétichisme ne permet pas seulement de déduire que l'origine du choix sexué est la même que celle de la perversion : cette source commune ne va-t-elle pas donner une rigidité identique au scénario sexuel et à la mise en scène du pervers ?[2] Il existe en effet une fixité de la vie sexuelle et des différents procédés qu'elle met en œuvre, du fait de sa proximité avec la perversion — à cet égard, il convient de distinguer la réitération des scénarios érotiques de la répétition névrotique : il sera donc vain d'essayer

1. Grâce à ce qui symbolise le manque, le manque apparaît, car sans ce symbole, l'univers n'est-il pas plein ? Les instruments de la perception ne sauraient figurer un trou, et partout où ils se portent, ils perçoivent quelque chose. La présence humaine est seule à permettre l'intuition de ce qu'est un trou, un vide. On peut sentir la présence de la vacuité quand un être humain entre dans le champ de la perception. Le corps humain, sa présence dans un espace clos, forme un trou sensible dans l'espace, mais nul ne peut le savoir sans le symbole, celui du nom ou celui des fétiches qui accompagnent la présence des corps de leur naissance à leur mort.

2. L'articulation du choix du sexe et de la perversion est décrite par Freud par exemple dans son article : *Le déclin du complexe d'Œdipe*. Ce déclin comporte d'une part « l'issue active sadique où l'enfant s'identifie au père, et l'issue masochiste passive où il prend la place de la mère et veut être aimé du père ». A propos de l'homme aux loups, Freud a pu écrire : « Dans le sadisme, il tenait ferme à sa plus ancienne identification avec le père ; dans le masochisme, il avait élu ce père comme objet sexuel ».

d'analyser les scénarios sexuels en termes de répétition symptomatique.

Cette articulation entre perversion et sexuation est tellement immédiate que le choix du sexe lui-même délimite le champ de la perversion. En effet, le procès qui vient d'être détaillé concerne essentiellement le garçon en lutte contre sa féminisation, et il intéressera une fille seulement si elle se situe du côté de l'homme. Ainsi la perversion, dans la mesure où elle est liée au choix du sexe, touchera un nombre de filles beaucoup moins élevé que de garçons. L'expérience montre que la perversion se déploie uniquement dans l'espace masculin, et qu'elle intéressera une femme seulement lorsqu'elle se situera dans cet espace.

La logique du complexe de castration amène donc à penser que le choix du sexe est corrélatif de la genèse de la perversion, non sous une forme marginale et seulement fantasmatique, mais sous celle d'une perversion de plein droit, assurant sa prise sur l'exercice de la sexualité.[1]

La perversion n'est pas un accident de parcours de la sexuation, ni une étape nécessaire sur la voie d'une génitalité « normale ». La violence et la rivalité ne sont pas seulement le propre de l'enfance, pour ceux qui se rangent du côté des hommes selon leur art de faire la guerre, de s'ordonner autour d'un drapeau ou d'une cause auxquels ils croient, alors que ces fétiches soutiennent seulement, et avec plus ou moins de bonheur, leur masculinité.

Le père de la rivalité, féroce, imbattable, est généré par le mythe, mais il est aussi celui de la « réalité ». Le père de la réalité et celui du mythe, sont également effrayants. Le père du mythe, totémique, se distingue en revanche de celui du patronyme. Symbole d'une puissance animale, il n'est pas seulement une élaboration utile à la cohérence de la théorie, mais une construction nécessaire à chaque névrosé, qui ne manque pas de l'imputer à son père, même lorsque ce dernier est loin d'incarner la puissance, ou de le vouloir.

1. Sans doute est-ce pourquoi Lacan a écrit en deux mots Père-Version. Ce trait d'esprit est souvent compris à côté, comme une évocation de la perversion paternelle, au sens de sa méchanceté et de son sadisme, alors que la perversion est essentiellement l'effet du clivage des fonctions paternelles, « spaltung » qui existe même lorsque le père est une personne aimable et civilisée.

Ce père ne peut être vaincu, moins parce qu'il serait physiquement le plus fort, que parce qu'il est aimé. Ainsi le rival phallophore devient-il le représentant d'un mal absolu, sans remède, la figure incarnée dans l'œuvre de Sade par « l'être suprême en méchanceté ». La violence imposée par le père du mal peut trouver une solution grâce au fétiche, mais ce mode de symbolisation comporte alors une conséquence qui fixe un trait essentiel de la masculinité : de même que celui qui prend le nom s'identifie dans l'acte au père du patronyme, de même, celui qui use du fétiche est identique au père du mal.

Une analogie entre masculinité et sadisme n'est-elle pas pertinente ? En quel sens faut-il entendre les comparaisons faites par Freud entre le sadisme et le masculin ? (par exemple dans *Le déclin du complexe d'Œdipe).* La puissance virile est-elle intéressée effectivement par le sadisme jusqu'à ce qui le démontre, c'est-à-dire l'exercice du mal, ou bien s'agit-il seulement, sous la plume de Freud, d'une métaphore ?

Le mal peut trouver une justification philosophique ou plus encore religieuse. En effet, ses ravages doivent être d'autant plus expliqués que leur existence semble contradictoire avec celle d'un Dieu d'amour. Cependant cette idée générale du mal est distincte de la jouissance qui peut être prise à faire souffrir une personne en particulier. Sade a pu écrire que « ce n'est pas l'objet du libertinage qui nous anime, c'est l'idée du mal ».

Il existe une jouissance liée à l'expression de la souffrance d'autrui : elle apparaît si l'on détaille certains souvenirs ou fantasmes névrotiques. Il est banal que, parmi les souvenirs d'enfance, le cri de la jouissance féminine, lorsqu'il a été entendu pour la première fois, ait été pris pour un cri de douleur. L'cnfant qui entend de tels bruits peut les prendre pour des sanglots ou des signes de souffrance, et les explications concernant la similitude auditive des sons paraissent convaincantes. Mais alors, on ne comprend plus pourquoi l'audition de ces cris a été tout de suite l'occasion d'un souffle retenu, d'une émotion intense, lorsqu'ils n'ont pas provoqué immédiatement l'onanisme.

L'expression de la souffrance se montre érotique. De

même, infliger une certaine forme de douleur, plus souvent morale que physique, ou supporter cette épreuve, semble nécessaire à l'exercice de la sexualité dans un si grand nombre de cas que cet avènement du mal ne saurait être considéré comme accessoire ou marginal.

Comment l'érotisme peut-il trouver sa source dans la souffrance ? Qu'y a-t-il de si excitant dans la plainte, et en quoi l'expression de la peine vient-elle au centre de la chose sexuelle ?

Le phallophore qui, ravissant la mère, provoque l'amour, engendre aussi la souffrance. La première violence virile lui est attribuée. Rival imbattable, objet d'un amour féminisant, il incarne un mal inextricable : ce n'est pas seulement la rivalité qui lui donne cette stature de pierre, mais l'amour lui-même est porteur d'un mal sans remède. C'est parce que l'amour et le mal sont aussi inextricablement liés que l'expression de la peine peut être assimilée à de la jouissance, lorsque l'enfant entend pour la première fois les sons de l'amour. Il fait une confusion entre la jouissance et la plainte, parce que lui aussi, dans sa relation obscure au phallophore, il a ressenti cette souffrance au moment où, au cœur de sa rivalité, il en était amoureusement féminisé. Il ne sait pas ce que veut dire être « féminisé », mais il reconnaît ces sanglots qui l'émeuvent, pour les avoir également étouffés.

Lorsque l'enfant entend, il fait un lien entre jouissance et souffrance, parce qu'il a ressenti leur conjonction dans son propre amour, et que, depuis ce temps, il ne saurait penser à l'amour sans penser à la guerre. Depuis ce temps, faire l'amour va de pair avec faire la guerre.

C'est ainsi qu'au moment même où l'amour sexuel choisit son camp et prend sa force, il y a violence. Le mal est à l'œuvre dans cet espace, et il suffit de réitérer le lien de l'amour et du mal, ou plutôt de mettre la violence à l'intérieur de l'amour, pour que celui qui fait souffrir prenne la trace, les insignes, la place du père phallophore.

Quiconque inflige le mal prend ce masque anonyme, et dès qu'il percevra les signes de la souffrance qu'il provoque, la douleur d'autrui l'excitera, parce qu'elle le mettra dans la peau de ce père. Donner des coups est ainsi un plaisir, conséquence mathématique qui intéressera aussi bien le pervers que le névrosé, puisque les deux choisissent leur sexe en faisant référence au même totem.

La violence excite grâce à une identité avec le père phallophore, et elle le fait anonymement, car ce totem est encore sans nom ; la sexualité masculine est ainsi une activité sans mots, acéphale, hors de soi et incontrôlable. Son mécanisme est simple : le seul moyen de fuir la violence paternelle consiste à être identique à lui. Et l'homme adressera sa violence à un sujet semblable à ce qu'il était lui-même l'instant d'avant, sujet féminisé comme il a risqué de l'être par rapport à ce père. Il existe ainsi un brusque passage de l'angoisse, de l'impuissance, à la puissance sexuelle, moment où l'identité masculine trouve son efficace — (de même que, dans la relation amoureuse, un homme peut faire l'expérience de cet instant où il passe de l'angoisse à la puissance, non sans prendre souvent appui sur un fétiche).

La proximité du mal et de la jouissance est exprimée par de nombreux héros sadiens, et on soulignera l'une de leurs explications, destinée à justifier l'usage de la violence : ils infligent la douleur au même titre qu'une figure paternelle a pu le faire à leur égard. On peut lire par exemple dans *La nouvelle Justine* : « … Je puis très bien me tromper sur ce que j'appelle mal. Ce que je caractérise ainsi relativement à moi, est vraisemblablement un très grand bien relativement à *l'être qui m'a mis au monde* *… Voilà dès lors le mal un bien pour moi, comme il l'est pour *l'auteur de mes jours** relativement à mon existence : je suis heureux du mal que je fais aux autres comme Dieu est heureux de celui qu'il me fait… ».

Le sadisme du pervers, ou la perversité sadique du névrosé, découle de la rivalité avec le père que le garçon peut fuir en commettant des actes identiques en méchanceté à ceux qu'il lui prête. Pour être viril, il lui faudra être sadique, non au titre d'une méchanceté générale, mais au titre d'une cruauté tournée contre l'objet sexuel. Sa violence contre le féminin s'exacerbe d'autant plus qu'il représente ce qu'il a lui-même failli être l'instant d'avant pour le père.

* nous soulignons.

Le sadisme sexuel, la méchanceté tournée contre les filles, permet de s'identifier au père du sexe, mais en quel sens ? En effet, il ne s'agit pas de l'identification du sujet dans sa particularité, qui différencie de tout. Au contraire, l'identité du masculin masque la singularité subjective, elle masque l'Un. Le viril précède la donation du nom, il est uniforme, anonyme, bon pour le service. S'il fallait décider où se trouve un sujet au moment de cette élection du sexe marquée par la perversion, il serait plutôt du côté de la fille martyrisée. C'est elle qui, à l'occasion des sévices, est dans la position du sujet particulier, de celui qui n'imite pas au point de ne savoir comment ni à qui s'identifier.

Lorsque le garçon agit sa méchanceté comme un père de rêve, il est absenté de ce qu'il accomplit mécaniquement, et cette privation de sa subjectivité lorsqu'il se comporte en homme accroît son aliénation, sa dépendance à l'égard du sujet féminin. Elle amplifie une soumission qu'il ignore, au moment où sa violence s'en trouve exacerbée.

Sans doute peut-on penser que la symbolisation du phallus par le nom modère le sadisme masculin : pourtant, ce n'est pas par une sorte d'édulcoration du sadisme que la symbolisation opère, mais par une transformation du sadisme en masochisme moral. En effet, « symbolisation » veut dire tuer le père, et donc entrer dans l'espace de la culpabilité œdipienne. Le sadisme se trouve ainsi ramené dans les limites de la morale civilisée, mais au risque de la puissance sexuelle, qui ne sort pas grandie de l'épreuve et se tournera encore vers l'origine perverse dont elle procède, à chaque fois qu'elle voudra recouvrer sa force.

La masculinité garde la marque d'un sadisme ordinaire, bien qu'il soit aussi violent qu'inconscient. Cette inconscience, on le voit une nouvelle fois, n'est pas celle des formations de l'inconscient : elle est seulement liée à l'absence de subjectivité corrélative du choix du masculin (il serait par conséquent ridicule qu'un analyste intervienne à son propos comme s'il s'agissait d'un symptôme).

L'homme fait violence à la femme, même si ses actes restent civilisés, parce que la virilité de son désir est à elle seule brutale, non dans le sens de la recherche d'une destruction, mais dans celui de l'éternisation d'une victime qu'il n'est pas question de supprimer. Il faudrait — écrit Sade — prolonger ses souffrances « au delà des bornes de l'éternité si elle pouvait en avoir ».

Ce sadisme masculin paraît fort éloigné de la galanterie supposée régir l'attitude des hommes bien élevés. Elle semble concerner seulement les petits garçons qui tirent les nattes de leurs camarades et leur donnent des coups de pieds. Cependant, la violence demeure sexuelle pour la généralité de ceux qui se rangent du côté des hommes. Indépendamment de la bonne volonté d'un homme particulier, une femme ressent ce sadisme, qu'elle y consente en perdant son nom, en faisant l'enfant ou l'imbécile, ou qu'elle s'y refuse et fasse payer autant qu'elle le peut sa violence à la gent masculine.

Il semble surprenant d'attribuer la position du sujet à la femme lorsqu'il s'agit de la sexualité. Cette thèse ne se justifie que lorsque l'on insiste sur la différence entre identité sexuelle et identification subjective. L'aphorisme lacanien « La femme n'existe pas » concerne l'identité sexuelle, et en effet, il n'y a pas de généralité de la Femme. Par contre, l'homme existe sur le modèle de l'identité au père phallophore : il est généralisable et enrégimentable — mais cela ne concerne nullement son identification subjective. Cette dernière intéresse les femmes prises une par une, au même titre d'ailleurs que les hommes, mais alors indépendamment de leur identité sexuée.

A cet égard, le donjuanisme masculin peut être considéré comme une sorte de quête d'identité, et « chercher la femme » est un équivalent de « chercher le sujet », de répondre au « qui suis-je ». En effet, une femme a le pouvoir de causer le désir d'un sujet dont la présence ne sera jamais aussi interrogée que par elle, par cette chasse où il se découvre en se perdant. Si tel était le but secret de Don Juan, il le manquerait dans chacune de ses partenaires, puisqu'il ne saurait régler la question de son identification subjective grâce à celle de son identité sexuelle. Il en posera seulement la question, selon ce biais cruel où il prête à une femme la position du sujet qu'il aurait été s'il avait été féminisé par un père puissant, dont la figure de pierre campe ce qu'il prétend être en se comportant violemment.

Qu'il n'y ait pas de généralité de « la femme » n'empêche pas une position centrée du féminin du point de vue de l'identification subjective. Contrairement à l'homme qui cherche à être identique à son père, l'image maternelle n'est d'aucun secours pour situer l'identité féminine. On ne peut établir de continuité entre le féminin et le maternel : n'est-il pas faux qu'une femme s'identifie dans sa relation à sa mère ? En effet, c'est dans les suites d'un conflit l'opposant à la demande maternelle qu'une femme aborde sa féminité, et c'est la brèche de l'amour du père qui lui ouvre cette voie.

Entre féminité et maternité existe un écart infranchissable, parce que choisir l'amour du père (et la féminité) se fait contre le vœu de la mère et accroît l'endettement à l'égard de celle-ci. Il en va ainsi, parce que l'amour adressé au père cherche à débarrasser de ce que la réclamation maternelle a d'angoissant. Mais alors cette réclamation ne va-t-elle pas s'accroître ? Par rapport à cette dette, le sentiment porté au père sera une circonstance aggravante, pouvant donner à une fille l'impression d'être d'abord une mauvaise fille, et elle ne pourra jamais effacer cette tache liée à son sexe. Ce qu'elle continuera à vouloir se faire pardonner, seulement parce qu'elle est femme, fera la force de son lien à sa mère, demande de pardon incompréhensible, car elle concerne un amour légitime. En tant que femme, elle n'est donc pas dans la lignée maternelle, dont elle s'extirpe grâce à l'homme. A dire vrai, elle est ainsi hors de toute lignée, puisqu'elle n'a à prendre aucune décision concernant son nom, hormis celle de le perdre : indéfectiblement assujettie par cette perte, elle est ainsi le sujet le plus profond, antérieur à toute nomination.

Un homme n'aime-t-il pas sexuellement une femme parce qu'elle demande l'accomplissement de cette rupture de l'espace maternel et la consommation de cette perte ? Ne l'aime-t-il pas pour cela, plutôt que parce qu'elle ressemblerait à sa mère ?

La pureté de l'amour sexuel se distingue ainsi de l'amour névrotique, de la mise en scène d'un destin familial avec lequel il rompt violemment. Le désir de l'homme comporte un élan sadique. Il est exacerbé dans sa perversion non parce que l'aimée ressemblerait à sa mère mais parce que, grâce au sentiment qu'il lui porte, il aperçoit ce qu'il est ; il saisit à travers elle une position subjective dont l'impersonnalité de sa virilité le dépossède. Ce déssaisissement excite son sadisme, qu'il décharge au mieux sexuellement, au pire dans les coups. Dans son agir sexuel, il rejoint la généralité de l'homme, et n'est pas sujet, ignorant ce qu'il fait. Mais, d'être sous la coupe de cette impersonnalité masculine, une femme est sujet grâce au désir de son amant. Un homme pourra avoir ainsi l'impression de ne pas être aimé pour lui-même, mais pour ses prouesses sexuelles, sa puissance sociale, ou son argent, c'est-à-dire pour sa valeur phallique, et non à cause de sa particularité la plus profonde (son âme, si l'on veut).

L'amour masculin est dans cette mesure reconnaissance d'une perte de subjectivité dans la virilité, subjectivité prêtée à une femme, qui incarne son « chez-lui », le lieu dont il est exilé, un lieu où la machination, la sorte d'impersonnalité provoquée par le sexe seraient supposées s'abolir.

Chapitre 3

## PERSPECTIVE SUR L'AGENCEMENT DES HOMOSEXUALITES

L'homosexualité n'est pas un tout. Ses diverses manifestations ne sont pas non plus différentes formes d'une homosexualité fondamentale qui comporterait plusieurs provinces. Aussi est-il plus précis de parler des homosexualités, plutôt que de l'homosexualité.

L'angoisse de castration engendre une dynamique qui rencontre, à chacune de ses étapes une modalisation particulière de l'homosexualité. Celle-ci n'est pas l'apanage d'une forme clinique spécifique. Les présentations successives de cette angoisse permettent de distinguer plusieurs présentations de l'homosexualité : psychotique, perverse ou névrotique.

Concernant la psychose, l'homosexualité a longtemps été considérée comme le motif refoulé de la paranoïa, et cela sur la base de l'analyse des écrits du président Schreber, faite par Freud. Dans « la question préliminaire à tout traitement possible de la psychose », Lacan a montré qu'il n'en allait pas ainsi, et que l'homosexualité délirante, loin d'être une cause, devait être considérée comme un symptôme à articuler dans la structure. Bien plus, c'est le terme même d'homosexualité qui mérite d'être réajusté, celui de « transsexualisme », qui n'existait pas du temps de Freud, se montrant beaucoup plus précis. Qu'en est-il de la structure où ce symptôme se trouve pris ?

Le désir incestueux, celui qui est en œuvre dans la

psychose, est tourné vers la mère. Cependant, on ne saurait le considérer comme un préliminaire de l'hétérosexualité, puisque la mère dont le sujet rêve est phallique. Elle n'est nullement féminine, car le désir l'hallucine sous les traits de l'androgyne. Sa figure apparaît à chaque fois qu'il y a réponse à la demande ; le fait d'accepter la nourriture maternelle, par exemple, obtient ce résultat. Plus tard, les réalisations pulsionnelles aboutissent au même effet : celui qui se bourre de gâteaux se gonfle phalliquement dans un espace où il est hypnotisé : un Autre le gave par sa propre main sans qu'il puisse l'en empêcher : l'androgyne s'empare alors du phallus qu'il est.

Le désir incestueux n'est donc pas la voie royale vers l'hétérosexualité. Il déclenche un amour homosexuel pour la mère phallique. Cependant, cette formulation manque de précision, car elle ne rend pas compte de la décomposition en deux temps de cet amour maternel pédérastique. Il y a d'abord l'identification au phallus, qui se manifeste sous forme transsexuelle, plutôt qu'homosexuelle. Et ensuite seulement — au titre d'une conséquence contingente, un amour de la mère phallique : amour nécessairement passif, qui implique un type d'homosexualité psychotique dont la caractéristique érotique sera la sodomie passive : en effet, si la mère est phallique, elle n'aura pas de vagin, et sa pratique sera la sodomie. Il faut donc distinguer dans la psychose, d'une part le transsexualisme, d'autre part l'homosexualité passive.

Dans le cas du « président Schreber », l'un des épisodes délirants commence avec la pensée « qu'il serait beau d'être une femme en train de subir l'accouplement ». Cette idée accompagne celle de l'éviration : elle implique une identification au phallus, considérée comme contradictoire avec le fait de l'avoir. En effet, le pénis érotisé se trouve dans l'Autre, il faut donc le lui rendre, le retrancher, puisque c'est de lui que vient l'érotisation. Une telle coupure est le résultat d'un rapport érotique à l'androgyne, et pourtant elle débarrasse du sexe. C'est en ce sens qu'elle peut être dite transsexuelle.

L'éviration apparaît comme un moyen de s'identifier au phallus, comme symbole de ce qui manque à l'Autre et par conséquent à l'ordre de l'univers. Dans ses mémoires, le président Schreber décrit comment il a été amené à cette conviction :

« Or, désormais, indubitablement j'avais pris conscience de ce que l'éviration était, que je le veuille ou non, un impératif absolu de l'ordre de l'univers, et, à la recherche d'un compromis raisonnable, il ne me restait plus qu'à me faire à cette idée d'être transformé en femme. »

Le phallus peut se présenter comme l'image du corps propre : il ne manque rien à sa forme totalisante, qui figure ainsi ce qui vient combler la demande maternelle. C'est cette position par rapport au symbole du manque qui peut amener le transsexuel à vouloir incarner une femme plus féminine que toutes les femmes, la super-star, comme l'a fait remarquer Catherine Millot dans son essai sur le transsexualisme.

Cependant, cette position est à peine sexuelle, car, précise Schreber, ce qui est imposé par Dieu, c'est qu'il se regarde lui-même comme homme et femme en une seule personne « consommant le coït avec moi-même ». L'homosexualité, telle qu'elle apparaît dans la psychose, présente cette particularité de ne pas avoir de genre, au sens où l'identité qu'elle recherche, est, sinon un troisième sexe, du moins le type d'identité angélique qui précède l'élection du sexe. S'il s'agit de s'identifier au phallus maternel, cette opération implique un rejet de ce qui différencie les sexes entre eux, c'est-à-dire une forme particulière d'homosexualité, limitée à l'amour de la mêmeté, et à l'horreur de la différence. Les garçons iront avec les garçons, et les filles avec les filles, afin que la stabilité du narcissisme ne soit pas troublée, et que ceux qui s'aiment ne se différencient pas d'avantage entre eux que les petits enfants, tous égaux devant une demande maternelle qui leur ouvre à chacun un gouffre égal.

On peut trouver, dans le petit texte de Tausk intitulé « la machine à influencer », le procès d'une telle identification au phallus imaginaire. Dans ces pages, il s'agit d'une jeune femme vivant sous l'influence d'une machine qui a d'abord apparence humaine, avant de perdre, en commençant par ses caractères sexuels, toute forme charnelle. Ce double machinique, c'est elle ; il s'agit de son propre corps instrumenté régressant peu à peu vers l'en-deçà de sa sexualité.

Le terme d'identification au phallus maternel reste bien abstrait, tant qu'on le cantonne à une réponse à la demande maternelle. On peut concevoir que l'enfant qui cherche à répondre à ce que demande sa mère, s'identifie par amour au vide de ce qu'il ne comprend pas. Cependant, cet éclaircissement manque de corps.

Cette identité est déjà plus charnelle, lorsqu'elle fait intervenir la pulsion. Lorsqu'il mange, par exemple, l'enfant comble la demande maternelle et s'identifie au phallus. Mais l'on ne tiendra le sens sexuel de cette identité que si l'on conçoit quel est son but, qui est de dénier la castration de la mère certes, mais plus encore de la mère de cette mère. L'enfant de la psychose a été conçu « sans père » pour autant que la mère a voulu l'avoir non pour son père, mais pour sa mère. On trouvera dans le fragment de rêve suivant cet érotisme de la mêmeté, auto-érotisme vrai, dans son équivalence au jeu pulsionnel :

« Dans ce rêve, je me sentais dans un état de grande excitation sexuelle. Non sans inquiétude, je me voyais toute petite comme à travers le trou d'une serrure. Au même instant, j'entends dans mon rêve un bruit de clef, angoissant car je ne sais pas si ce n'est pas dans la serrure même à travers laquelle je me vois que la clef tourne. J'ai la certitude que c'est ma grand-mère maternelle qui rentre, et je ressent toujours, pendant mon sommeil, cette excitation sexuelle, jointe à la peur. Je ne la comprends pas et je me rends compte que je vais être surprise dans cet état par ma grand-mère, qui saura ce que j'éprouve. Je me sens très coupable. En plein sommeil, je fais une comparaison bizarre : ma culpabilité est semblable à celle que j'avais éprouvée le jour où j'avais mangé trop de chocolat, et où j'avais vomi. »

L'homosexualité masculine, telle qu'elle est considérée habituellement, commence avec la perversion, en tant que conséquence de l'amour du père totémique. A ce niveau, l'attrait du phallus est si fort que l'homosexualité semble la manière la plus simple d'apporter une solution à l'angoisse de castration. Animé de cet amour, le sujet centre son intérêt sur les insignes de la puissance virile, spécialement le pénis érigé. Il s'agit d'une passion pour la virilité, bien différente de l'attrait pour l'androgyne manifesté dans la psychose. L'homosexualité perverse recherche l'amour du père, soit sous la forme passive, en s'identifiant au garçon qu'aime le père, soit sous forme active en s'identifiant à ce père.

Cet ordonnancement est d'une grande clarté ; cependant, il est masqué par la difficulté qui existe pour le garçon à sauvegarder son appartenance sexuée lorsqu'il est dans cette adoration du père. Comment va-t-il éviter d'être féminisé, et parviendra-t-il à rester du côté des hommes en aimant les hommes ? Pour préserver sa masculinité, dans l'homosexualité perverse, le garçon ne devra-t-il pas surimposer, à l'image du père, une image féminine ?

On peut reprendre ici encore une fois la solution proposée par Freud dans l'analyse du fantasme « On bat un enfant » : les trois séquences de ce fantasme sont plus faciles à comprendre chez une femme que chez un homme. Dans sa version féminine, l'agent fustigateur est un père et il le reste (c'est ce qui fait — à notre sens — la plus grande simplicité de l'hétérosexualité féminine). Du côté de l'homme, en revanche, si l'agent fustigateur est un père, celui qui est battu sera féminisé. « ... les hommes en position masochiste... adoptent régulièrement des rôles de femmes... leur masochisme coïncide avec une position féminine... » Cependant, tout se complique, à partir du moment où l'enfant qui fantasme préfère garder son sexe d'origine. Il transformera alors dans sa rêverie le sexe de l'agent fustigateur, et il imaginera plutôt qu'il est battu par sa mère. L'image maternelle vient recouvrir celle d'un père, et l'enfant préserve ainsi son genre. Dans cette opération de maquillage, l'agent maternel se retrouve nanti de tous les attributs de la virilité.

Il s'agit d'une présentation classique dans la perversion, celle de l'homme déguisé en femme, qui se maquille, porte ses vêtements ou imite sa démarche, sa voix, ses gestes.

Cette pratique du travestissement n'est pas seulement nécessaire pour l'homosexuel qui sera dans la position passive, mais s'avèrera utile aussi pour celui qui est actif en s'identifiant au père. C'est par exemple le cas dans le déguisement excitant et si viril de marin ou de soldat, pourtant affublé subrepticement de sous-vêtements féminins. Cette surimposition du féminin sur le masculin, fréquente dans l'homosexualité perverse, brouille les cartes, mais elle est pourtant bien distincte de « l'être femme » du transsexualisme psychotique, qui ne comporte aucun amour du père, pas plus qu'un attrait pour le pénis et les hommes. En effet, cet érotisme de la psychose, lorsqu'il est actif, est marqué par l'horreur panique, la fascination de l'androgyne, et non par l'amour. Dans la psychose, le père n'est pas l'occasion de l'amour, mais il provoque le délire. On pourra donc, en dépit de ces cartes brouillées, distinguer facilement le transvestisme de la perversion et le transsexualisme de la psychose.

Si l'on voulait faire une typologie de l'homosexualité perverse, elle s'établirait en fonction de la passion du père, selon une identification active à ce père, ou passive à ce qu'il aime. Rien n'empêche une réversion de l'une à l'autre de ces positions. De plus, chacune d'entre elles peut recourir au transvestisme. En effet, le transvestisme n'est qu'une obligation relative dans l'homosexualité perverse, car le soin de se déguiser, ou de présenter un trait féminin, peut toujours être abandonné au partenaire (c'est pourquoi l'homosexualité d'un pervers peut passer inaperçue). On peut donc compter différentes positions de l'homosexualité perverse, au nombre de quatre (ou de cinq si l'on considère la réversibilité comme un type supplémentaire) :

Un homme peut être dans la position féminisée de celui qui est aimé par un père. Dans cette position, il peut se travestir plus ou moins discrètement. Un homme peut aussi s'identifier au père fustigateur qui a aimé celui qu'il a été. Il peut alors porter un signe de féminité (qui lui permet de soutenir l'homosexualité tout en restant un homme). Enfin, il peut, dans certains cas, quitter l'une de ces positions et prendre celle qui la complémente : cesser par exemple d'être aimé pour être celui qui aime.

Cette homosexualité perverse n'intéresse que les hommes. En effet, si une femme choisit l'amour du père et le phallus, un tel sentiment n'est ni homosexuel, ni pervers. Il correspond à ce que l'on entend couramment par « féminité ». Cela veut-il dire qu'une femme ne se rencontrera jamais dans les rangs des homosexuels pervers ? Bien entendu, il n'en va pas ainsi, mais toutefois, c'est seulement dans la mesure où elle se range du côté des hommes qu'une femme se comptera dans la perversion homosexuelle. Cette position masculine dans l'homosexualité devrait d'ailleurs l'amener à choisir de préférence la position active, ou la position du transvestisme actif qui a été précédemment évoquée, plutôt que la position passive qui, trop proche du féminin, est l'identification la plus éloignée de l'appartenance masculine.

Spécifier l'homosexualité masculine à partir de la perversion ne veut pas dire qu'elle soit absente de la névrose. Chez l'homme névrosé, elle est directement proportionnelle à la perversité qui est nécessaire à son fantasme. Autrement dit, elle est inversement proportionnelle à la symbolisation. Plus un homme sortira de son amour féminisant du père, en agissant et en signant ses actes, plus il sera en butte au refoulement, et moins la perversité lui sera nécessaire pour agir sa sexualité. Dans cette mesure, il sera presque inévitable que tous les névrosés commencent leur vie sexuelle en éprouvant une attirance plutôt homosexuelle, qui se transformera en une hétérosexualité au moins relative, au fur et à mesure que le poids de leur nom s'affirmera dans l'existence. La plupart du temps, l'homosexualité plus ou moins active de l'adolescence masculine disparaît complètement, bien qu'elle puisse aussi se maintenir, épisodiquement ou même constamment. Cette homosexualité névrotique peut durer également pour un motif qu'il importe de souligner. En effet, le passage à l'hétérosexualité comporte une dure épreuve : l'action qui permet de s'assurer du nom propre a non seulement une implication pratique (elle exige une action dans la société des rivaux), mais aussi une portée symbolique, puisqu'il faut prendre de force le nom d'un père, rival protégé par l'amour qui lui est porté.

La masculinité doit subir un examen de passage dont la féminité est dispensée. Et parce que cet examen comporte une induction sociale, la disposition des homosexualités masculines mérite d'être étudiée à la lumière de certains mythes et de certaines formes d'initiation. On aura ainsi éclairé à la fois la perversion dont elle provient, et la perversité névrotique vers laquelle elle tend.

En effet, le totem est organisateur du lien social, en même temps qu'il engendre l'amour homosexuel. Ainsi le tissu social se trouve t-il marqué d'une contradiction qui pousse à oblitérer ce qui l'organise, c'est-à-dire à la fois le totem, et l'homosexualité masculine. D'un côté, le lien au totem est un puissant facteur d'organisation qui implique l'homosexualité, et de l'autre cette homosexualité elle-même est d'abord réprimée, essentiellement à cause de la terreur qu'engendre le père totémique. Si bien que, finalement, le totémisme lui-même est occulté dans nos sociétés, alors qu'il est toujours prêt à ressurgir dans tous les liens qualitatifs qui unissent les hommes entre eux (race, religion, patrie, etc.).

Tout se passe comme si le lien homosexuel masculin – qui naît dans la dépendance d'une puissance paternelle innommable et angoissante – devait rester associé à une certaine forme de répression, soit qu'il faille la subir, soit qu'il faille l'exercer. Ainsi l'homosexualité masculine occupe une place biaisée depuis l'aube de notre civilisation. Loin de se réduire à une succession de cas particuliers et d'anomalies circonstancielles, elle forme un tissu social efficace, alors même qu'il reste latent. Freud a pu affirmer, commentant le lien qui unit les frères d'armes comme les frères en religion, que l'homosexualité latente était le ciment des groupes. Ne convient-il pas de chercher, avec davantage de précision, la source de cette homosexualité dans le lien au père (comme le texte freudien nous y invite d'ailleurs) ?

La permanence du lien homosexuel nous échappe, sans doute parce qu'il est l'objet d'une répression dont on aurait tort de croire qu'elle s'exerce seulement depuis l'avènement du monothéisme (qui met fin au totémisme). Avant l'ère chrétienne, il existait déjà une certaine répression du lien homosexuel, alors même qu'il fonctionnait comme une institution sociale : Homère ne le mentionne pas, bien qu'il soit évident dans son œuvre. De même, différents genres littéraires l'occultent, traitant du sujet comme si le lecteur devait savoir quels étaient les enjeux amoureux véritables. La tragédie, la poésie épique grecque, puis romaine, ont toujours refusé d'évoquer l'homosexualité (contrairement à la comédie, les peintures de vase ou la philosophie). Le vocabulaire même de la langue grecque et la législation de la plupart des cités attestent que l'homosexualité y a souvent été considérée comme une anomalie.

Quoiqu'il en soit, la puissance contrariée du lien au totem amène à envisager ses implications bien au-delà du cas clinique isolé. Le statut de l'homosexualité masculine réclame, dans cette mesure, un réajustement qui permette d'apprécier son incidence sur la structure sociale.

S'il est un cérémonial qui, plus qu'un autre évoque le totémisme, c'est celui de l'initiation. Ses manifestations varient d'une organisation sociale à l'autre, mais son sens reste toujours celui de la promotion d'un adolescent au statut de citoyen. Dans un nombre significatif de civilisations, dont certaines parmi les plus prestigieuses, l'initiation s'accomplit ouvertement dans le cadre d'un rapport homosexuel obligatoire entre un maître et le futur initié. L'homosexualité initiatique et sacerdotale a pu être étudiée en Australie, en Sibérie, comme en Amérique du Sud, ou en Afrique bantoue. La société guerrière, qu'il s'agisse des grecs, des germains, des mélanésiens et néoguinéens, ou du Japon médiéval des samouraïs, accorde un privilège identique à un lien pédagogique marqué par une homosexualité plus ou moins institutionnalisée, et toujours franchement active.

Dans ces civilisations, le rapport homosexuel au totem a la valeur d'une institution pédagogique probatrice, en même temps qu'il constitue une étape nécessaire sur le chemin de l'hétérosexualité. Mais ce cheminement ne correspond-t-il pas au passage obligé au travers de la chicane de la castration, lors de l'accession à la masculinité, même si le moment homosexuel que ce trajet comporte reste latent ?[1] Le fait que le père d'Œdipe, Laïos, ait été pour les grecs l'inventeur légendaire de l'homosexualité fait partie du complexe d'Œdipe.

Dans son livre *L'homosexualité dans la mythologie grecque,* Bernard Sergent montre que les mythes de fondation des principales lignées royales, liées à l'instauration des civilisations urbaines, sont toujours associés à l'invention de l'homosexualité initiatique. Il étudie, à titre de paradigme de sa thèse, deux modalités d'initiation, l'une ayant pris place dans la Crète antique, l'autre dans une société barbare.

Au début du IIème siècle, Strabon d'Amasia décrit une coutume crétoise attestée dès le IVème siècle avant notre ère. Il s'agit d'une forme d'organisation sociale de l'homosexualité, ayant le sens d'un rite d'initiation. Tout jeune homme de bonne famille doit être instruit par l'un de ses aînés, qui dispose de lui sexuellement. Ce serait une insulte pour un adolescent que d'être incapable de trouver un amant digne de lui, et d'être ainsi privé d'éducation. L'amant (l'éraste) n'a pas à courtiser celui qui est l'objet de ses assiduités (l'éromène): il l'enlève. Cependant cette violence, qui a son sens du point de vue initiatique, est tempérée par certaines règles: « L'amant annonce trois jours au plus à l'avance à ses amis qu'il a l'intention de procéder à l'enlèvement ». Ces derniers auraient ainsi la latitude, au cas où ce rapt serait inconvenant, de s'y opposer.

Dans ces conditions où la violence, pour être convenue, n'en est pas moins aussi bien le signe d'une rupture nécessaire, que celui d'un ordre de soumission féminisant, l'adolescent est enlevé. « Tout ceux de sa classe d'âge, qui ont assisté à l'enlèvement, l'accompagnent et après avoir festoyé chez lui et chassé avec lui pendant deux mois — la loi

1. N'y a-t-il pas le même écart entre totémisme et monothéisme, que celui que l'on peut voir à l'œuvre entre perversion et névrose, écart qui est moins celui d'un progrès que celui séparant un envers d'un endroit ? Si le passage au monothéisme a la même valeur que celle qui est attachée à la symbolisation par le nom dans la névrose, on comprendra alors que l'organisation sociale qu'il implique privilégie l'hétérosexualité, au même titre que la névrose masculine manifeste une répugnance ambiguë à l'égard de la perversion homosexuelle.

ne permet pas de retenir l'adolescent plus longtemps – ils redescendent en ville ». L'éromène reçoit alors de son éraste au moins trois cadeaux symboliques : un équipement militaire, car pendant ces deux mois, il a appris à chasser et à tuer ; un bœuf qu'il sacrifiera à Zeus, car il est désormais de plein droit acteur de la vie religieuse ; et un gobelet, insigne de son rang de citoyen participant aux banquets.

Ammien Marcellin, auteur d'une histoire de l'empire romain, rapporte les coutumes des Taïfales, peuple goth installé entre les Carpathes et la mer Noire. ...« Chez eux, les adolescents sont liés à des hommes adultes, dans une union d'un genre indicible, cela, pour consumer la fleur de leur jeunesse dans les pratiques répugnantes qu'ils ont avec eux. Ajoutons que lorsque l'un d'entre eux, devenu adulte, est capable de capturer seul un sanglier, ou de terrasser un ours énorme, il est libéré de cette union de débauche (incesti) ».

La coutume taïfale montre plus clairement que l'institution crétoise qu'il ne s'agit pas seulement d'apprendre auprès d'un maître la façon de survivre et l'art du guerrier. Il faut finalement savoir tuer, symboliquement ou effectivement, l'animal le plus puissant, totémique en ce sens, et, par là-même, se libérer du lien de sujétion au maître. Après son exploit cynégétique, et comme si le meurtre de l'animal était un équivalent de la chasse à l'homme, l'adolescent entre dans la société des guerriers. Cet aspect de l'initiation n'apparaît pas dans la coutume crétoise, où, si la chasse a une valeur pédagogique, elle n'est pas considérée comme un exploit. Mais le sacrifice du bœuf que doit accomplir l'éromène n'a t-il pas la même valeur, et ne permet-il pas en outre de s'assurer que le meurtre, qu'il s'agisse de la victoire contre l'ours, ou du sacrifice du bœuf, intéresse la vie religieuse et ses totems ?

Le meurtre de l'animal clôt la période initiatique, il inverse ce qu'il y a de mortel dans l'amour du père. Il conditionne l'accès à la masculinité, puisque l'ancien éromène est désormais autorisé, ou plutôt obligé au mariage, dans les suites de son initiation. La sujétion féminisante au père totémique trouve son issue dans l'exploit cynégétique ou le sacrifice, et l'adolescent passe à la masculinité grâce à cette épreuve.

Dans d'autres civilisations, des pratiques analogues à celles rapportées par Bernard Sergent, permettent de vérifier que l'adolescent surmonte ainsi une angoisse concernant la castration. Chez les Nambuti d'Australie, écrit Serge Moscovici, l'adolescent « est soumis à la tutelle d'un homme plus âgé, par exemple le mari de sa sœur, qui lui enseigne à chasser… ». Quant à l'initiation, elle est marquée par une cérémonie de circoncision : « Elle lie le garçon de façon durable au circonciseur ; …ils communiquent dans un idiome ésotérique et ont entre eux des rapports homosexuels où le garçon joue le rôle de la femme. L'âge venu, le garçon accède au plein statut d'adulte, et reçoit pour épouse la fille de son circonciseur ».

La circoncision est un moment initiatique qui évoque une castration salvatrice quoique féminisante, lorsque son agent en est paternel. Il existe un lien direct entre circoncision, paternité et homosexualité chez les Nambas, tribu des Nouvelles Hébrides, où l'homosexualité initiatique est marquée elle aussi par la circoncision : le père du jeune homme doit trouver, et payer, celui qui sera à la fois le parrain, le circonciseur et l'éraste.

Dans l'ensemble des coutumes qui viennent d'être évoquées, l'éraste est généralement bisexuel. Il vit le plus souvent avec sa femme, ou dans la proximité des femmes. L'éromène, en revanche, est un adolescent qui reste dans un lien d'homosexualité exclusive, étape qu'il doit franchir avant d'atteindre le statut masculin. Cette initiation l'autorise soit à se ranger du coté des hétérosexuels, soit à avoir à la fois le statut d'éraste et d'homme marié. La prise du nom totémique, au moment de l'initiation, signifie ce changement de statut. Il devient un homme alors que le non initié était pensé en terme de féminité.

Il existe un autre type d'institution « éducative » historiquement attesté dans plusieurs sociétés, en particulier chez les peuples celtiques : le fosterage[1]. Selon cette coutume, l'éducation d'un enfant est confiée à une famille alliée. Si bien que le fils se mariera souvent en choisissant son épouse chez ses hôtes. Ne faut-il pas penser qu'il subira

1. *Fosterage et légende* dans *Droit et société dans la Grèce ancienne,* Paris 1955, Livre de M. Gernet.

dans le même lieu son initiation homosexuelle, et le tuteur, choisi par le père, ne sera-t-il pas celui qui aura la fonction d'éraste, avant d'être le beau-père ? Ainsi de Laïos, selon la légende que rapporte Athénée : « Alors qu'il enseignait à Khrusippos, fils de Pelops, à conduire un char, il tomba amoureux du jeune homme et il l'enleva... »

De même, Halès, éromène d'Héraklès est élevé par ce dernier « comme un père son fils chéri », écrit Théocrite, poète bucolique du début de l'époque alexandrine... « Il voulait que l'enfant fût façonné selon son cœur, et que tirant droit dès ce moment, il aboutît à être vraiment un homme ».

Le « fosterage » montre que les fonctions de père adoptif, de l'éraste éducateur et finalement de beau-père se rassemblent en une seule et même personne. Il en va ainsi dans le mythe de Karnos, enlevé à ses parents naturels par Apollon, dont il est ensuite l'éromène, avant d'être devin et fondateur mythique des Doriens. La troisième fonction, celle du beau-père donateur de femme n'est pas indiquée dans ce mythe. Elle l'est, en revanche, dans le mythe de Iolaos, éromène d'Héraklès dont il sera aussi le gendre. La relation d'éducation et de pédérastie est ici complétée par le mariage.

Le lien entre l'initiation homosexuelle et la paternité totémique est également mis en valeur par le choix du nom totémique. Dans la société Kakihan des archipels Salomon par exemple, les adolescents changent de nom au moment de la cérémonie initiatique homosexuelle. De même dans la société Marawot de l'archipel Bismarck, une cérémonie conjoignait le changement de nom et la sodomisation. Dans les *Métonomases,* « changements de noms », Nikanôr de Cyrène fait allusion à une procédure initiatique de transformation du nom liée à une forme de mort mystique.

On peut en trouver des exemples frappants dans quelques mythes fondateurs, qui accompagnent l'initiation de l'élection d'un totem : Apollon est l'éraste de Huakintos, et il le tue par erreur, alors qu'ils s'amusaient à lancer le disque. Désespéré par cette mort, Apollon fit pousser l'hyacinthe à partir du sang qui coulait de la blessure (hyacinthe = huakintos).

Kuparissos est l'éromène d'Apollon, lui aussi. Son compagnon est un cerf apprivoisé qu'il tuera par inadvertance. Désespéré, il demande aux dieux la permission de pleurer éternellement : il est transformé en cyprès (ce que signifie son nom).

Narkissos rejette l'amour de la nymphe Echo. Amoureux de son propre reflet, Narcisse finit par en mourir. De son sang naît la fleur qui porte son nom.

Avec Huakintos, on assiste à une mort initiatique semblable à l'enlèvement de la coutume crétoise. S'agissant de Kuparissos, c'est l'autre face de la même mort qui apparaît, puisque le cerf peut être considéré comme un symbole d'Apollon, et que de plus le héros mourra de la mort de l'animal. Quant à Narcisse, sa fin forme un raccourci saisissant entre le rejet de l'hétérosexualité et la mort. Dans les trois cas, il y a lien homosexuel, mort mystique et renaissance sous la forme d'une plante, totémique moins à cause de son lien au nom propre, que du fait de sa signification, celle d'un changement d'état.

Dans cette transformation, il ne suffit pas de voir un rituel de passage d'un certain âge de la vie à un autre. C'est d'une mort et d'une renaissance dont il est question pour l'initié. Ainsi, quand l'éromène et l'éraste partent deux mois dans la forêt, cet isolement prend le sens d'une mort mystique suivie de résurrection.

Dans la cérémonie, la mort présente une double face, elle regarde vers le totem, animal puissant qui sera sacrifié, mais elle regarde aussi l'enfant. Celui qui se quitte tuera sans doute le monstre, dont la paternité le tenait efféminé ; mais il laissera aussi derrière lui sa propre dépouille au moment où il accomplira cet acte. C'est pourquoi de nombreux mythes grecs d'initiation présentent l'un ou l'autre versants, soit que le héros meure (d'ailleurs pour renaître) soit qu'il accomplisse l'exploit : seul un mythe peut montrer ces deux faces de la mort, en principe contradictoires. Sa fonction est ainsi de présenter ce qu'il y a d'incompréhensible (et donc de sacré) dans l'initiation.

Ainsi les néophytes peuvent-ils, dans différents mythes grecs comme dans certaines légendes, avoir été égarés, pris par des démons ou des ogres, puis déchirés et dévorés pour renaître quelques temps plus tard. Lorsque nous ne possédons qu'une seule version du mythe, il est fréquent que les deux traitements contraires que subit le même personnage, sa mort et son exploit meurtrier, soient dédoublés : par exemple, les frères sont mangés et le héros tue l'ogre.

Il arrive aussi que deux versions distinctes exposent ces destins contraires : c'est le cas pour le mythe de Pelops tel que le développe Pindare dans sa *Première olympique*. Avant lui, la légende rapportait deux séries de faits distincts. D'une part une version rapporte que Pelops a été coupé en morceaux par Tantale, son père, et sa chair offerte en festin aux dieux qui étaient ses hôtes. D'autre part, dans une autre version, Pelops a été l'éromène de Poseidon (hôte du même banquet). Poseidon est le dieu qui permettra à Pelops d'accomplir un exploit difficile, dans lequel on peut reconnaître une épreuve initiatique.

Comment ces deux versions de la légende peuvent-elles s'accommoder l'une avec l'autre ? Pindare le fait grâce à une figure de rhétorique : oui, les dieux étaient bien conviés par Tantale à l'horrible festin où ils devaient manger le propre fils de ce dernier, mais, écrit Pindare : « Non ! Je ne puis appeler cannibale aucun des dieux ! Je m'y refuse ! ». En effet, « Fils de Tantalos, ... ce jour-là le maître du trident te ravit ... tu avais disparu. » Ainsi les deux moments mortels de l'initiation sont-ils évoqués conjointement par Pindare. Oui, Pelops est bien réduit à néant par la puissance paternelle, oui, il est en même temps enlevé par Poseidon, son éraste légendaire.

L'épreuve initiatique, qui apparaît ici dans le mythe n'illustre-t-elle pas l'envie de mourir qui peut saisir l'adolescent au moment où il arrive à l'âge d'homme ? La mort « mystique » n'est-elle pas ce qui peut le prendre vivant lorsqu'il affronte un rival, ou lorsqu'il perd l'amour d'une femme (et que ce rival l'aura ainsi vaincu). N'est-ce pas la banalité du suicide adolescent qui est éclairée par le rituel initiatique ?

Dans certains mythes, le mariage lui-même est une figure de la mort de l'éromène. Au moment du passage du lien homosexuel envers l'éraste, au lien hétérosexuel envers l'épouse, le jeune homme est donné comme mort ; et ne l'est-il pas en effet, du point de vue de l'amour de son éraste ? Ainsi, en va-t-il, au cours de l'expédition des Argonautes, pour Hulas, éromène d'Héraklès. A l'occasion d'une escale dans une île, Hulas est attiré dans une source par la nymphe qui s'y cache. Cet épisode met fin au lien homosexuel envers Héraklès, qui le cherchera en vain, tandis qu'il initie l'amour hétérosexuel : de l'un à l'autre lien, il y a une barrière infranchissable : cette mort mystique n'est-elle pas oubli de l'homosexualité qui est en deçà, et la noyade se présente alors comme le moment d'initiation à l'âge d'homme.

Lorsqu'on expose une version, une contradiction empêche de saisir son autre face : celle qui fait du lien au père à la fois un lien d'amour, et un lien de rivalité mortelle. Cette double face du mythe, contradictoire, ne permet-elle pas de mieux comprendre maintenant pourquoi dans une même société, l'homosexualité peut en même temps avoir une fonction d'organisation sociale et être réprimée ?

A travers les coutumes et les mythes, il existe une relation entre l'homosexualité et la nécessité d'apprendre à mourir (mystiquement) et à tuer, épreuve illustrant le passage par l'angoisse de castration qui est à l'origine de l'amour comme de la guerre contre le rival paternel.

Dans un mythe grec, seule la forme guerrière du héros apparaît, alors même que se laisse deviner son lien homosexuel initiatique avec son ennemi légendaire : Phorbas est un guerrier solitaire, héros de nombreuses légendes. Dans l'une d'elles il est tué par Apollon lors d'un combat où le dieu, déguisé en enfant, s'oppose à son brigandage. Dans une autre version, Phorbas guerroie contre les adorateurs d'Apollon. Aucun mythe n'atteste d'un lien homosexuel entre Phorbas et son ennemi, qui se seront seulement fait la guerre. Seul, Plutarque, dans la *vie de Numa* considère Phorbas comme l'un des éromènes d'Apollon : tout se passe comme si le mythe d'une rivalité entre Apollon et Phorbas était l'envers d'une autre version où le premier était initiateur pédérastique de l'autre.

Ce mythe où seule la guerre apparaît en lieu et place de l'amour permet de poser, maintenant, une question : la formation au maniement des armes est-elle dans nos sociétés ce qui reste d'une procédure d'initiation dont l'homosexualité a été occultée ? Que cette pédérastie soit institutionnalisée et sexuellement active chez des peuples où nous préférons souvent l'ignorer, ne veut pas dire qu'elle ne soit pas latente et sexuellement réprimée dans notre civilisation. L'homosexualité liée à la fraternité des armes n'est d'ailleurs pas absente de notre culture, que l'on pense au procès des templiers, aux scandales qui ont éclaté dans la Hitlerjugend en 1934, ou aux coutumes de certains corps d'armée. L'art de la guerre n'est-il pas toujours réputé pour sa valeur initiatrice ?

Echapper à l'amour du père ne peut se dispenser d'une passe violente. Si bien qu'il n'y a rien de forcé à considérer le seul maniement des armes comme le dernier vestige d'une relation au totem, qui comportait des implications homosexuelles manifestes dans d'autres sociétés. Si l'apprentissage du métier des armes et l'homosexualité initiatique vont de concert dans la plupart des sociétés antiques ou primitives, la même valeur ne subsiste t-elle pas lorsque seul le premier terme apparaît ?

Le métier des armes occulte le lien homosexuel qui est pourtant sa raison d'être. Il remplace intégralement l'amour du père : en effet, l'usage de la violence n'a finalement pas d'autre objectif que de lutter contre la féminisation. L'acte de tuer est donc un équivalent complet du lien sexuel au père, au point de pouvoir occulter sa propre source. Comment, en effet, celui qui est pris par l'excitation guerrière pourrait-il en même temps reconnaître son propre amour et admettre qu'il ne fait que supprimer, à travers l'adversaire, l'ombre dont il provient ?

L'homosexualité féminine ne préside pas à des mythes fondateurs, comme c'est le cas du côté masculin, même si elle n'est pas absente de certains rites d'initiation. Son cheminement n'est pas parallèle à celui suivi par les adolescents. En effet, si le passage à l'hétérosexualité masculine requiert une initiation, il n'en va pas de même du côté féminin. La femme est donnée au garçon à la fin d'une cérémonie initiatique où ce dernier a dû subir une dure épreuve pour échapper à une féminisation, que sa future compagne n'a pas eu à combattre. Dans cette mesure, l'étude de l'homosexualité féminine à travers les formes d'organisation sociale, comme son repérage dans les légendes et les mythes, offre beaucoup moins d'intérêt. Ce n'est pas que l'homosexualité féminine, parce qu'elle demeurerait dans le particulier, ne saurait déranger l'ordre social et serait par conséquent mieux admise. C'est plutôt que le rapport de la femme à l'autre sexe implique, au-delà de l'homme, un certain type d'homosexualité, latente ou manifeste, qui ne remet nullement en cause la prééminence du phallus et l'amour du père.

Sapho, dont les poèmes ont été chantés pendant plus de dix-sept siècles n'aura été qu'occasionnellement en butte aux railleries plus qu'à l'opprobre, sans doute parce que son amour ne méconnaît pas l'élan qui lui est donné par l'homme :

« Il me paraît un vrai rival des dieux
l'homme qui peut rester assis près de toi
bercé de la douceur sans nom de ta voix...
...
et tout à coup, langue rompue, le feu court fin
[sous ma peau
...
Et la sueur m'inonde et le frisson me prend
[captive,
plus verte que gazon, c'est à peine si je vis
[encore, de tout privée,
mais il faut tout oser, puisque... »[1]

Ailleurs encore ce fragment des strophes saphiques :

« un autre homme que tu chéris plus que moi... »

Cette présence de l'homme au creux du désir d'une femme pour une femme n'est pas celle que provoquerait une rivalité avec le mâle, car il ne s'agit pas du désir qu'une femme qui se prendrait pour un homme éprouverait pour une autre femme, mais d'une spécificité du désir féminin :

1. *A une aimée absente*, poèmes de Sapho, traduction de Jérome Verain, Glancier Guénaud éditeur.

ce désir d'abord orienté par l'Autre maternel, ne s'en sauve que grâce à la puissance paternelle, mais il reste encore en dette de son premier amour. « A une aimée absente » écrit Sapho ; et dans un autre poème :

« Ma douce mère, je ne sais plus frapper la trame
[en cadence,
Tant du désir d'un garçon la svelte Aphrodite me
[pénètre ! »

Ainsi, au moment même où elle rend grâce à l'amour de l'homme, Sapho se retourne encore vers ce qui aura été son premier lien :

« Je ne sais où diriger ma course,
deux âmes sont en moi... »

Cette division est sans issue, car le père ne se définit que de son amour tourné vers une autre femme, et c'est cette impasse du désir féminin qui apparaît dans les poèmes et les fragments de Sapho, poétesse de tous temps présentée comme un modèle de l'homosexualité féminine. Ne s'agit-il pas d'une impasse du désir qui mérite d'être qualifiée de névrotique ? L'homosexualité féminine n'apparaît-elle pas alors distincte de l'homosexualité masculine, dont le point d'appui se prend dans la perversion ? Loin de précéder l'hétérosexualité, l'homosexualité féminine lui succède au contraire.

Sans doute une femme peut-elle adopter les mêmes types d'homosexualité qu'un homme, mais alors rien ne la spécifiera comme femme dans cette position. Si son sexe anatomique peut encore rappeler de quel côté la nature l'a située, les caractères sexuels féminins peuvent se trouver pourtant considérablement modifiés par son choix. De même, l'apparence devrait rappeler la féminité, mais là aussi elle se montre des plus malléables : quoi de plus facile que d'emprunter les modes vestimentaires, et les tics de la gent masculine, non pas comme le petit détail viril qui vient finalement rehausser la féminité, mais comme emprunt régulier des habitudes de l'homme. Si bien que certaines femmes n'ont rien à envier à l'autre sexe pour ce qui concerne les qualités supposées à la virilité — y compris celle de faire jouir leur compagne, souvent bien féminine, et traversant l'homosexualité au titre de ce que la névrose leur en commande. Ainsi peut-on distinguer trois types d'homosexualité féminine, dont un seulement est propre à la féminité. En effet, sans que rien ne la spécifie dans son genre, une femme peut pratiquer tout comme un homme une homosexualité transsexuelle, préœdipienne. De même, son homosexualité peut aussi s'appuyer sur la perversion, dans la mesure où elle s'identifie par rapport au totem masculin, soit comme éraste, soit comme éromène. Dans le premier cas, elle sera masculine, et dans le second cas, si elle peut avoir toutes les apparences de la féminité, ce sera au même titre qu'un homme féminisé.

Une homosexualité propre à la féminité ne pourra-t-elle se définir que par rapport à la névrose, comme une conséquence de l'amour du père, qu'elle s'y oppose ou qu'elle en soit la conséquence ? Elle constituerait alors un développement névrotique « normal », ce qui expliquerait qu'elle n'ait aucune incidence sur l'organisation du tissu social, contrairement à ce qui concerne l'homme. Freud, on s'en souvient, fait remarquer au début de son texte sur *La psychogenèse d'un cas d'homosexualité féminine.* Que : « celle-ci n'a pas seulement échappé à la loi pénale, elle a aussi été négligée par la recherche psychanalytique ». En effet, dans de nombreux pays l'homosexualité masculine a été, ou est encore, plus ou moins durement réprimée. Une telle répression n'a jamais existé dans les mêmes proportions pour ce qui concerne l'homosexualité féminine, non seulement parce qu'elle n'a pas d'implication totémique, mais parce qu'elle comporte aussi un puissant attrait érotique pour l'homme, qui s'y sent à juste titre impliqué. N'éclôt-elle pas seulement dans une certaine relation œdipienne, dont le ressort est l'amour du père, qui assiste ainsi silencieusement aux ébats féminins ?

Dans *A la recherche du temps perdu,* Marcel Proust décrit la liaison de Mademoiselle Vinteuil et d'une de ses amies. Monsieur Vinteuil, célèbre compositeur et père de la demoiselle, est mort depuis quelque temps, et les deux jeunes femmes vivent ensemble. Un soir, le narrateur se trouve dans le parc en face de leur maison, et il peut les apercevoir par la fenêtre ouverte. La photo du père est en évidence sur un meuble, moins comme le souvenir d'un être disparu que comme un protagoniste de l'action en cours. L'amie déplace la photo, avant d'entamer des travaux d'approche, manifestement érotiques. Mademoiselle Vinteuil se récrie, car jamais elle ne pourra supporter d'aller plus avant sous le regard de son père. Le climat s'alourdit, l'amie perd patience, et finalement crache sur la figure paternelle, dont elle tourne le visage vers le mur. Les rideaux se ferment sur ce que Proust décrit comme un rituel nécessaire.

Quel texte mieux que celui de Freud : *Sur la psychogenèse d'un cas d'homosexualité féminine,* peut montrer ce que l'homosexualité féminine comporte de névrotique, non comme sa composante accessoire, ou accidentelle, mais comme ce qui résulte du complexe d'Œdipe ? Cette « homosexualité » n'implique d'ailleurs pas nécessairement de passage à l'acte sexuel, comme c'est le cas pour la patiente de Freud, ce dernier ne se privant pourtant pas d'évoquer l'inversion lorsqu'il parle de cette passion pure :

En effet, avant d'en arriver à son amour d'un certain type de femme, maternel en dépit des apparences, la jeune fille aime son père et, dans cette position féminisée, elle donne tous les signes de son attente d'un enfant. C'est au moment où sa propre mère se trouve enceinte que son homosexualité se déclare. Tout se passe comme si, dépitée, elle se séparait violemment de son père, ce qu'elle réalise en s'identifiant à lui. Elle se met alors à aimer des mères, comme son père l'a fait en la décevant. C'est l'ordre des événements qui est important pour parler d'une homosexualité névrotique ; la primauté de l'amour sexuel pour le père explicite la rivalité de la mère et de la fille, et seule cette prééminence permet de comprendre que ce qui apparaissait d'abord sous la forme de la jalousie pour la mère, puisse se transformer aussi facilement en amour de cette dernière. C'est pourquoi la jalousie féminine névrotique est souvent aussi proche du lien homosexuel, et cela à un tel degré que la jalousie peut, à elle seule, être considérée comme le signe unique de ce lien, chez des femmes que le moindre fantasme homosexuel semble n'avoir jamais effleuré.

Dans ce lien homosexuel, ce sont bien des « mères » qui sont aimées mais leur caractéristique première, est d'être aimées par le père. Elles sont ensuite aimées par la fille en tant qu'elle s'identifie au père, c'est-à-dire qu'elles ne le sont pas en tant que mères, mais en tant que femmes. Il s'agit d'un amour de la féminité – via l'homme – et non d'un amour de la maternité, comme c'est le cas dans l'homosexualité psychotique.

L'intérêt du cas clinique de Freud est de montrer le cheminement de l'homosexualité féminine dans toutes ses composantes, alors qu'elles paraissent le plus souvent séparées l'une de l'autre. Parce qu'elle est déçue par son père qui a eu un enfant avec sa mère, elle s'en détourne en s'identifiant à lui, et en conséquence, elle se met à aimer les femmes.

| | | |
|---|---|---|
| Amour du père déçu | | identification au père |
| + | homosexualité | |
| rivalité avec la mère | | amour de la mère |

L'inversion du choix d'objet permet à la fille de ne plus être en rivalité avec sa mère. Elle se *désiste* de sa féminité et écarte « un obstacle qui lui avait valu jusqu'alors la malveillance maternelle ». En même temps, elle se venge de son père. Ce schématisme permet de concevoir maintenant pourquoi cette homosexualité est « normale » au point que Freud a noté qu'elle n'avait jamais été accompagnée de symptômes. N'est-elle pas inévitable en effet : l'amour du père n'est-il pas toujours déçu ? Et la rivalité avec la mère n'est-elle pas, elle aussi, un écueil incontournable ? Comme l'écrit Freud, dans l'enfance, « la jeune fille était passée par la position normale du complexe d'Œdipe féminin ». Dans son étude, deux courants contraires semblent se succéder au moment de l'avènement de l'homosexualité féminine. Dans la plupart des cas de la pratique courante, un seul d'entre eux est patent, et l'on peut alors, à partir de celui-ci faire l'induction de l'existence de celui-là. Seul l'un des deux courants se montre, parce que la contrariété de la rivalité et de l'amour empêche qu'ils soient visibles en même temps, (bien que l'on puisse inférer l'amour à partir de la jalousie, et réciproquement).

Et l'on peut trouver autant d'exemples que l'on voudra de la dissociation du sentiment pour le père et de la rivalité avec la mère : cette jeune femme, par exemple, rêve qu'elle se trouve avec son amant et la petite fille de ce dernier. L'enfant ne ressemble pas à la fille de cet homme. Elle est beaucoup plus jeune, et elle pleure. Pourquoi pleure-t-elle donc ? Ce père n'a t-il pas commis quelque indignité ? L'âge précoce de l'enfant attire également l'attention : ne s'associe-t-il pas à un souvenir d'enfance, et plus particulièrement à la naissance de cette sœur cadette, qui a été l'occasion d'une déception à l'égard de ce père ? Pourtant aucune référence explicite à la rivalité avec la mère ne se trouve exprimée.

Une analysante constate qu'elle a presque toujours des liaisons homosexuelles épisodiques à la suite de chacune des ruptures de sa vie amoureuse avec des hommes. Elle remarque que ses amants ont presque tous eu cette caractéristique d'être séducteurs et volages. Elle ne l'ignore pas quand elle se lie à eux, mais elle ne s'en montre pas moins fidèle et aimante en dépit de tout, et, pendant le temps de ces liaisons, elle ne comprend plus rien à son penchant homosexuel. Elle peut bien constater qu'il existe une relation entre les hommes qui lui plaisent et la figure paternelle, mais ce qui lui demeure inexplicable, c'est son penchant pour les femmes, alors que sa mère s'est toujours montrée froide et rejetante. Pour saisir cette particularité, il faudra d'abord comprendre que c'est justement pour ne pas subir la froideur de cette mère, qu'elle préfèrera rejeter d'elle-même sa féminité, afin de n'être pas en rivalité avec elle. Et que précisément, cette rivalité devient aiguë à chaque fois qu'une figure paternelle l'abandonne. C'est alors que l'homosexualité s'offre comme la solution la plus riche, puisqu'elle lui permet à la fois de garder l'homme perdu, en s'identifiant à lui, et dans le même mouvement de passer de la rivalité avec la mère à l'amour des femmes. On pourrait presque s'étonner qu'une solution aussi ingénieuse ne fasse pas d'avantage d'adeptes.

Le point de virage de l'homosexualité féminine névrotique est incompréhensible si l'on ne conçoit pas que l'amour paternel en constitue le pivot. Il ne s'agit pas d'une bisexualité qui ferait valoir ses droits au hasard des rencontres. Ce rôle de pivot apparaît dans ce rêve, où ce qu'il est convenu d'appeler le transfert a fait son œuvre : « Dans ce rêve, je m'aperçois que vous êtes propriétaire d'un magasin de vêtements féminins. J'ai la plus grande envie de l'un de ces vêtements, qui se trouve en vitrine. Toutefois, j'ai le sentiment que si je prends celui qui me plaît, je vais être punie. Pourtant vous ne vous opposez nullement à mon choix. Tout se passe comme si je devais plutôt voler ce vêtement. D'ailleurs, même si je payais, j'aurais l'impression de l'avoir volé. Même en payant, je resterais en dette. Peut-être est-ce pour cela que dans la réalité, je fais un tel gaspillage avec les vêtements, alors même que je les paye rarement avec l'argent de mon mari. J'ai aussi remarqué que, même si ce que j'achète lui plaît, je garde un sentiment ambigu à propos de son approbation. J'ai l'impression que cela ne lui convient pas vraiment et qu'il condamne secrètement mes choix ».

Ainsi, alors qu'un trait d'identité féminine réclame une caution masculine, un homme n'est pas tout à fait à même de la reconnaître et de l'accorder : une dette demeure au-delà de lui, parce que l'effort pour plaire abandonne l'espace maternel. L'homme est seulement un point de passage entre l'amour de la mère et ce qui, à partir de lui, restera dû à la femme. Le lien à l'homme tient sa puissance de cette position de pivot qu'il ne comprend pas nécessairement. Il prendra souvent l'attachement dont il est l'objet comme la reconnaissance d'une qualité immanente à sa personne, là où il sert seulement de caution à l'égard de la dette maternelle.

Dans son célèbre poème « Delphine et Hyppolyte » (*Femmes damnées*), Baudelaire illustre le rapport de dette amoureuse payée par une femme à une autre femme. N'est-ce pas en souvenir du lien indéfectible qui a uni la fille à sa mère qu'un tel amour trouve sa force ?

« Hyppolyte, ô ma sœur ! Tourne donc ton visage,

Toi mon âme et mon cœur, mon tout et ma moitié, »

Cette relation de déboîtement du Tout et de la moitié, à proprement parler parménidienne, exprime la relation infinie à un Autre maternel dont la demande est toujours en reste d'elle-même. C'est par elle que le corps psychotique est déchiré, interminablement accouché et dédoublé. Et c'est d'elle aussi que rêve la féminité :

« Des plaisirs plus obscurs je lèverai les voiles
Et je t'endormirai dans un rêve sans fin ! »

Et plus loin, à la chute du même poème :

« Faites votre destin, âmes désordonnées,
et fuyez l'infini que vous portez en vous ! »

La fuite, mathématiquement infinie, du Tout à une moitié qui est encore un Tout, permet de définir ce que l'amour maternel a de sans fond, et c'est pourquoi l'amour pour le père ne saurait y mettre un terme et garde par devers lui cet attrait du féminin, névrotique, qui mérite à peine d'être qualifié d'homosexuel, puisqu'il est une implication inévitable de l'hétérosexualité.

L'apparence de la féminité ne comporte-t-elle pas presque toujours un petit trait masculin, qui est moins le signe d'une bisexualité que le sceau d'identification au père laissant toujours ouverte la porte de cette homosexualité ? Ce que la mode vestimentaire comporte de plus féminin, dénote régulièrement l'emprunt d'un insigne masculin. Ainsi du chapeau, du bijou, de la parure militaire. Ainsi du talon haut, inventé par le Roi Soleil qui se trouvait un peu trop court en jambes. Quel est l'usage de ce trophée emprunté au plus grand monarque ou au guerrier mort, et vers qui se tourne la séduction de ce trait masculin ? Ne s'agit-il pas d'un clin d'œil adressé à l'Autre femme ?

Toi [illegible] et [illegible], mon tout et ma moitié.

Cette relation de détachement du Tout et de la moitié [illegible] proprement parler [illegible] exprime la relation [illegible] à un Autre maternel dont la demande est [illegible] en reste d'elle-même. C'est par elle que le corps [illegible] est [illegible] et dédoublé [illegible] d'elle aussi que [illegible] à fournir :

Des [illegible] plus [illegible] je [illegible] les voiles
Et je [illegible] dans un rêve sans fin.

Et plus loin [illegible] la [illegible] du [illegible] :

[illegible] votre destin, âmes désordonnées
et fuyez l'infini que vous portez en vous.

[illegible] infini, mathématiquement infini, du Tout à une moitié qui est [illegible] Cette [illegible] de [illegible] et que l'amour maternel a de sans [illegible]. C'est pourquoi [illegible] pour le père [illegible] y mettre un [illegible] et [illegible] par [illegible] lui [illegible] au féminin, [illegible] que [illegible] d'[illegible] de l'homme [illegible], puisqu'il est [illegible] [illegible] inévitable de l'[illegible] sexualité.

[illegible] de la [illegible] ne [illegible]-elle pas [illegible] du geste [illegible], qui est [illegible] le [illegible] d'une [illegible] [illegible] ? Ce que la [illegible] comporte [illegible] plus [illegible] d'[illegible] masculin. [illegible] du [illegible] [illegible] [illegible] par le Roi Soleil [illegible] un peu [illegible]. C'est [illegible] de [illegible] [illegible], au plus [illegible] [illegible] [illegible] masculin ? Ne s'agit-il pas d'un [illegible] adressé à l'Autre féminin ?

# III. LE DÉSIR SEXUEL

## LE DESIR EST-IL LE DESIR SEXUEL ?

Chacun croira savoir ce qu'est le désir, pour avoir éprouvé sa force et sa constance. Sa dureté quotidienne. Toutefois, ses modalités sont variables, et parfois tellement dissemblables l'une de l'autre qu'elles paraissent s'opposer entre elles.

Il existe un désir dont l'objet ne saurait être spécifié ; vague et infini, insatisfait, toujours en quête d'autre chose — Tantale subit son supplice. Le mysticisme ne le connaît-il pas aussi, en appelant Dieu le négatif de tout ce qui peut s'atteindre et se nommer ? Peu de chose semble différencier ce désir du « Wunch » irréalisable de la découverte freudienne.

Tout différent paraît être le désir sexuel : celui-là sait ce qu'il veut, de même que, de temps en temps et contrairement à son frère en religion, il se réalise.

Le désir toujours désincarné de Tantale exerce une poussée permanente, de la naissance à la mort. Le désir sexuel, en revanche, ne se manifeste qu'occasionnellement et avec plus ou moins de force. Faut-il penser que le second ne serait qu'un avatar du premier et qu'il existerait une sorte de poussée infinie dont la sexualité serait seulement un surgeon, ou bien au contraire, la spécificité du désir sexuel sera-t-elle que le désir va finalement se séparer d'une sexualité dont il provient pourtant ?

On ne pourra jamais savoir s'il existe « originellement » une sorte de poussée vitale, une force à laquelle le terme de « pulsion de vie » conviendrait d'ailleurs mieux que celui de désir. Il est certain, en revanche, qu'à l'issue des avatars du complexe d'Œdipe, apparaît un désir qui, sans être sublimé, n'a plus grand chose à voir avec la sexualité.

Non seulement le désir semble s'être désexualisé, mais de plus, il s'oppose farouchement à la sexualité : on peut le vérifier en considérant l'actualisation du fantasme. Ce dernier est animé par le désir, et pourtant certaines de ses séquences contredisent toute vie sexuelle. Le soldat qui monte à l'assaut est sans doute, en supplément de son devoir patriotique, en train d'agir avec cœur une séquence de son fantasme, et pourtant ce qu'il fait n'a rien de sexuel, et prend le parti de Thanatos plutôt que celui d'Eros. L'amoureux qui couvre son élue de cadeaux, mais s'interdit de seulement l'embrasser, réalise sans doute un fantasme concernant la pureté. Cependant ce qu'il fait contredit tout érotisme. La jouissance douloureuse du mari dont la femme a un amant ne l'amènera pas à faire l'amour à sa compagne avec plus de constance.

L'objet d'amour en général ne fait-il pas d'ailleurs souvent mauvais ménage avec le désir sexuel, alors qu'il semblerait pourtant taillé pour s'entendre avec lui ? C'est que l'objet d'amour se révèle être semblable à celui du fantasme, et il connaîtra les mêmes embarras, le même fonctionnement à éclipses que ce dernier, quand il s'agira de la sexualité. Ne va-t-il va donc pas falloir se résoudre à faire une distinction nette entre désir et désir sexuel, et, de plus, à caractériser la spécificité du désir sexuel féminin et masculin ?

## Chapitre 1

## SPECIFICITE DU DESIR SEXUEL FEMININ

Il arrive que quelques entretiens, ceux que l'on peut considérer comme des « préliminaires » de l'entrée en analyse proprement dite, permettent d'éclairer en peu de mots ce qui sera l'objet d'un travail analytique parfois prolongé. Ainsi de cette jeune femme, qui, alors qu'elle vient de se séparer de son mari dont elle a eu plusieurs enfants, estime que le moment est venu pour elle de faire le point sur son cxistence.

C'est pourquoi, dès le premier rendez-vous, elle parle longuement de son enfance. Une fois d'abord sans y prendre garde, puis de nouveau en le remarquant, elle oublie de se compter dans le nombre des membres de sa famille. Elle est la deuxième d'une lignée de cinq enfants, où elle est précédée par un frère. Alors qu'elle s'étonne de cette méprise, elle se trompe encore une fois, oubliant de se compter parmi les enfants. Quelle est donc son identité au moment où elle fait avec insistance une telle erreur? Plusieurs hypothèses peuvent être avancées, mais celle qui va se confirmer rapidement est que, au moment où son frère cadet est né, elle a du rêver qu'elle était sa mère et l'avait attendu de son père ou de son frère aîné. Conformément à ce désir d'avoir eu un enfant de son père, elle ne se compte donc pas au nombre des enfants.

N'en va-t-il pas ainsi, puisque, à peine a-t-elle fini de s'expliquer sur son erreur, elle évoque les deux avortements qu'elle a provoqué, en soulignant que, si elle n'avait pas souhaité ces interruptions de grossesse, sa famille aurait comporté le même nombre d'enfants que celle de ses parents ? En effet, l'enfant avorté est celui de son propre désir, et il y a une homologie de structure entre son erreur et son association. Comme c'est le plus souvent le cas, c'est seulement dans une rétroaction que les hypothèses qui peuvent être faites pendant les préliminaires se vérifient : dans l'entretien suivant, elle évoque un souvenir de vacances en montagne, alors qu'elle avait 5 ans. Il lui semble qu'elle nageait dans un lac et qu'elle a failli se noyer, sans que cet évènement soit dramatique. Elle le décrirait plutôt comme une sorte de moment d'élation, comme un souhait presque joyeux de se laisser aller et d'en finir avec la vie. Cet incident ne fait pas partie de la chronique familiale, c'est un secret qu'elle n'a jamais partagé, et dont elle ne peut même plus affirmer la véracité… Mais à quel âge son frère cadet est-il donc né ? Elle devait avoir environ cinq ans en effet. (Il se vérifiera également par la suite que son premier avortement correspond à une période de cinq ans après la naissance de son premier enfant). C'est bien ainsi la mort de son désir qui apparaît dans la mise en série de l'erreur, de l'avortement et du goût de mourir.

Le traumatisme qu'a dû être la naissance du puîné, donne ensuite son véritable écran : elle se remémore un accident d'automobile qui s'est effectivement produit, alors qu'elle devait avoir sept ou huit ans. Elle se trouvait à l'arrière d'une voiture que son père conduisait, et sa mère se trouvait assise à côté de lui. Une femme est brusquement descendue d'un véhicule en stationnement, et fut tuée sur le coup, malgré la faible vitesse à laquelle se produisit la collision. Elle se souvient du visage affolé de la femme, qu'elle voit entre ses deux parents. Cette femme, c'est elle. C'est son désir féminin, tué par ce qu'il y a de plus primitif dans la scène. Sinon, comment comprendre que ce n'est que bien longtemps après, au moment de ses premières règles, qu'il lui a été presque impossible pendant plusieurs années et jusqu'à maintenant, de traverser seule une rue, même lorsqu'il y avait peu de circulation ? Elle se souvient très bien du moment où cette peur s'était déclenchée — ce n'est pas une phobie, mais l'affrontement au désir féminin :

elle avait préféré faire semblant d'être malade plutôt que de se rendre au collège sans l'une de ses amies, qui n'avait pu passer la chercher comme à l'accoutumée. Son indisposition avait été attribuée par son entourage à sa féminité naissante, alors qu'elle savait bien, dans son fort intérieur, qu'il s'agissait de sa peur de traverser les rues.

Cependant elle n'avait pas clairement relié cette terreur à l'accident d'automobile qui s'était déroulé plusieurs années plus tôt. D'autant que, elle s'en souvient maintenant, un autre accident s'était produit dans l'intervalle. Dans la période intermédiaire, elle avait vu de loin un homme se faire renverser par une voiture sur un pont, et, sans savoir d'où lui venait cette information, elle avait toujours cru qu'il s'était fait couper les jambes. S'agissant d'un souvenir lointain et d'un inconnu, à peine entrevu, l'amputation lui paraît maintenant invraisemblable.

Pourtant le souvenir de la scène lui revient clairement. L'image du pont lui semble la plus précise. Mais n'est-ce pas parce que son père l'empruntait presque tous les jours à pied, pour rejoindre le lieu où son véhicule était garé ? Cet accident, dont la narration est faite maintenant, c'est-à-dire sans égard pour la chronologie et après avoir évoqué son passage à la féminité, ne donne-t-il pas une indication sur la conséquence dernière de son désir ? Que son père soit castré, puisque, par sa faute, son désir féminin était mort !

C'est aussi au moment où cette scène est remémorée que les entretiens préliminaires prennent fin et que l'analyse proprement dite commence. En effet, cette dernière évocation est homogène au lien qu'elle cherche à établir dans le transfert : n'avait-elle pas dit lors de son premier rendez-vous, qu'elle venait de se séparer d'avec son mari parce que celui-ci était un obsédé du sexe, et qu'il n'y avait jamais moyen de parler avec lui ? Le quitter apparaît comme un procédé destiné à séparer l'amour de sa conséquence sexuelle, et si elle vient voir un analyste pour « parler », elle sait que dans ce lieu, son désir n'aura pas de conséquence érotique. Elle vient voir un homme castré, avec qui un transfert s'est déjà mis en place, celui de la question de sa féminité.

N'est-ce pas la particularité du désir sexuel féminin qui se trouve ramassée en ces quelques associations ? Comment peut-on essayer d'approcher davantage ce désir soutenu par sa propre fin ?

Dans *Mon Pouchkine,* Marina Tsvétaeva parle de sa découverte de l'amour à travers la lecture des aventures de différents héros littéraires, révélation qui évoque une impasse première, une sorte de fondation de son désir par l'impossible :

« C'était ça, l'essentiel : il n'aimait pas, et elle, elle a aimé ainsi – rien que pour ça, et lui entre tous, lui et pas un autre, parce qu'elle savait, au plus profond, qu'il ne pouvait répondre à son amour. (Cela, je le dis aujourd'hui, mais à six ans je le savais déjà. Aujourd'hui, j'ai appris à le dire). »

Marina Tsvétaeva savait déjà à l'âge de 6 ans que son amour le plus profond se tournait vers un homme dont elle ne pouvait attendre de réponse, et sans doute le savait-elle pour l'avoir éprouvé.

Comment peut-on parler de cet amour fondé par sa propre limite ? Le sentiment porté à un père ne lui est-il pas semblable ? En effet une fille se tourne vers son père parce qu'elle se rend compte de l'attrait sexuel qui attire sa mère de son côté. Elle se trouve ainsi soulagée de ce qu'elle croit devoir à cette dernière, de l'érotisme intense qu'elle éprouve lorsqu'elle reçoit ses soins. Elle aimera donc cet homme pour cette fonction qui la fascine, parce qu'elle est plus puissante que le plaisir anéantissant auquel elle est aliénée, et parce qu'elle la protège ainsi d'un envahissement par le désir maternel. Cet amour n'est pas seulement une forme de reconnaissance due à un protecteur, mais il s'agit d'une attirance érotique, fondée sur l'attrait exercé par la puissance virile.

C'est un amour cruel, cependant, car il séduit grâce à son impossibilité. En effet, le rôle du père implique qu'il en aime une autre (la mère) et c'est pourtant cet office qui provoque le désir. Dans le même instant, le désir est ainsi provoqué et empêché, excité par ce qui le barre sans retour. Il n'existe aucune succession temporelle dans cette genèse du désir sexuel, qui n'est nullement mis à l'œuvre parce qu'une jouissance aurait d'abord été recherchée puis interdite, comme un certain schématisme du complexe d'Œdipe le laisserait penser : ce n'est pas l'image pieuse du bon père interdisant à sa fille, et pour son bien, la jouissance de sa mère qui est d'actualité : il n'y a rien à interdire puisque c'est ce qui provoque le désir qui le prohibe également.

Au fur et à mesure que la force du désir féminin se déploie, un sentiment de rejet ou d'abandon l'accompagne. Plus le désir sera violent, plus la déréliction s'accroîtra.

Le sentiment d'être rejetée, ou de risquer d'être rejetée s'il y a une manifestation du désir est une banalité de la vie amoureuse. C'est le cas de la femme convaincue que, si elle manifeste son désir, ou si elle accepte de faire l'amour avec l'homme de son choix, ce dernier la rejettera aussitôt : « Si je fais l'amour avec lui, il ne va jamais plus vouloir me voir »... « Une nuit avec lui, et ce sera le commencement de la fin ».

La réalisation du désir sexuel n'est d'ailleurs pas nécessaire pour qu'un tel sentiment apparaisse : si le désir est seulement évoqué, ne s'ensuivra t-il pas immédiatement un abandon, et la seule condition de réalisation du désir n'est-elle pas qu'il soit tenu caché ? Le désir ne peut donc être manifesté que secrètement, c'est-à-dire dans la plupart des cas, pas du tout, ou de préférence d'une manière telle que le principal intéressé ne s'en rendra pas compte.

Le sentiment aigu d'un abandon, spécifique du désir sexuel féminin, naît de son propre mouvement, dans un élan où il porte en lui son obstacle. Il s'empêtre tout seul, et n'a que faire de la Loi et des normes ; profondément confronté à lui-même, il ne se reconnaît dans rien, pas plus qu'il ne se plie à rien, imperméable au social comme aux usages, déjà épuisé par ce qui le divise. De son propre mouvement ce désir s'abstient, reste dans l'immobilité, se prend les pieds dans son pas. A mi-chemin entre lui et lui, son non agir le laisse endormi, tant que le désir d'un homme ne l'infléchit pas.

Lorsque Freud définit la féminité par la « passivité », ce terme peut prêter à confusion, car il donne l'impression que le féminin se situe négativement par rapport à l'activité masculine. Or, la « passivité féminine » ne s'oppose pas plus à « l'activité masculine », qu'elle n'a de rapport avec un masochisme qui serait le pendant d'un sadisme masculin. En effet, cette passivité du désir n'est le résultat d'aucune contrainte extérieure, sociale, ou individuelle, et elle procède seulement de l'imposition de sa propre force. C'est une passivité violente (comme on pourrait parler d'activité violente) et son immobilité est puissante, au point de pouvoir effrayer l'homme qui l'approche et la ressent.

Ce statisme du désir peut rester égal à lui-même, et si dans certaines circonstances, une femme est amenée à se passer de toute vie sexuelle pendant de longues périodes de temps, on ne pourra considérer qu'il s'agit d'une atrophie ou d'une anomalie de sa sexualité, puisque cette suspension en est inséparable.

Parce qu'il se déploie en même temps que le désir, le sentiment de rejet conjoint l'érotisme et la mort. N'y a-t-il pas, pour une femme, une jouissance du sacrifice de sa propre féminité ? Que l'érotisme marche du même pas que la mort est un thème littéraire et poétique rebattu dont le motif apparaît si le sentiment de rejet et l'abandon sont les signes paradoxaux du désir.

Cependant, parler d'un sentiment d'abandon est trop faible ; car si ce désir va jusqu'au bout de ce qu'il veut, c'est disparaître qu'il espère. Ainsi, l'amante qui au plus fort de sa passion, demande à son amant de la tuer, ne fait qu'aller jusqu'au bout de ce qu'elle veut. La puissance du sentiment de rejet se déploie aussi loin que l'élan sexuel, et se conclut dans le souhait d'une absence totale, aussi complète que celle procurée par la mort.

Une comparaison est souvent faite entre l'orgasme et la mort, et le motif de cette analogie est souvent trouvé dans une baisse brutale de la tension sexuelle, lorsque le désir est ramené à rien. Cependant, ce n'est pas seulement au moment de l'orgasme qu'insiste cette présence de la mort. L'aspiration à disparaître s'accroît tout au long du chemin qui va vers lui. Bien avant que les corps ne se touchent, elle manifeste sa présence. Dans le recueil de poèmes intitulé *Le ciel brûle* Marina Tsvetaeva écrit ces trois vers :

« J'attends celui qui le premier
me comprendra enfin
et tirera à bout portant »

Ce souhait de Tsvetaeva d'être tuée par l'aimé est simple. Le désir la fait écrire ainsi. Ce qu'elle manifeste ne va pas au-delà, et n'est pas l'expression d'un vœu masochiste. En effet, la mort ou son voisinage ne sont pas pour elle une condition de l'excitation sexuelle, comme c'est le cas dans le masochisme pervers. Au contraire, la demande d'être tuée résulte du désir sexuel. Point d'abandon, de rejet total, procédant de la relation au phallus, ce souhait de disparaître n'est pas non plus l'extrême de l'amour narcissique ; elle ne se perd pas dans le propre du reflet.

Le sentiment d'être abandonnée ne résulte donc nullement de la cruauté des événements ; il n'est pas davantage la conséquence d'un sadisme masculin, mais il accompagne intimement le désir féminin consenti, constituant son impasse propre, celle qui peut se montrer dans le vœu extrême de disparaître.

Un analyste peut avoir à faire preuve, sinon de compassion, du moins de compréhension, lorsque l'une de ses analysantes parle de ce sentiment de rejet. Mais il doit alors savoir que son soutien ne va pas dans le sens de l'analyse, puisque la déréliction et le désir sont conjoints, et qu'un jour viendra où il devra retirer son appui.

Est-ce une généralité du désir féminin qui se trouve ainsi exposée ? Toutes les femmes ne témoignent pas d'une telle déréliction ; et de plus, lorsque cela arrive, ce sentiment n'accompagne pas le désir sexuel avec constance. Pourtant, cette notion d'un rejet consubstantiel au désir prend une extension importante si l'on considère qu'« être délaissée » peut se retourner en son contraire. « Etre rejetée » est l'équivalent de « rejeter ». La seule expression d'un sentiment négatif peut prendre la même valeur. Dire « non » à l'homme qui exprime son amour a un sens identique, surtout lorsque la manifestation du désir laissait attendre une réponse positive.

Ainsi lorsque une scène inopinée se conclut par un départ intempestif, alors que rien ne l'annonçait. De même quand une rupture dont l'initiative appartient à la femme se produit sans que rien ne l'ait laissé prévoir : alors que la responsabilité de l'abandon semble lui revenir, elle peut avoir l'idée bizarre que l'homme la délaisse. La facilité avec laquelle le rejet se retourne dans le sentiment d'être rejetée est étrange. Cette particularité, ce double tranchant de l'abandon ne s'expliquent-ils pas parce que la déréliction coïncide avec le déploiement du désir, et que ce dernier est marqué par l'ambiguïté du génitif ? « Désir de l'homme » signifie aussi bien désir éprouvé par l'homme (génitif subjectif), que désir éprouvé pour l'homme (génitif objectif). Ce motif grammatical ne figure-t-il pas le retournement du « laisser tomber » en « abandon » ?

L'ambiguïté du génitif, la possibilité de son renversement, forme la charnière de la scène de séduction. Elle apparaît par exemple dans ce fragment de rêve qui montre une casserole au moment où il est question d'une relation amoureuse. La métaphore de « passer à la casserole » exprime à la fois ce qu'il y a de sexuel dans la séduction, et le moment mortel de sa réalisation. On verra que le retournement du génitif va s'y opérer sur un seul mot, qui concerne les deux significations contradictoires et articulées du désir : il s'agit de « passer à la casserole », certes, mais pas dans n'importe laquelle : dans l'image du rêve, le récipient a cette particularité d'être « en pyrex ». « Pyrex » se découpe : « pire ex », et désigne celui qui a été le pire dans la série des hommes, c'est-à-dire le père. Cette première association faite, l'analysante remarque aussi que « pyrex » se retourne : cela donne « j'expire ».

Ces deux associations semblent reposer sur un jeu de mot facile et l'on voit mal en quoi le retournement de « Pire ex » en « j'expire » est pertinent. Cependant la première opération « Pire ex » réduit le père au rang d'un amant, qui plus est, le pire. Plus de père, donc... « j'expire ». Un temps est sauté dans le retournement, c'est celui d'une introduction du désir, qui apparaît avec le « j' » de « j'expire ».

On peut alors reconstruire toute la chaîne qui articule les deux versants du génitif, et avec eux le passif et l'actif de la séduction : « en qualifiant le père de « pire ex », je le mets au même rang que n'importe quel amant ; ce n'est donc plus un père et je l'ai supprimé en faisant cette association. Moi, « j' », j'expire donc en supprimant ce père ».

Ce « désir *du* père » s'effondre dans sa conséquence mortelle, et l'on serait tenté d'en déduire que ce retournement s'articule autour d'une identification masculine au père : en effet, s'il est seulement question de tuer le père en annulant sa fonction et d'occuper sa place, il y a un risque de mourir en s'identifiant à un mort. Or, il n'en va pas ainsi, car ce procès est commandé par la spécificité du désir féminin. Le fait « d'expirer » est moins le signe d'une identification au mort que le signe du rejet accompagnant le désir. Pour curieux que cela puisse paraître, cette identification au père est féminine, et ne répond pas au vœu d'être comme un homme.

Une autre analysante a souvent le sentiment violent d'être abandonnée, alors que tel n'est pas le cas. Elle se réveille la nuit secouée par des sanglots si puissants qu'elle est obligée de s'asseoir dans son lit, car elle en a le souffle coupé. Elle pourrait en mourir, pense-t-elle. Cette seule évocation provoque ses larmes, alors qu'elle est allongée sur le divan, et elle doit s'asseoir pour reprendre sa respiration. Elle continue de pleurer pendant quelques instants, et je la vois secouer la tête à plusieurs reprises, comme pour dire non.

Dès qu'elle a repris son calme, je lui demande quelles étaient ses pensées au moment où elle signifiait ce refus. Elle se plaint alors de ne jamais pouvoir dire non. L'homme avec qui elle vit a pris l'habitude de ne pas la contrarier : lorsqu'elle lui propose quelque chose, il lui répond presque toujours qu'elle peut faire comme elle le veut. Tout se passe comme si un sentiment d'abandon lui venait lorsque cet homme, avec qui elle entretient une relation stable, ne s'opposait pas à ses projets et la laissait tranquille. L'idée qu'il l'abandonne lui vient au moment où elle ne peut s'opposer au désir masculin. Elle est délaissée par ce qui serait supposé contrarier ses vœux. L'indice de la négation est mince, mais il est pourtant essentiel dans cet exemple, car c'est autour de lui que pivote l'ambiguïté du génitif.

En effet, elle déclare qu'elle ne peut pas dire « non », puis elle prête à l'homme cette même qualité de ne pouvoir dire « non ». Or le « non » est le signe le plus épuré du rejet. Je rejette en disant « non » ; tu me rejettes en me disant « non ». La question posée par cette analysante, alors qu'il n'existe aucune menace pesant sur son lien amoureux, est analogue à celle soutenue par une femme qui ferait tout pour se faire abandonner, et éclaterait en sanglots si cela arrivait en effet.

Le fait de rejeter, parfois avec violence, l'objet même du désir, comporte de nombreuses conséquences. Comment peut-on, par exemple, s'expliquer l'attrait qu'exercent les homosexuels sur certaines femmes ? Cette attirance pour l'homosexualité masculine est difficile à comprendre parce qu'un homosexuel rejette – au moins sexuellement – le féminin. Sans doute un tel refus peut-il intéresser une femme, soit parce qu'elle rejette elle même la féminité, soit parce que son désir trouve son compte dans le fait d'être repoussée.

Mais un motif plus important peut rendre l'homosexuel séduisant pour une femme : ne lui rappelle-t-il pas son premier amour pour un homme qui n'a pas tenu compte de son désir ? La fascination qu'il exerce est alors une conséquence du trauma qu'a constitué cette rencontre initiale. En effet, si le désir « du » père est traumatisant, c'est parce qu'il n'a débouché sur rien. Et s'il n'a pas abouti, ne vaut-il pas mieux penser que c'est à cause de son homosexualité ou de son impuissance ?

Cette impuissance est régulièrement attribuée au père. Elle peut être évoquée par une attitude de moquerie et de dérision à l'égard des hommes qui se présentent comme des pères, ce que beaucoup d'entre eux font assez volontiers. Et comme la moquerie et la dérision les rendent le plus souvent impuissants, ils se retrouvent ainsi effectivement à la hauteur de ce père.

Cet amour féminin pour l'homme impuissant ou homosexuel est une forme particulière de l'abandon ou du sentiment d'être rejetée, et il est corrélatif au désir du père. Castrer l'homme de la même manière que le père s'est montré castré est l'une de ses présentations, formalisation dramatique, puisqu'elle est cœxtensive à l'amour. Plus l'amour se déploie, plus le désir de castrer est brutal. Subissant cette violence, l'homme ne saurait ignorer qu'il s'agit d'un signe du désir, et il est captivé par ce sentiment puissant, dont le résultat est pourtant son propre refus et sa castration. Il découvre ainsi ce qu'il y a de suicidaire dans son amour.

Dans cet attrait pour l'impuissant, la proximité du désir et de la mort s'expose encore une fois, mais elle étend maintenant son empire sur l'homme : il voit se retourner contre lui le désir qu'il a provoqué. Ce revirement ne soulagera pourtant pas celle qui désire : elle reste menacée par le coup qu'elle porte. L'homme dont elle s'est moquée, qu'elle a castré et rejeté, la met dans un deuil paradoxal, alors que son agir aurait dû la calmer.

En effet, le meurtre symbolique du père n'aura pas comme seul résultat une identification à l'objet perdu sur le modèle du deuil, celle qui permet de conserver malgré tout le disparu. Il s'agit d'une identification allant au-delà de la personne perdue, identification au désir lui-même. C'est pourquoi une sorte de tristesse, sinon de deuil, peut se manifester, même lorsque le partenaire n'avait pas beaucoup d'importance. Une souffrance peut ainsi se révéler au moment de quitter une personne parfois quelconque, uniquement du fait de la séparation. Si une jeune fille rencontre un militaire en permission et le quitte une heure plus tard, elle pourra pleurer à cause de la séparation elle-même, c'est à dire de la découverte de son désir, indépendamment des qualités de la personne qu'elle vient d'abandonner.

Ce deuil en puissance accompagne le désir féminin et l'homme qui contemple ce face-à-face d'une femme avec la perte pourra en éprouver une excitation sexuelle, car il sait que cet affrontement mortel concerne un désir où il est intéressé. La femme dont l'érotisme est proche de la mort l'attire dans cette mesure, elle le fascine et il peut la pousser aussi dans cette proximité, parce que même si elle signifie son anéantissement, cette perte est ce qu'il y a de plus absolu dans son désir.

Cette extrême conséquence du « rejet » doit être articulée à une autre particularité du désir féminin : si la naissance du désir sexuel pour l'homme s'accompagne d'un sentiment d'abandon, il est également reconnaissance du lieu dont il provient, c'est-à-dire de l'espace maternel. L'homme n'est aimé et ne tient sa place que dans la suite de cet amour.

Une Autre femme assiste à l'amour de l'homme. Ce tiers féminin a deux implications distinctes qui ne sont pas identiques. L'Autre femme est d'abord la mère. En fonction d'elle se déclare l'amour du phallus et du père qui le porte. Mais une fois né cet amour de l'homme, il implique l'amour de la femme, et non plus celui de la mère.

Une femme pense à l'Autre femme à travers son désir d'un homme, parce que ce désir implique le rejet, parce que le rejet engendre une identification à ce qui est perdu, et parce qu'enfin, cette identification elle-même fonde le désir d'une femme majuscule, celle que l'amant regretté aime de toujours à travers sa maîtresse. Lui perdu par son désir, elle est lui, et aime ainsi la Femme. C'est donc le rejet de l'homme, occasionné seulement par le désir, qui cause cet amour de la femme, cette obsession du féminin comme résultat paradoxal de l'hétérosexualité féminine. Cette identification au masculin au moment de la perte, et l'amour du féminin qui en découle, est difficile à comprendre, parce qu'elle n'est pas le résultat d'une identité masculine secrète. Il s'agit d'un trait féminin, découlant de la spécificité de son désir sexuel.

Cette jeune femme, par exemple, écrit à son amant qu'elle vient de rejeter : « Vous dites que vous êtes perdu, mais c'est moi qui suis perdu ». Sa profession exclut que l'absence du « e » final soit une faute d'inattention. Il faut le premier temps de la perte, celui où elle a fait beaucoup pour que son amant exprime son sentiment d'abandon, pour se trouver ensuite elle-même dans la déréliction, mais de manière telle qu'elle s'identifie au « perdu » en oubliant le « e » du féminin. L'homme abandonné est alors peut-être avec une autre femme, qu'elle aime secrètement ; ou encore, elle sera obsédée, sans trop savoir pourquoi, par la pensée de l'Autre femme.

Il existe ainsi une double présence de l'Autre femme dans le désir hétérosexuel féminin. Un premier versant va de la mère au père, et un second, de l'homme à la femme. L'amour de la mère ne concerne pas encore la spécificité du désir féminin. Lorsqu'une jeune femme, par exemple, déclare en deux phrases... « qu'elle a été une mère pour sa mère » et que son « père n'a pas su satisfaire celle-ci », elle reste sans doute, au moins dans son fantasme, toujours accouplée à cette mère, mais elle l'est en s'identifiant à un père, et non à un homme. C'est sa mère qu'elle cherche encore à satisfaire.

Ce lien diffère de celui qui résulte du désir de l'homme. Ce dernier engendre paradoxalement un amour de la femme, une complicité et une proximité reposant entièrement sur le rejet qui l'accompagne, et a comme conséquence, une apparente homosexualité.

Dans la genèse du désir sexuel féminin, la position, au moins potentielle, onirique, occupée par l'Autre femme permet de comprendre que la jalousie entre femmes n'est pas analogue à la rivalité opposant les hommes, et que de plus, cette jalousie n'exclut pas une forme de reconnaissance, sinon d'amour : n'est-ce pas de l'Autre femme que vient originellement l'amour du phallus, comme celui de l'homme ? Et si cet homme est source de tourments, s'il n'est pas digne de confiance en dépit de tout ce qu'il peut dire, et de tout ce qu'il peut faire, l'Autre femme par contre l'est. Fiable, sa présence est certaine. Elle offre une assise paradoxale et secrète du masculin, sur laquelle il est possible de compter. Une rivale ne peut-elle pas comprendre le rejet et l'abandon, puisqu'elle les signifie, puisqu'elle est là dès que le désir sexuel pour un homme prend son élan ? Dans *Mon Pouchkine,* Marina Tsvétaeva écrit :

« Jamais... je n'ai écrit un de mes textes sans être amoureuse des deux ensembles (d'elle un peu plus), et pas des deux, mais de leur amour. De l'amour. »

L'Autre femme vient avec l'homme, et sa seule pensée peut précéder, prétexter l'abandon, alors que rien de ce qui pourrait donner prise à la jalousie ne s'est effectivement passé. L'amour implicite de la femme, à l'instant où l'homme est désiré préside à la volonté de disparaître.

La jalousie centre différemment la folie masculine, parce qu'un homme met son nom dans la balance, au moment de son affrontement. Pour une femme, la question du nom est secondaire car sa jouissance dépend plutôt de son effacement que de sa sauvegarde.

La rivalité entre femmes trouvera bien plutôt son motif dans le narcissisme, c'est-à-dire dans une demande d'être unique. Ce narcissisme n'est-il pas régi par l'unicité du phallus, que ce soit celui dont on peut disposer comme de celui auquel on peut s'identifier ? Si la jalousie est une fonction du phallus, elle ne sera pas liée à la personne de la rivale, mais elle restera relative à l'homme.

Le sentiment de rejet et d'abandon, consubstantiel au désir féminin, doit être distingué d'un autre sentiment d'exil, qui a son origine dans le rapport au langage et à l'Autre maternel. Il s'agit de l'incapacité de payer, à l'égard de la mère, ce que l'on peut appeler la dette de vivre, dette impossible à solder, parce qu'il n'y a pas moyen de répondre à la demande maternelle. S'il s'égale à son manque, au phallus, l'enfant meurt. Il est donc endetté parce qu'il vit, parce qu'il n'est pas mort d'amour. Cette dette est naissance, séparation de l'espace maternel : exil, rejet.

Le « rejet » articulé au désir de l'homme situe une autre origine de ce sentiment, qui représente le progrès qui est fait lorsqu'une femme quitte l'espace maternel pour l'amour du père. Ce changement est d'autant plus périlleux qu'il ne permet pas d'en finir avec la dette première d'exister. Il l'accroît au contraire (puisque la mère est abandonnée). Non seulement l'amour du père ne sauve pas, mais il entraîne pour son propre compte un rejet, d'autant plus violemment ressenti qu'il opère à partir de l'espace pervers du sexe.

Il existe ainsi deux moments successifs, l'un qui concerne l'espace maternel et le second l'amour du père. Lorsque le rejet est multiplié par le rejet, c'est à dire lorsque le rejet par le père (seulement occasionné par son désir), renvoie au rejet opéré par la mère (du fait de la non satisfaction à ses demandes), se présente le moment le plus suicidaire de l'abandon (alors même qu'il ne s'est produit dans la réalité aucune espèce d'abandon).

Un mythe amazonien peut donner une intuition de cette multiplication du rejet par le rejet. Dans la légende Tupi de la naissance du Manioc, un homme a deux enfants, un garçon et une fille. Il ne montre pas le moindre signe d'affection pour cette dernière, qui, désespérée, demande à sa mère de l'enterrer vive. Celle-ci finit par accepter. Les deux femmes concluent une sorte de pacte : une fois l'enterrement accompli, la mère doit s'éloigner rapidement sans jamais se retourner. Mais, au bout de quelques pas, elle entend pleurer sa fille et ne peut s'empêcher de retourner en courant jusqu'au lieu où elle l'a laissée. Lorsqu'elle porte son regard vers ce qui avait été un corps humain, elle aperçoit un arbre immense, et plus elle s'approche, plus l'arbre rapetisse et se réduit, pour n'être plus rien, seulement une chose échappant à la vue, une racine : le manioc.

Il existe ainsi dans certaines circonstances, la possibilité d'un croisement, d'un moment de rencontre où le rejet effectué par un homme renvoie au rejet dans un espace maternel, dont aucun secours ne peut être attendu puisqu'il existera désormais une dette renforcée à son égard. Il se produit une sorte de redoublement de la dette : elle apparaît dans le mythe lorsque s'accomplit cette réduction vertigineuse de la fille, non seulement ramenée au rang d'un végétal par le délaissement paternel, mais de plus disparaissant dans la terre sous le regard d'une mère qui ne tient pas parole.

Le fonctionnement du génitif du désir se dégage désormais plus clairement. En effet, son double sens pouvait apparaître comme le cas particulier d'une règle générale, qui veut que, lorsque j'écris « désir de x » il y aura toujours une ambiguïté pour savoir s'il s'agit du désir qu'éprouve x, ou de celui dont il est l'objet. Concernant le désir, le génitif n'a rien d'une curiosité grammaticale, car la double détente repliée dans le « de » permet d'articuler la cumulation du rejet par le rejet : le rejet passif de l'espace maternel correspond au génitif objectif, et le rejet actif au génitif subjectif. Cette double détente du désir rend la sexualité féminine problématique, avant même qu'elle ne cherche à se réaliser.

Cette analysante vient de rompre un lien d'amour qui aura été puissant, même si l'homme concerné par ce sentiment n'en était qu'à peine informé, et alors qu'il ne s'était rien passé. « Rupture » est le mot qui convient pour définir cet événement qu'elle a elle-même précipité. Après deux ans d'amour presque silencieux, elle est venue demander des comptes à cet homme, avec qui elle entretenait essentiellement une relation de travail. Il lui répond, semble-t-il avec tact, que, s'il s'est bien aperçu du sentiment dont il était l'objet, il n'avait pas éprouvé un sentiment équivalent, et n'avait donc pas répondu à son attente.

S'agissant d'un élan violent qui la faisait souffrir depuis longtemps, elle s'attendait à sombrer dans une dépression profonde après cette rupture. Or il n'en va pas ainsi et elle s'étonne de son humeur plutôt euphorique. Je suis surpris aussi, moins par son soulagement que par la période de deux ans qu'elle évoque avec insistance à propos de la durée de cette liaison. Je n'ai d'ailleurs pas le temps de la questionner à ce propos. Elle a également remarqué ce détail, et il lui apparaît brusquement que ce chiffre fait le lien entre sa rupture actuelle, et le sentiment d'être abandonnée par sa mère, qu'elle a eu en des occasions précises. Ce laps de temps la frappe. Elle a alors cette idée que la plupart de ses liaisons ont duré environ deux ans. Cette période est aussi celle qui a existé entre sa première expérience sexuelle et son premier orgasme. Enfin et surtout, cet espace de temps s'associe pour elle à la durée qui s'est écoulée entre le retour de sa mère des camps de concentration, et la date de sa naissance.

Elle se trompe fréquemment sur sa date de naissance, faisant une erreur de deux ans dont le résultat est de conjoindre cette date et l'univers concentrationnaire. Elle aura ainsi glissé de la rupture provoquée avec un homme au rejet dans l'espace maternel.

Le redoublement du sentiment d'abandon permet de comprendre certaines formes de deuil paradoxal, ou l'enfoncement dramatique dans lequel peut tomber une femme à l'occasion de ruptures pourtant parfois attendues ou même souhaitées. Mais ce n'est pas seulement par rapport à des événements précis de l'existence que ce fait de structure importe, car il donne la clef de ce qu'il est convenu d'appeler depuis Freud le « traumatisme sexuel ».

Le « traumatisme sexuel » s'explicite grâce à ce redoublement. L'abandon paternel laisse choir dans l'espace d'une dette maternelle redoublée, il traumatise sans qu'il ne se soit produit réellement aucun traumatisme. C'est parce qu'un père est désiré en vain que s'ouvre l'espace du trauma. Il peut paraître choquant de soutenir que cet espace s'ouvre seulement lorsque se déploie l'amour du père, et non parce qu'il y aurait eu une véritable tentative de séduction. Cependant, sans cette ouverture première, on ne peut comprendre ni pourquoi un geste de séduction est traumatisant, ni surtout pourquoi, en l'absence de tout geste effectif de séduction, cette dernière est affabulée de toutes pièces.

C'est sur la réalité historique du traumatisme sexuel que Freud s'est appuyé pendant un temps pour expliquer l'hystérie. Il s'est ensuite aperçu qu'il s'agissait le plus souvent d'un fantasme et que, à la place d'un supposé trauma, il y avait un premier mensonge, un mensonge vrai, au sens où il fictionne la vérité de la naissance du désir.

Le « traumatisme » le plus profond — celui que l'on peut qualifier de premier car il est homogène à la naissance du désir et le constitue — ne résulte pas d'une agression sexuelle mais du fait qu'il ne se soit rien passé, en dépit de l'amour. Le souvenir d'une agression sexuelle recouvre ce défaut cuisant ; mémoire est gardée d'événements minimes, ou encore une construction vient occuper ce blanc, fiction hallucinée sur la souffrance d'un désir sans réponse.

Comment peut-on montrer la primauté d'un traumatisme qui se serait produit parce qu'il ne se serait rien passé ? On pourrait en faire l'hypothèse logique à partir de l'ambiguïté du génitif. « Désir de » pose une symétrie, et permet une correspondance exacte entre « séduire » ou « être séduite » : ainsi le fait de vouloir plaire se montre-t-il équivalent à celui d'être agressée sexuellement, qui est son symétrique dans le génitif. Or, vouloir plaire ne veut pas dire que cette tentative a été suivie d'effets, défaut corrigé par la fiction d'un viol.

La clinique montre que l'absence de séduction peut exercer des ravages au même titre que la séduction. Ainsi pour cette analysante, qui m'annonce deux bonnes nouvelles après quelques semaines d'absence : elle arrive maintenant à limiter sa consommation d'alcool, et elle a rencontré récemment un homme avec lequel elle a une liaison passionnée. Ces deux nouvelles ne sont d'ailleurs pas sans relation l'une avec l'autre. En effet, l'alcool a toujours été pour elle un moyen de supporter les hommes et leurs désirs sexuels. Il lui a toujours été impossible de faire l'amour une première fois sans boire jusqu'à l'ivresse.

Son nouvel amant la désire sans doute, mais il ne se fait jamais pressant. Il la laisse se dérober sans insister si cela lui convient. Elle n'a d'ailleurs pas à se refuser, car il ne tente pas d'aller plus loin que le point où elle s'arrête elle-même. Au début de leur relation, elle s'était enivrée comme à son habitude, lorsqu'elle avait passé une nuit avec lui pour la première fois. Elle avait fait l'amour comme à l'accoutumée, sans en tirer de plaisir, mais il fallait en passer par là pour maintenir un lien avec un homme.

Sans doute parce qu'il ne lui avait pas semblé avoir des exigences identiques à celles de ses amants antérieurs, et, soit parce qu'elle se sentait comprise, soit parce qu'elle voulait éprouver ce qu'il était capable de supporter, elle lui avait annoncé brusquement son souhait de maintenir une relation toujours aussi étroite avec lui, mais sans faire l'amour. Elle s'attendait à un refus ou au moins à un silence, mais il n'en était pas allé ainsi. Son amant n'avait pas protesté ni demandé d'explication. Il acceptait, sans que son aquiescement apparaisse comme un défi, ou comme le signe d'une absence de désir, puisqu'il la désirait au moment où elle avait formulé une telle demande.

« J'ai ressenti cette réponse pourtant prononcée avec douceur, comme une brutalité extrême : cela m'a été plus dur qu'un viol. »

L'absence de rapport fait traumatisme, et quelques jours plus tard elle priera son amant d'oublier ce qu'elle lui a demandé. Elle est alors dans une situation où la sexualité reste sans doute une épreuve, mais selon une modalité nouvelle, en quelque sorte postérieure au traumatisme de l'absence de sexualité. Ce n'est pas tant qu'elle aurait rencontré un homme maître de son désir et capable de le différer. Bien plutôt cette maîtrise évoque le désir d'un père, traumatisant au sens où il provoque le désir sans le satisfaire.

Le traumatisme provoqué par un tel défaut ouvre un certain espace, dans lequel plusieurs cas de figure peuvent se présenter. Une agression sexuelle peut ne pas être traumatisante au sens évoqué ici, dès lors qu'elle n'implique pas le père. En revanche, le sentiment d'une agression peut exister à cause de faits minimes, plus proches de la séduction que de la sexualité proprement dite.

De plus la séduction peut emprunter des masques sans rapport avec ce que l'on entend habituellement par ce mot. C'est par exemple le cas lorsqu'un père s'occupe de la moralité de sa fille avec une vigilance telle que cette dernière pourra penser devoir se garder pour lui. En ce sens, il s'agira d'une séduction d'autant plus pernicieuse qu'elle se présentera sous le masque du bien et de la morale :

Cette jeune femme m'explique lors de son premier entretien que c'est à l'âge où elle devint jeune fille, à douze ans, que sa mère est morte. Elle n'associe nullement ce décès à une période sombre de son existence, et elle ne décrit rien non plus qui pourrait ressembler à un deuil. A peine ce souvenir de la disparition de cette mère aimée est-il évoqué qu'une autre pensée lui vient, celle de sa relative dissipation dans le petit village où elle habitait alors. Dissipation est à peine le mot : il s'agit plutôt de la sorte d'humeur ludique, qui l'amène à provoquer non seulement les garçons de son âge, mais aussi quelques hommes un peu plus âgés, sans d'ailleurs que sa séduction ne dépasse le stade du jeu.

Il n'en faut pourtant pas plus, dans la sphère confinée qui s'étend entre l'école, l'église, la salle des fêtes et le café, pour que sa réputation de légèreté soit établie. Son père intervient alors avec vigueur, pour défendre une vertu qui n'était pourtant ni sérieusement offerte, ni exagérément menacée. Les quelques phrases adressées par cet homme la frappent de stupeur. Que lui a-t-il donc dit ? Elle est brusquement incapable de s'en souvenir. Ou plutôt, aucune phrase précise ne lui reste en mémoire. Elle garde seulement la pensée d'une injustice, d'un reproche démesuré qui lui a été adressé à cause de quelques rumeurs de bistrot, comme si elle s'était offerte à tous les hommes, alors qu'aucun n'aurait pu se vanter d'avoir obtenu ses faveurs.

Elle me décrit maintenant sa vie, qui est un désert. Elle a trente ans, et voilà déjà quelques années qu'elle n'a eu aucune envie de faire plus ample connaissance avec l'un des hommes qui peuvent la courtiser, (car elle est vive et plutôt d'allure agréable). En fait, cette solitude affective est son symptôme. Je remarque qu'elle a été amenée à en parler dans une certaine succession de pensée, dont la valeur doit être soulignée : la mort de sa mère n'est pas une occasion de tristesse, mais au contraire l'occasion d'une effervescence érotique. N'est-ce pas parce qu'elle n'a pas accepté ce décès, mais qu'elle a au contraire essayé de la remplacer, de la faire vivre encore en la supplantant ? Et en particulier au moment où elle cherchait à séduire tous les hommes — donc potentiellement son père, qui fait partie du genre.

L'incapacité de se souvenir d'une seule phrase du père, ou même seulement d'un mot de lui, va dans ce sens. Elle enchaîne la sidération qui a suivi ses paroles et sa solitude actuelle, comme si la colère paternelle l'avait fait passer de l'universel des hommes à aucun. La parole du père a donc été l'occasion d'un traumatisme, qui, en dépit des apparences, a le même effet qu'une séduction.

Une tentative de viol, ou un viol exercé par un adulte est un souvenir fréquent dans l'hystérie. La certitude qui accompagne le récit des faits peut être impressionnante ; cependant, il est préférable de suspendre tout jugement sur la réalité des événements, car le travail analytique finit souvent par ébranler et par miner le souvenir le plus assuré.

Ainsi de cette analysante, persuadée qu'elle a été violée à l'âge de cinq ans par l'accompagnateur d'une colonie de vacances : elle était couchée dans la même pièce que sa sœur, étendue sur le lit voisin et sans doute endormie. Le jeune homme était entré et s'était allongé à ses côtés. Elle se souvient nettement de sa manière de marcher et de certains autres détails. Elle a la certitude d'avoir alors été violée. Ensuite elle n'a parlé de l'événement à personne, pas même à sa sœur. Encore maintenant elle ne lui a rien dit, alors que les faits remontent à plus de vingt ans, et sont considérés par elle comme un moment important de sa relation aux hommes.

Un autre souvenir datant de la même époque est relié à celui du viol : elle a en mémoire une image de son père en train de tuer une portée de petits chats. Il les supprime assez sauvagement en leur frappant la tête contre quelque chose de dur ; une paroi, ou un mur. Puis il jette leurs corps un par un dans la cuvette des toilettes, et les évacue à chaque fois de cette façon.

Le premier souvenir est considéré comme certain, de même d'ailleurs que le second, et, s'il m'est difficile de poser à propos du viol des questions qui sembleraient mettre en doute la réalité des faits, je peux par contre interroger la scène de tuerie des petits chats, non parce qu'elle est invraisemblable, mais parce que le désir n'y est pas engagé de la même façon.

Les questions que je pose entraînent d'abord la surprise et une énergique protestation quant à la vérité de l'événement. Elles amènent cependant la patiente à demander à son père quelle était sa version des événements : jamais, répond-il, les petits chats n'ont été tués en sa présence, et ils n'ont pas été éliminés non plus comme elle croit s'en souvenir. Dans l'une de ses connexions essentielles, la certitude concernant ce souvenir se trouve ébranlée.

Sans doute cela ne permet-il pas de s'assurer du degré de vérité de la scène de viol. Cependant, la connexion des souvenirs mérite d'être soulignée, parce qu'il n'est pas sans importance que les petits chats tués aient été évoqués comme s'ils s'agissaient d'excréments. Des enfants, à la fois excrémentiels et morts, correspondraient à ce qui peut être attendu du désir du père, dans la mesure où il est refusé. Le père tue et évacue le désir lui-même. Une connexion permet donc, à partir du second souvenir, d'interroger avec sûreté le premier.

Cependant, un problème théorique se pose alors : pourquoi devrait-il y avoir l'invention d'un tel montage, opéré soit à partir de souvenirs, soit le plus souvent à partir de presque rien, d'un blanc ? Pourquoi y a-t-il à partir d'une scène de séduction plus ou moins construite, cette extension indéfinie de la fiction, cette répétition figurée du viol et de la séduction par le père ?

Il existe un lien de structure entre le « traumatisme sexuel » et le « premier mensonge » πρτον ψενσος de l'hystérique. A partir de lui, la fiction de l'existence s'étend sans discontinuer. Si le premier traumatisme est occasionné par un refus du désir paternel, dont la conséquence est de faire retomber dans l'espace ravageant de la dette maternelle, alors mieux vaut inventer le viol paternel. La séduction par l'homme est préférable au risque de retomber dans ce rien. Plutôt la violence masculine, supportée ou inventée à chaque instant, qu'une absence de séduction dont la conséquence serait cette chute. Plaire au père et à l'homme est une contrainte, une servitude imposée parce que, sans la séduction, s'ouvre l'espace mortifère de la dette première.

Plaire, oui, mais plaire est ambigu, car il s'agit de séduire un homme tenant son charme de l'amour d'une Autre ; il s'agit de captiver sans que la fascination porte jamais à conséquence. Ainsi plaire ne doit-il être que fiction, semblant, mensonge, déguisement.

Avec le « prôton pseudos », mensonge d'origine, première fiction de l'hystérique, est mis en forme le souvenir d'un père violeur, fauteur de ce trauma qui organise toute la structure de semblants de la névrose. Le « prôton pseudos » met en scène la question paternelle : le véritable trauma est celui de la distance irréductible instaurée entre un père et sa fille, à l'instant où l'amour est le plus vif. La séduction originaire, « prôton », est le retournement de cette violence muette en tromperie, « pseudos ». La séduction du père se retourne en tromperie de la fille. Le père désiré demeure dans le souvenir comme l'auteur d'un viol, puisque cet amour qui n'a débouché sur rien, et a laissé sans réponse un désir déjà sexuel, est un sévice en effet. Le père est tout le premier trompeur, puisqu'il promet ce qu'il ne saurait tenir, et il n'apparaît plus, sur l'écran du souvenir, que comme ce séducteur d'illusion. « Pseudos » : ce semblant est le peu qui puisse se saisir d'une paternité première ; et ce pur masque demeure pourtant celui que le désir emprunte, empruntera.

La tromperie, le « prôton pseudos » témoigne encore pour le clivage des fonctions du père, et le mensonge hystérique est le premier signe de l'amour, de la douleur consentie en même temps que cet amour.

Ainsi se différencient plus précisément le masochisme féminin et le masochisme d'une femme. La douleur non seulement consentie, mais recherchée en même temps que l'amour peut s'appeler masochisme, il est vrai. Cependant, le masochisme féminin, tel que Freud l'a défini, concerne essentiellement des hommes: en effet, c'est lorsque les hommes tombent dans l'amour paternel qu'ils sont féminisés, et cette violence suppose de leur part du masochisme, puisqu'elle porte atteinte à leur sexe.

Si une femme est féminisée dans sa relation à son père, ce fait n'est pas une violence exercée contre son sexe, et la subir ne se réduit pas au masochisme. Le masochisme d'une femme, dans sa spécificité, résulte de la violence subie dans l'affrontement au semblant paternel et à sa séduction, à partir de laquelle s'opère le retournement du « Prôton pseudos », cet exercice d'une tromperie qui la sauve.

Dans le *Journal d'un séducteur,* Kierkegaard met en scène un personnage dont la séduction est difficile à définir, parce qu'aucun trait classique de la virilité ne l'annonce: ni le charme, ni la beauté, ni la force, parce qu'aucun bruit de conquête ne le précède, et parce que la mort d'aucun père, comme c'est le cas pour Don Juan, ne vient lui donner sa violence. C'est la tromperie elle-même qui est séduisante. Dans l'une de ses premières lettres au séducteur, Cordelia écrit:

« Tu as eu l'audace de tromper un être de telle façon que tu es devenu tout pour cet être, pour moi, et que j'aurais infiniment de plaisir à devenir ton esclave. Je suis à toi, je suis tienne. Ta malédiction. »

La duperie ne succède pas à l'amour; elle l'engendre au contraire jusqu'à la soumission complète. Tromperie étonnante, car la possession qui intéresse le séducteur décrit par Kirkegaard n'est pas charnelle. La chair peut ne rien concéder en dépit du plaisir qu'elle avoue. Elle en accorde moins, en tout cas pour ce personnage, qu'un simple salut arraché à une jeune fille, s'il survient en ce ... « point culminant où il était sûr qu'elle sacrifierait tout pour lui ». Qu'est-ce qu'un simple salut? Peu de chose, en vérité! Il semble ne s'être rien passé et c'est à peine s'il serait possible de faire le récit de ce qui est arrivé:

« Aucun changement visible ne s'était opéré en elles ... et cependant, elles avaient changé, presque sans qu'elles sachent se l'expliquer..., et sans que les autres puissent s'en rendre compte. Leurs vies n'étaient pas brisées ni rompues... elles étaient repliées au-dedans d'elles-mêmes, perdues pour les autres, elles essayaient vainement de se trouver elles mêmes ».

Il n'y a pas eu séduction, puis tromperie. La femme séduite n'est pas ensuite abandonnée. La tromperie elle-même est séduisante. Celui qui a l'audace de tromper devient tout, et il y aurait plaisir à être son esclave. La violence exercée n'est pas celle de la force vive, qui ne trompe personne et n'est généralement pas non plus séduisante. Le séducteur tient sa puissance seulement de sa duplicité, du signe d'assentiment infime qu'il peut arracher à une femme au moment où elle ne s'y attendait pas, et où elle se montre en défaut d'elle-même en un aussi petit trébuchement.

Il peut exister un sentiment de respect pour l'intelligence, d'admiration pour la beauté ou un intérêt érotique pour la puissance virile. Mais autre chose encore est l'énamoration, cette ivresse de l'amour si puissante lorsque non seulement elle est sans raison, qu'elle n'est causée ni par la beauté, ni par l'intelligence, ni par l'attrait du sexe, mais par ce que la séduction comporte de duplice. Un amour identique à celui qui fut porté à un père fuyant se trouve alors évoqué, ranimé de sa cendre et porté à incandescence. Un père fut capable d'une semblable tromperie.

« L'Amour » est ainsi réduit à une méprise, différente de l'erreur qui consiste à prendre un objet pour un autre. La méprise de l'amour est souvent interprétée de cette façon, et de ce point de vue, une certaine femme serait prise pour la mère par un certain homme lui même considéré comme le père, dans une sorte de reduplication d'une situation familiale passée. Ce n'est pas en ce sens qu'il y a méprise, car c'est l'amour lui même qui est tissé par la duplicité. Un premier amour innocent n'a pas ensuite été trompé, si bien que — imaginerait-on — il pourrait ne pas l'être et demeurer dans sa pureté. Amour est toujours déjà porteur de cette douleur, de la duperie qui l'a engendré, et l'engendrera encore.

La tromperie de la fille répond à celle du père, elle formalise ce qui du côté féminin, ne saurait décider entre phallus et nom : l'amour tient cette place d'une impossible décision ; il résout une contradiction au prix d'une confusion. En effet, il tente de préserver et la jouissance apportée par le premier et la sécurité conférée par le second. Ainsi le premier mensonge est-il énoncé pour soutenir la virilité sexuelle du père contre sa fonction, la jouissance phallique contre le nom qui la symbolise.

L'amour pallie une duplicité qui le traverse. Il porte en lui ce poison qui le mine. Forgé pour unir des contraires, il recèle en lui un mal engendrant une souffrance spécifique, subie à proportion de sa propre puissance. Ce qu'une femme accepte ainsi n'est donc pas le plaisir masochiste de subir perversement des coups.

Ne faut-il pas être prêt à souffrir, et parfois beaucoup, en aimant quelqu'un d'autre que soi-même ? Cette dépossession narcissique qu'implique l'amour peut torturer l'homme au même titre que la femme. La passion féminine se distingue de cette généralité parce qu'elle résulte de l'impossibilité de se situer sans souffrance dans le défaut des Noms du père. En effet, l'abandon de la sexualité serait un tourment ; de même la passion du sexe, si elle est anonyme, amènerait un autre type de déréliction morale, et en conséquence ne pas choisir et aimer entre ces deux extrêmes entraîne la souffrance que cette indécision comporte.

Dans cet espace, entre sexe anonyme et nom mystique, l'amour cherche conciliation et ment. Mensonge structural donc, puisqu'il cherchera sinon en vain, du moins en souffrant, à remédier à sa propre antinomie. Dès que le choix est forcé, il laisse infidèle, à l'un de ses contraires. Amour est le paradoxe d'une fidélité infidèle, d'une fidélité malgré tout, qu'il ne faudrait pas. Il sera d'autant plus vif qu'il supportera tout le poids de cette antinomie (et d'autant plus faible que cette contradiction sera supportée par plusieurs personnes ou par plusieurs instances, un mari, un amant, ou Dieu par exemple).

Ce qu'un homme soutient de l'amour d'une femme lui impose une violence où sa virilité s'éprouve. S'il est seul à faire face à la contradiction, si Dieu ou un amant ne sont pas de la partie, c'est à lui que le mensonge risque d'être reproché, même s'il n'est pas trompeur, seulement parce qu'il supporte à lui seul deux fonctions dissemblables. Il peut être suspecté de tromper à cause de l'antinomie qu'il met en forme, et la duplicité dont il est alors accusé est à la source de sa séduction.

Le charme qu'un homme exerce tient alors à cette duplicité, et sa séduction ne peut qu'empirer une fois que son mensonge est seulement suspecté, puisque, si l'homme devait se révéler réellement trompeur, son envoûtement s'accroîtrait. Plus il mentira, plus la duplicité qu'il supporte augmentera, et avec elle sa séduction. Le mensonge, celui qu'il peut faire, celui qu'il fera, comme celui qui lui est prêté, le dédoublera, le rendra toujours plus mort et vif, vivant et porteur d'un vœu de mort, propice à l'éternisation du nom et donc à la jouissance.

Chapitre 2

# LE DESIR SEXUEL MASCULIN, LE PASSAGE A L'HETEROSEXUALITE

Comment définir simplement l'hétérosexualité masculine ? N'est-ce pas la qualité de l'homme qui aime ou désire une femme ? Et n'est-il pas de peu d'importance que cette femme lui évoque d'une certaine façon sa mère, ou qu'elle fasse la loi pour lui au point qu'il semble être plus attiré par le trait paternel que par le féminin ? S'il désire les femmes, et si les hommes ne l'attirent pas, on devrait pouvoir le qualifier d'hétérosexuel. Cependant, certaines attitudes courantes des hommes à l'égard des femmes amènent à s'interroger sur ce qu'est l'hétérosexualité, et sur ce que l'on peut appeler provisoirement un lien homosexuel à la femme.

Cette homosexualité est méconnue, car les actes qui en découlent ont l'apparence de l'hétérosexualité. Le développement d'une haine du féminin au plus fort de l'amour, ou encore la puissance de l'attirance pour les femmes rejetantes, permettent par exemple de suspecter son existence. Rien ne prouve qu'un choix en apparence hétérosexuel ne soit pas dicté par des considérations qui la renient.

A lire rapidement Freud, l'homme aurait l'hétérosexualité facile, puisque son premier objet d'amour est sa mère, et qu'il n'a qu'à se laisser glisser de sa mère à une femme. Cependant, de la mère à la femme, il y a un abîme. En effet, malencontreusement, une mère possède un petit quelque chose en plus qu'une femme n'a pas, le phallus, et cet objet rend le rapport d'un homme à sa mère plutôt pédérastique. Ce premier amour, dédié à l'androgyne maternel, paraît si violent que l'on se demande comment l'humanité arrive à assurer malgré tout sa reproduction. Un tel miracle semble s'accomplir sur la base d'un profond malentendu, et il se pourrait que le prix à payer pour lever celui-ci soit une pratique de la perversion, non pas marginale, mais massive. Comment expliquer ce miracle, sinon en concédant que, pour la majorité des hommes, les femmes ne ressemblent pas à leur mère, à l'exception de leur femme, toutefois, cette dernière n'échappant à ce désagréable destin qu'au prix de pénibles mises en scènes.

L'amour exogame de la femme se distinguera donc de l'amour de la mère, qui reste dans le champ de l'homosexualité et engendre l'homosexualité : on se souvient du schéma proposé par Freud dans son texte sur l'identification ; le fils aimé s'identifie à sa mère et aime à son tour de jeunes garçons semblables à ce qu'il a été. Ce fonctionnement définit l'homosexualité active. On peut déduire aussi le schéma de l'homosexualité passive du type d'amour maternel empêchant le fils d'agir et de se faire un nom — c'est la mère dite surprotectrice — le garçon est alors livré à la rivalité paternelle et peut tomber dans l'homosexualité passive. Lorsque le désir s'adresse à la mère phallique et non à la femme, il n'est pas tourné vers l'hétéros; la castration l'horrifie et ne le sollicite pas. Rien dans l'excitation qu'il comporte ne concerne la femme. Il n'est donc pas évident que l'homme puisse si aisément glisser de l'amour de sa mère à celui des femmes.

L'hétérosexualité masculine est problématique, même dans le cas de figure en apparence honorable de la monogamie. Il n'existe pas de raisons de principe pour que les hommes soient monogames, contrairement aux femmes qui sont plutôt attachées à un lien unique, parce que leur jouissance requiert l'unicité du nom. Cette monogamie féminine n'implique d'ailleurs pas la fidélité. Elle signifie seulement que, si une femme est infidèle, elle l'est par rapport à un homme. Sa sexualité est relative à sa monogamie. Si elle a de nombreux partenaires, l'un d'entre eux est privilégié, et les autres relations s'organisent par rapport à lui. En ce sens, une femme n'est pas polygame.

En revanche, la jouissance masculine ne nécessite pas l'unicité du nom, et l'homme devrait être facilement polygame. Et dans ce cas, ses différentes partenaires ne devraient pas être situées l'une par rapport à l'autre. Or, la monogamie est la pratique dominante dans nos civilisations, fait que l'on aurait tort d'attribuer à des contraintes sociales dictées par le souci de préserver la famille. Cette monogamie masculine ne trouve-t-elle pas son motif dans l'amour homosexuel du père totémique, qui, dans la mesure où il est unique, requiert lui aussi un lien singulier ?

L'érotisme masculin ne rencontre-t-il pas un obstacle de taille dans les modalités de la prohibition de l'inceste ? En effet, si, comme on l'a déjà détaillé, l'interdiction posée par le père totémique entraîne l'amour sexuel de ce dernier, on ne voit plus comment le passage à l'hétérosexualité va se produire. Tout serait facile s'il s'agissait seulement de vaincre un rival ou de transgresser sa loi. La difficulté commence lorsque la rivalité engendre l'amour.

Sans doute l'amour sexuel de la femme restera-t-il possible et avoir toutes les apparences de l'hétérosexualité. D'une part, et c'est l'occurence la plus fréquente de la masculinité, un homme aimera une femme semblable au personnage féminisé qu'il était pour son propre père. D'autre part, et c'est l'occurence la plus difficile à comprendre, un homme aimera une femme seulement dans la mesure où, empruntant un attribut du père, elle se montrera virilisée. Freud a montré le fonctionnement de cet attrait sexuel dans son analyse du fantasme de « l'enfant battu » : c'est le spectateur de cette scène qui jouit de sa rivalité amoureuse dans ce fantasme, mais s'il continue à tirer son plaisir des coups, il sera féminisé. Comment sortir de cette situation ? C'est facile ! Pour préserver son genre, le garçon surajoute une image féminine à celle du père fustigateur. L'amour sexuel de la femme (si l'on peut appeler ainsi ce père déguisé) est ainsi possible. Grâce à cette surimposition, l'amour du père n'entraîne pas nécessairement l'homosexualité active, et rien ne semble différencier l'attrait de la femme virilisée d'un lien normalement hétérosexuel.

L'amour du père et du phallus n'est nullement incompatible avec l'amour des femmes, ou plus exactement de l'apparence du féminin qui, pour cette raison, passera pour n'être qu'un masque, auprès de ceux dont l'hétérosexualité réclame un tel fondement. Les femmes elles-mêmes peuvent se donner comme semblant, comme déguisement, sans doute parce qu'elles n'ignorent pas que, la plupart du temps, l'intérêt sexuel dont elles bénéficient tient à cette ambiguïté, et restera toujours distant de ce qui est propre au féminin. Cet attrait sexuel s'appuie sur la puissance paternelle. Le maquillage, le déguisement, peuvent laisser supposer que derrière eux se trouve un trait du père. Le mystère paternel et celui de la femme se conjoignent derrière ce masque. Au travers du lien homosexuel, une certaine figure du féminin est aimée, et le plus souvent exclusivement.

La surimposition de la figure paternelle par une image de la féminité laisse ainsi ouvertes la voie de l'homosexualité comme celle de l'hétérosexualité apparente, et le fonctionnement de cette double figure est manifeste lorsqu'elle a comme résultat la bisexualité.

La bisexualité est un moment génétique inévitable dans le développement de l'érotisme masculin ; il correspond au polymorphisme pervers, et l'on pourrait s'étonner qu'il semble aussi peu répandu dans nos sociétés, alors qu'il constituait la norme dans les sociétés antiques. S'accoupler avec un homme aussi aisément qu'avec une femme, ou plus généralement avec les deux, y était la pratique la plus courante et l'on porte désormais un regard pudique sur ces formes de sexualité. Combien d'écoliers, ou même d'universitaires savent qu'un chef de guerre comme César était « homme pour les femmes et femme pour les hommes » ? Cette bisexualité semble faire ses choix au hasard de l'humeur ou des rencontres. Cependant, elle ne tiendra pas le fléau de la balance égal entre les deux sexes, puisqu'elle est causée par l'amour du Père. C'est l'homme qui sera aimé, même si la femme peut provoquer le désir.

La bisexualité n'est pas le résultat d'une double disposition anatomique des êtres humains. Elle est la conséquence de l'amour du père et du recouvrement de son image par une figure féminine, aux fins de la préservation du genre : elle est donc seulement propre à l'homme, puisque c'est uniquement pour lui que la féminisation est une menace.

Cette hétérosexualité orthopédique, qui fonctionne seulement si une image maternelle vient masquer celle du père, sera ainsi d'autant plus attirante que la femme sera plus fustigatrice, méchante, et source de complications. C'est pourquoi tant d' hommes s'attachent passionnément à des femmes qui les maltraitent avec constance. Un tel engouement ne signifie d'ailleurs pas que les femmes responsables de cet état soient effectivement des mégères. Elles peuvent être seulement dans la revendication, dans l'expression d'une plainte liée à leur sentiment d'être rejetées. Le malentendu est alors total et rien ne semble fonctionner : l'une a le sentiment d'être abandonnée et se plaint, alors que l'autre ressent la plainte comme une agression qui le fustige. Et pourtant, ce moment de discordance peut avoir comme conséquence le désir sexuel le plus impératif. Du malentendu vient l'excitation.

Comment doit-on définir cet amour de la femme, si viril en apparence ? Faut-il concéder que ce sentiment n'est rien d'autre qu'une forme particulière de l'homosexualité ? La question mérite d'être éclaircie, car cette modalité de l'hétérosexualité ne concerne-t-elle pas l'amour le plus ordinaire des hommes pour les femmes ? Ne forme-t-elle pas le ressort le plus puissant de la monogamie masculine ? Il faudrait comprendre alors que, le plus souvent, une femme sera exclusivement aimée dans la mesure où elle abritera un trait paternel, de la même manière que, dans le fantasme de l'enfant battu, une image maternelle recouvre celle du père. Le monogame est ainsi lié à son père à travers la femme qu'il aime, ou plutôt il lui est asservi, il a une « bourgeoise » devant laquelle il a rendu les armes. Elle est détentrice des attributs du pouvoir plutôt que de ceux du sexe, qui ne feront valoir leurs droits que furtivement.

La question d'une hétérosexualité masculine authentique reste problématique, puisqu'elle doit surmonter deux écueils. D'une part, la difficulté névrotique d'un amour de la femme différent de celui qui était tourné vers la mère, et d'autre part la difficulté proprement perverse d'un sentiment lourd de l'homosexualité latente qui vient d'être décrite.

On voit mieux maintenant pourquoi le passage à l'hétérosexualité est plus complexe du côté de l'homme. Si la difficulté de ce passage tient à l'énamoration pour le père totémique à l'instant où il y a interdiction de l'inceste, le désir masculin ne sera pas le symétrique du féminin : le premier se trouve embarrassé par ce qui facilite le second (c'est-à-dire l'amour du père).

Le problème de l'hétérosexualité n'apparaît pas seulement si l'on interroge un amour abstrait de l'autre sexe, mais il se pose dès que l'on considère les conditions de l'excitation sexuelle.

Ce n'est pas tant que la femme puisse être située comme monnaie d'échange symbolique entre les hommes (si la fille du roi de Prusse épouse le fils du roi de Bavière, on en concluera que les deux rois font bon ménage), car c'est plutôt de la condition de l'érotisme dont il s'agit. En effet le désir sexuel n'est-il pas lié à l'obscène ? A celui qui prétendrait qu'il n'y a rien d'obscène dans la sexualité, ou que, lorsque c'est le cas, il s'agit d'une pathologie et non d'une norme du désir, il serait facile d'opposer l'omniprésence d'un sentiment comme celui de la pudeur. Son universalité et sa force masquent une puissance équivalente de l'obscénité. La pudeur voile l'obscénité et son apparition est corrélative de celle du désir.

L'obscénité est donc liée à l'interdit, à une instance paternelle spécifique, celle du père totémique, attaché à la jouissance. C'est parce qu'elle comporte cette évocation d'un père jouisseur que l'obscénité est excitante. Ainsi la sexualité est-elle marquée par cette présence paternelle. Pourra-t-on parler d'hétérosexualité, si c'est encore l'efficacité de ce père qui est à l'œuvre dans l'érotisme ? L'hétérosexualité de la femme n'en est pas mise en cause, mais en ira-t-il de même pour celle de l'homme ? Si la différence des sexes n'est excitante qu'à proportion de cette obscénité, et donc de l'indice paternel, dans quelle mesure pourra-t-on encore parler d'hétérosexualité masculine ?

Ce n'est pas seulement parce qu'un père excite le désir que l'on peut évoquer une homosexualité latente. En effet, si l'obscénité paternelle érotise, le corps de la femme n'est excitant que grâce à sa différence, obscène sur le fond de cette homosexualité. Comment se fait-il alors, que le désir ne soit pas toujours homosexuel ? Il faut donc faire un pas de plus pour expliquer la présence du trait homosexuel au cœur du désir hétérosexuel.

L'intérêt porté à cette sorte d'hétéros absolu que représente la féminité, est la conséquence de la dernière séquence du complexe d'Œdipe, celle où la puissance phallique est transmise grâce à une symbolisation. Ce dernier effort est exorbitant puisque, si une symbolisation complète du phallus se réalisait (sans clivage) elle aboutirait à la fin de toute vie sexuelle. Si une telle éventualité ne se concrétise que rarement – peut être est-ce le cas de Léonard de Vinci – elle est cependant la perspective la plus achevée de la civilisation.

L'homosexualité semble être la voie obligée vers l'hétérosexualité, puisqu'il faut être d'abord dans l'amour du père, et le reconnaître à sa place pour posséder la puissance phallique. Le garçon prend le nom de son père pour avoir le phallus, et l'on pourrait croire que grâce à cette acquisition, il va chercher à réaliser l'inceste. Or, pour qu'il souhaite s'emparer des insignes de la virilité et imiter son père, encore faut-il que ce dernier soit *déjà* celui qui jouit de la mère. Dans cette mesure, le désir est marqué par une impossibilité qui ne résulte nullement d'une interdiction : le garçon s'accapare les insignes paternels, mais il ne le fait que si le père possède déjà ce que le phallus serait supposé mettre à sa portée. Il acquiert donc cette puissance en pure perte.

Tout se passe comme si, pour acquérir les armes nécessaires à la conquête d'un certain territoire, il fallait passer un accord avec son maître légitime. Ce compromis permettra de s'accaparer la puissance convoitée, mais pour rien. Le symbole du manque, le phallus, est ainsi adéquat à la perte pure.

Un certain pouvoir est acquis, mais à la condition de ne pas s'en servir. Puissance est seulement force en réserve, potentiel négatif. La puissance n'est jamais aussi grande que lorsqu'elle n'est pas exercée. La force phallique a comme condition le non-agir sexuel (conformément à la thèse aristotélicienne qui oppose puissance et acte). L'activité masculine, le fait de poser des actes qui se signent symbolise le phallus et accumule une puissance dont la caractéristique est de ne pas avoir de conséquences sexuelles.

Dès que l'activité débute, elle est marquée par ce défaut : le jeu ne sert à rien de ce pour quoi il est fait — c'est à dire à être phallophore. Le jeu s'accomplit en pure perte du point de vue de ce qu'était son objectif initial. De proche en proche, toute l'activité masculine, celle qui se signe, symbolise et accumule la puissance phallique de l'homme, s'accomplit selon cette passion absurde. Que ce soit le jeu, le travail ou la sublimation, tout acte est marqué par cette perte pure, puisque l'accumulation de puissance dont il témoigne ne sera jamais déchargée en fonction de sa destination d'origine. Par principe, l'échec la grève et la reconduit. Le succès de la symbolisation est proportionnel à l'échec de la sexualité.

Il est inutile d'attendre d'avoir acquis la puissance nécessaire pour pouvoir agir, puisque, au contraire, l'acte permet d'accumuler de la puissance. Ainsi, celui qui agit, loin de voir s'épuiser ses forces au cours de son effort, les verra s'accroître au moment de son action. Tout au contraire, l'attente et l'espoir de trouver grâce au repos la force nécessaire à la réalisation d'un projet risque d'entraîner la déperdition de l'énergie.

La perte qui accompagne l'agir est différente de tout ce qui peut se dire ou se penser, différente de tout ce qui peut Etre. On aura ainsi défini ce qui est Autre, « hétéros » absolument. Lorsqu'un homme produit cette puissance, il manifeste au même instant une curiosité pour ce qui est différent de tout ce qui peut Etre. Cet intérêt pour l'hétéros est ainsi la matrice d'un amour général de la femme, venant à la place de cette accumulation de force. Ainsi, cette perte pure, loin de miner l'existence de son absurdité, creuse de sa pureté la place de ce qui est aimé comme toujours différent, dans une familiarité de la mort qui ne l'anéantit pas, mais la provoque, l'incite à produire encore la puissance et encore le creux de perte qu'elle convoque.

Pourquoi cette production de puissance serait-elle exogame, tournée aveuglément vers une image de la femme distincte de celle de la mère ? En quoi l'activité virile devrait-elle engendrer un amour implicite de la femme ? En effet, cette activité permet d'acquérir la puissance phallique, mais elle ne peut être obtenue qu'à la condition d'un interdit portant sur la jouissance. Dans ce cheminement, rien ne permet de comprendre le motif d'un amour adressé préférentiellement à la femme.

« Amour » est le mot approprié pour définir le sentiment ici porté à la femme, l'interrogation sans réponse qui lui est adressée. De même que l'amour féminin pour l'homme tente de résoudre la question paternelle, de même l'amour masculin pour la femme formalise la puissance en pure perte, accumulée dans le temps de l'activité virile. Ce n'est donc pas une femme en particulier qui peut répondre de cette passion, mais une généralité de la femme.

La perte ne représente pas un défaut de puissance analogue à celui qu'éprouve un névrosé devant la femme lui évoquant sa mère. Dans sa pureté elle formalise la puissance elle même, à laquelle aucune femme en particulier n'est conforme, et cette inadéquation relance sur ce mode contraire l'amour oxymore qui lui est porté.

Cet attrait du féminin occasionné par une accumulation de puissance ne saurait avoir de soubassement homosexuel. En effet, un autre homme peut produire lui aussi cette énergie, mais il ne peut être à la place répondant de cette accumulation. Il ne sera donc pas aimé comme « hétéros ». Si n'importe quel homme produit cette force (en tant qu'homme), elle ne lui est donc pas destinée. Non seulement les hommes ne s'aiment pas, mais ils se contrarient entre eux à cause de cette création, qui s'adresse à l'hétéros moins au titre d'un amour vague du différent, qu'au sens fort d'une passion de l'Autre sexe. Une femme, à l'exclusion d'un homme, est supposée pouvoir en répondre, car un homme peut seulement produire une puissance identique.

L'intérêt pour une généralité de la femme se distingue du désir sexuel, dont le ressort est dans la perversion ou la perversité. Il s'agit d'une curiosité, d'une fascination, d'un amour de la femme comme symbole de ce qui est toujours différent, non seulement d'autre chose mais de soi-même. Cet amour est si peu sexuel qu'il peut être le fait des deux sexes, et il peut ne pas avoir d'implications érotiques.

Une image de la femme symbolise l'accumulation de la puissance. Force inactive, vide, immobile, détentrice du pouvoir le plus grand alors qu'elle n'agit pas, investie de la sorte non parce qu'elle est féconde et grosse du pouvoir de donner la vie, mais parce qu'elle est l'hétéros parfait, le lieu mythique sanctifié par les religions archaïques, la place vide en mémoire de laquelle toute activité se déploie. Dans l'imaginaire viril, une femme assiste à l'acte et à la production d'une puissance en pure perte, que son immobilité recueille.

L'amour exogame s'adresse à une généralité, à un genre de la femme (plutôt qu'à la mère) dans la mesure où, à la puissance produite, seul le symbole vide convient, et c'est ce qu'une femme peut proposer. Elle peut s'y prêter, parce qu'elle est castrée au même titre que la puissance est perdue. Le trait dont la symbolisation provient est dès lors recherché dans la femme. C'est pourquoi la fascination pour elle n'est pas tout d'abord sexuelle puisqu'elle est déclenchée par un procès de symbolisation dont l'élan initial est donné par la castration.

Comment cet intérêt impersonnel pour la femme va-t-il pouvoir concerner une femme en particulier ? Ne faut-il pas qu'un trait supplémentaire s'ajoute à cette mise en forme anonyme de la force phallique ? Comment trouver une adéquation entre la puissance produite en pure perte et le trait particulier d'une femme ? L'inutilité de la beauté, sa perte pure, peut-elle avoir la même valeur que le nom propre de l'homme, le trait d'où s'origine sa puissance ? La femme montre la grandeur du symbole phallique, elle expose sa force, et l'homme quête avec acharnement en elle le trait dont il tirerait l'assurance que sa propre puissance se trouve ainsi formalisée. Il cherche en la femme un Nom semblable au nom qui signe ses actes. C'est la propre origine de son agir qu'il voudrait ainsi débusquer.

Tel homme aimera telle femme, parce qu'il croira retrouver en elle le trait d'origine d'une puissance produite sans doute inutilement, mais qui se trouve ainsi justifiée.

Elle fait de lui un homme comme sa mère ne l'a jamais fait. Sans doute n'en continuera-t-il pas moins d'agir en pure perte, ajoutant l'action des jours à l'action des jours, sans savoir ni ce qu'il fait, ni pourquoi il le fait, mais il l'accomplira dans la proximité de ce point d'origine. Il réalise son acte dans l'ignorance que son amour le justifie et l'absout de sa méconnaissance.

Ce passage de la curiosité générale pour le féminin à l'amour pour une femme particulière permet de préciser les conditions de l'hétérosexualité.

L'hétérosexualité va trouver son premier ancrage moins dans l'amour de l'autre sexe que dans celui de la dissemblance. La différence fascine, et parce qu'elle n'est pas ce qu'elle paraît, elle laisse sans voix, toujours à distance de toute réponse, abandonnant celui qui la questionne en un lieu solitaire. Sa ligature puissante est nouée par la non réponse, la castration, où l'homme se reconnait plus sûrement que dans l'effusion. Alliance muette, solitaire.

Pour quelle raison la place de l'hétéros devrait-elle être tenue par la femme ? Pourquoi ne pourrait-elle pas être seulement amour du dissemblable, amour Autre ? Ne peut-il pas exister des présentations de l'hétéros différentes de « la femme » ? « Dieu », « la pensée », « la science », ou une autre idéalité ne peuvent-elles pas avoir la même fonction ? Dieu le fait sans doute avec la même constance. Vers lui se tourne la puissance accumulée, et la pure perte est sacrifiée en son honneur. A lui aussi, comme à la femme, sont adressés le reproche et l'amour. Dieu est féminisable dans cette mesure, de même qu'une femme est divine dans un rapport identique à la puissance[1] (cependant le seul corps qui pourra incarner l'hétéros sera celui d'une femme, parce que sa relation à la castration répond de la puissance en pure perte).

Dieu, une femme, une idéalité, peuvent être à bon droit

1. Dieu n'est-il pas un peu plus « hétéros » que la femme, puisqu'il résiste non seulement à la nomination, mais aussi à l'image ? Dans le monothéisme, tout du moins, Dieu est au-delà de toute image, et il n'en va pas de même pour la femme, même si ce qu'elle présente n'est pas sans relation avec le semblant. Cependant Dieu sera moins « hétéros » du point du vue de la castration, qu'une femme symbolise plus aisément du fait de cette même consistance de l'image.

rangés dans le même ensemble de l'hétéros, parce qu'il se déploie d'abord indépendamment de la sexualité. Et l'homme spirituel aura vis-à-vis de son idéalité la même attitude que celle dont il est animé à l'égard de la femme aimée.

L'idéalité provoque un mouvement identique à celui de la curiosité tournée vers les femmes : elle est l'occasion de la poursuite du trait adéquat à la puissance accumulée, recherche dont le but recule à l'infini, puisque tout ce qui le fait consister lui dérobera son attrait.

Que va-t-il arriver lorsqu'un homme trouve ce qu'il cherchait, si seule la quête du toujours différent donnait de la valeur à son amour ? Un problème infecte alors le lien monogamique d'un doute constant : comment peut-il y avoir une adéquation de la puissance à un trait singulier, hétéros, alors que ce dernier est par définition toujours différent et sans essence ? De quelle manière la monogamie va-t-elle pouvoir s'ancrer, puisque, alors même qu'elle est recherchée, tout ce qui la fixe la met en doute ? Elle est par principe déboutée par ce qui la fait aboutir : « Nom du père » est Un et doit trouver son port, mais « Nom du père » est aussi sans image et sans consistance, et tout port le rejette.

Un trait peut fixer l'amour sur une femme unique mais n'est-il pas alors instable ? La curiosité pour le féminin précède la découverte du trait : elle l'invente, mais au sens où le créateur découvre ce qui était pourtant déjà là avant lui. L'amour généralisé de l'hétéros précède la découverte du trait supposé lui correspondre.

Don Juan fait la démonstration de cette disjonction entre une curiosité impersonnelle pour le féminin et l'amour d'une femme. Une passion le pousse, mais échoue sur l'instabilité du trait qu'il découvre en même temps que son érotique. Il ne possède les femmes qu'une fois, et toujours de manière à déshonorer leur nom, au moins lorsqu'il les quitte. Le Nom du père l'intéresse, c'est lui qu'il couche sur sa liste. Une fois ce nom maltraité, la femme qui le porte n'aura plus rien pour plaire au séducteur.

L'amour de l'hétéros demeure aussi puissant. Don Juan regarde ce mystère, et son geste découvre l'instabilité du trait paternel, son manque de substance. Et pourtant, pourquoi continue-t-il de le chasser avec constance, sinon parce que ce trait, tant qu'il reste vide, le fascine pendant le temps de la conquête ? Le trait tombe dès que le nom est pris, mais l'attrait de l'hétéros demeure, amour épuré que Don Juan pourra finalement purger seulement grâce à un Nom sans consistance et sans image, celui de Dieu, sans égard pour l'érotique qui le liait jusqu'alors à sa chute : amour clivé du sexe, dont la spécification virile apparaît.

La solution mystique de Don Juan n'est pas celle du commun des mortels : l'amour monogame les retient à un prix que l'on peut maintenant évaluer, qui est celui du risque encouru par une femme lorsqu'elle porte le trait requis par l'hétéros : pourra-t-elle jamais être à sa hauteur, puisque rien de vivant ne saurait l'incarner sans disparaître ? La femme aimée ne saurait donc être égale à ce que l'homme lui prête, et elle sera ainsi exposée, sinon au rejet, du moins aux reproches. Elle sera l'occasion d'une défiance sans rapport avec le motif qui en est allégué, seulement parce qu'elle ne saurait ressembler à ce pour quoi elle est aimée.

Ainsi, des signes de la féminité, ou seulement le détail agaçant, seront l'occasion de la détestation — d'une rumination silencieuse qui cloue l'amour sur son contraire. La haine enfonce l'amour, l'enracine dans une monogamie qui, sans elle, se dissoudrait à nouveau dans une curiosité générale pour le féminin. La haine éclate à l'intérieur de l'amour. Elle risque de s'imposer dès que la curiosité généralisée pour l'hétéros s'arrête sur une seule femme, parce que la fixation du trait paraît injustifiée à l'homme, alors que c'est pourtant lui qui en est l'inventeur. Il fait reproche à sa compagne de ne pas posséder une qualité qu'il est pourtant le seul à lui avoir prêtée.

Ce risque d'implosion de la haine au sein de l'amour n'est-il pas aussi fréquent que la stratégie féminine destinée à lui faire pièce ? Elle consiste à retarder le moment où le trait se fixe. Il s'agit de repousser toujours plus loin l'instant de l'acquiescement à la demande masculine, selon la stratégie d'un amour seulement potentiel : « je consens à ce que tu puisses m'aimer, mais ce n'est pas encore cela qui me met en ton pouvoir ». En se dérobant, la femme se situe dans un ailleurs inattendu, et son amant continuera de rechercher en elle ce qu'il croyait pourtant avoir déjà trouvé. Elle ruse de la sorte avec son propre semblant, évitant que l'amour porté à son mystère, ne vire à la haine. Elle n'ignore pas en effet, que, la plupart du temps, en disant oui à celui qui cherche l'hétéros, elle l'annule au même instant.

Si elle laisse entendre qu'elle est dépositaire de ce qui est recherché (puissance à laquelle le mystère et la fuite conviennent parfaitement), si elle manifeste seulement la positivité de son désir à l'amant, elle risque d'être aussitôt accusée, seulement pour s'être laissée rejoindre par ce qui lui est demandé.

En un sens, il est vrai qu'elle ne saurait répondre positivement, puisqu'elle ne possède nullement ce trait de rêve inventé par l'amant. Ce dernier découvre en elle la chose obscure qui lui semble répondre de ce qui l'anime ; mais si la chose est sans essence, ce qui la découvre et l'affirme risque de la couvrir et de la dérober. Elle ne se donne que dans le dérobement, et tout ce qui l'assure exposera l'amour à virer en son contraire.

Ainsi, lorsqu'un tel amour lui est adressé, une femme peut pressentir qu'elle doit sinon se refuser, du moins se taire. Elle se trouve alors condamnée au silence, parce que la manifestation de son désir, ou seulement une attitude positive par rapport au désir de son amant, présentera le danger d'implosion propre à l'hétérosexualité.

Ces reproches ne signifient pas la fin de l'amour hétérosexuel. Ils sont le prétexte d'une violence masculine, mais ce sadisme larvé n'offre-t-il pas ainsi une position de repli immédiate de l'amour sur le lien pervers ? Le reproche exprime une haine sourde, et cette dernière évoque le père du Mal, le totem de la perversion : la sexualité peut ainsi venir purger l'échec rencontré par l'amour de l'hétéros.

L'hétéros ne peut par définition trouver le trait qui le stabiliserait, et il régresse dans la perversion, dans ce qui apparaît comme une haine de la femme aimée. Il se replie sur le point de fixation érotique de l'amour, sur le vissage pervers de la sexualité.

L'amour masculin monogame peut ainsi se maintenir (la

peur de la folie le pousse à le faire), mais à la condition de se replier sur l'amour du père, puisque l'hétéros se nie dès qu'il aboutit. Ainsi la monogamie s'assure-t-elle dans ce battement, ce coinçage où l'amour de l'hétéros pousse à l'élection d'une femme, mais s'y tient seulement à la condition de régresser sur les prémisses homosexuelles de l'amour du père. L'amour de l'hétéros risque donc d'avoir comme conséquence une sorte de haine de la femme élue, non pas comme un contraire, mais comme un résultat de la monogamie.

Lorsqu'un homme aime une femme hors de la maison du père, il n'est pas évident que son sentiment reste compatible avec le désir sexuel. L'exogamie n'implique pas la sexualité, qui en reste clivée, puisque son point d'origine est dans la perversion (dans la maison du père). Il existe donc un clivage entre l'amour exogame, et le désir sexuel. Pour que la femme aimée soit aussi désirée sexuellement, il faut composer avec ce clivage, selon une procédure dont il n'est pas certain qu'elle préserve l'hétérosexualité.

Il existe ainsi une dissonance dans le sentiment porté à une femme : comment amour et désir sexuel peuvent-ils tenir ensemble ? Ce discord est si violent qu'il peut faire virer l'amour dans son contraire. La haine, l'aversion à l'égard du féminin résultent de cette discordance, de l'impossibilité d'éprouver un désir sexuel sans charger la femme d'un trait paternel, de l'obscénité appelée par l'érotisme.

Le trait du totem est à la fois source du désir sexuel et de ce qui doit être détruit — haine paradoxale, car elle s'adresse à une femme seulement dans la mesure où elle est aimée. Ce signe d'un clivage mine l'amour et le fait tomber dans la violence, virer vers le sadisme — puisque le héros sadien exerce avec constance sa violence contre le féminin (qu'il sodomise en souvenir de ce père). Ainsi, le plus banal de l'hétérosexualité traverse-t-il une fureur silencieuse, indéfiniment reconduite et épuisée dans la décharge sexuelle, plutôt que dans la force vive.

L'hétérosexualité masculine s'avance vers ce qui va la faire régresser. Elle marche vers ce qui la retourne : ce mouvement oscille entre deux pôles qui ont déjà été précédemment étudiés. D'une part le père de la perversion, qui commande l'activité sexuelle, et d'autre part le père de la nomination, qui, en symbolisant l'activité du premier, le contredit.

Selon qu'il s'agira du premier ou du second, l'amour porté à une femme s'appuiera sur l'homosexualité, ou bien tendra vers l'hétérosexualité. Dans le premier cas, le désir peut paraître hétérosexuel, bien qu'il se soutienne grâce à l'homosexualité, soit parce que l'identification homosexuelle au père permettra l'amour sexuel (sadique) de la femme, soit parce que la femme désirée portera un masque paternel, celui de la fustigatrice, de ce personnage dédoublé, androgyne, qui assiste à la genèse de la perversion.

Cet appui sexuel peut être pris grâce à n'importe quelle analogie d'identité existant entre la femme et le père. Le dénominateur commun totémique peut varier. Cela peut être la race, la religion, l'appartenance politique, ou même le signe du zodiaque. Peu importe le blason, du moment qu'il permet de poser — le plus souvent dans la méconnaissance — une appartenance au même ensemble.

Au contraire, le trait du père patronymique s'oppose à l'identité totémique : dans la mesure où il fait rupture avec l'identique, il ouvre le champ de l'hétéros. C'est pourquoi, bien qu'il soit question du père dans les deux cas, le père patronymique tranche avec l'homosexualité.

Le père du nom est au delà de l'homosexualité, parce que sa fonction, incorporelle, concerne la castration. Non seulement parce que, comme on l'a déjà vu, il permet de produire une puissance en pure perte opposée à celle des autres hommes, mais aussi parce que son nom n'a de force que grâce à sa fonction, efficace seulement dans une situation délimitée, punctiforme. Sa fonction s'établit dans une mise en relation en dehors de laquelle elle s'évanouit. Son chiffre n'a pas d'essence. Il se résume à sa mathématique, purement relative[1].

1. Que le nom n'ait aucune valeur absolue, mais soit seulement chiffre, relation, apparaît par exemple dans la psychose, où il y a le plus souvent transmission du nom patronymique. Pourtant ce nom n'a en lui-même aucune valeur, s'il ne symbolise pas le phallus, comme c'est le cas lorsque le porteur du nom, le père, n'est pas désiré par la mère. La valeur du nom est seulement chiffrée, elle ne concerne pas plus la personne du père que celle de la mère, et elle n'est pas non plus intrinsèque au signifiant.

L'amour courtois permet de se faire une idée, non seulement de l'adéquation recherchée entre la puissance produite (l'œuvre) et le trait (la Dame pour qui elle est produite), mais surtout il permet d'illustrer la notion d'un trait sans essence, purement relatif à une certaine situation, à une distribution de rôles. En effet, la Dame des pensées est l'occasion d'un amour dont la caractéristique n'est pas d'être interdit, mais de porter la marque du suzerain. Recelant ce sceau, elle est l'occasion d'une écriture poétique, dont la valeur est celle d'une production de puissance en pure perte, formalisant l'hétéros. La femme aimée vient ainsi à la place de la perte pure, dans une situation où le trait dépend d'un pacte.

On peut définir de la sorte un trait qui ne ressemble à rien, sans essence, résultant seulement d'une situation, et n'étant pas une qualité intrinsèque à une femme. L'amour de l'hétéros éprouvé par un homme précède la découverte de ce trait qui lui est plus ou moins adéquat. Il le stabilise avec une fermeté variable, car contrairement à l'identité totémique, ce trait sans consistance est d'une stabilité relative au pacte dont il dépend.

Faut-il penser alors que l'hétérosexualité masculine restera toujours prise dans ce suspens, et qu'elle revivra interminablement son origine perverse : ne la reniera-t-elle pas pour y succomber de nouveau ?

Un homme peut aussi apprendre, avec le temps, que ce dont il souffre dans son amour, de quelque façon qu'il se situe, ne saurait s'apaiser. Tourment particulier, qui n'est pas la névrose, puisqu'il est seulement la conséquence de son hétérosexualité. N'est-ce pas sans déchirement qu'il échoue dans sa quête d'un trait vraiment adéquat à la puissance accumulée ? Une femme ne connaît pas ce tourment parce que sa monogamie, si elle peut faire problème, n'est pas ce qui la fait souffrir : le tourment de l'homme sera différent de celui de la femme, qui est déchirée par le défaut paternel. En effet l'amour pour un homme permet à une femme de rendre ce défaut à sa présence, et ce dernier est alors ce défaut lui-même.

L'amour masculin, en revanche, comporte une autre impasse. Il est nécessaire de chercher, mais improbable de trouver le trait adéquat à la puissance. Et lorsque l'aimée semble le porter, il reste impossible de le saisir sans retomber dans la perversion, dans l'amour homosexuel d'une femme. Dans cette remise de peine infiniment reportée, ce n'est pas tant que le désir sexuel masculin serait insatiable. Il ne l'est pas plus que le désir féminin, il reste seulement toujours en appui sur son étai pervers.

Son tourment est proportionnel à l'amour ; il cherche la femme unique, mais s'il la trouve, elle demeure en retrait par rapport à la place qu'il lui a réservée. Que cette femme se fasse toujours distante – et se laisse aimer à ce titre – ou bien qu'elle soit l'occasion de la déception et du reproche – il existera une souffrance hétérosexuelle, un sentiment d'avoir à supporter plus ou moins dignement une inadéquation inévitable, puisque l'amour hétéros n'est à sa propre hauteur que lorsqu'il est déçu.

Cet amour reconnaît son défaut lorsqu'il paraît aussi inévitable que l'absence de solution qu'il apporte. Sa brûlure peut ne durer qu'un instant, un moment bref toujours sur le point de se rabattre sur son abri pervers. Passage ordinaire de l'instant vif de l'amour à sa résolution sexuelle. De la souffrance de l'amour, de son exaspération au désir sexuel, tout se passe comme si le second pouvait résorber la souffrance qu'inflige le premier (de la même manière qu'un homme peut être en même temps masochiste dans son amour et sadique dans son désir sexuel).

Ce tourment de l'hétéros représente le prix qu'il faut payer pour sortir de la maison du père. Pour en partir malgré soi – car qui le souhaite ? Pour s'en échapper en cherchant à y entrer. Pour être dehors avec cet amour en souffrance qui ne trouve pas à se loger, oublieux de son lieu d'origine, et ne voyant ni vers quel but obscur sa propre puissance l'entraîne, ni même ce qui l'autorise à agir. Celui qui le fait méconnaît la raison d'une action dont les fondements et les objectifs lui échappent, et dont il sait seulement qu'il doit le faire, qu'il y est puissamment obligé, sans pouvoir espérer un soulagement de cet accomplissement.

Cette dignité requise de l'amour masculin, permet de définir la virilité sous sa forme active. La virilité ne peut-elle en effet se décliner de deux façons ? D'une part sous sa forme passive, comme la capacité de supporter le contradictoire de « ce que veut une femme ». Et d'autre part sur son versant actif, comme la faculté d'endurer la souffrance résultant du fait d'aimer hétérosexuellement.

La virilité passive donne à l'homme une posture honorable, non sans occasionner sa suffisance. En effet, son rôle ne consiste-t-il pas alors à supporter avec patience une violence féminine causée par une question sans solution ? Il peut subir virilement, non sans un certain sentiment de supériorité.

Le versant actif de la virilité ne permet pas, en revanche, de telles facilités, car celui qui souffre pâtit des conséquences de sa propre activité. Sa puissance est produite en pure perte, et s'il cherche à l'incarner, l'amour porté à une femme ne calmera jamais le tourment occasionné par cette déperdition. Une autre femme ne l'apaiserait pas davantage ; il ne résoudra pas, grâce à l'amour, le problème dont « la femme » est pourtant l'inconnue. N'est-ce pas lui qui doit s'y résoudre ? Et ce déplacement de la résolution définit le versant actif de la virilité ; celui de l'homme résolu — résolu dans ce qu'il perd sans retour en créant — résolu dans la perte occasionnée par sa propre puissance.

La virilité active diffère profondément de la virilité passive. Contrairement à cette dernière, elle ne dépend pas de l'amour d'une seule femme. Cette virilité est l'épreuve que traverse un homme à cause de la puissance accumulée dans l'action : l'hétérosexualité en est la conséquence, avant qu'une femme soit mise en demeure d'en répondre. L'activité masculine va de son propre mouvement vers cette souffrance.[1]

Cette virilité n'est pas une conséquence du désir sexuel, mais de la passion de l'hétéros, de l'amour des femmes, ou de celui d'une seule femme. La virilité active comporte ces trois modalités (« hétéros » — « des femmes » — « une femme ») qui ne sont pas contradictoires, et n'impliquent pas un mode de vie particulier (comme c'est le cas de la

1. Cette virilité, au même titre d'ailleurs que la virilité passive, se distingue facilement de la masculinité, qui concerne seulement le désir sexuel. Ajoutons que la virilité active précède la virilité passive, qui, en impliquant la monogamie, n'est que l'une de ses conséquences.

virilité passive dont l'implication unique est la monogamie). Elle est compatible avec le célibat, le donjuanisme ou la monogamie.

Selon cette conception, un moine peut être considéré comme viril, puisque l'accumulation de puissance, produite par ses œuvres, engendre un amour désexualisé. En ce sens aussi, Léonard de Vinci, dont la vie sexuelle fut, semble t-il, inexistante, est un homme viril. Son œuvre témoigne peut-être mieux que celles accomplies par d'autres hommes (pour lesquels la notion de virilité viendrait plus facilement à l'esprit) de la sorte de souffrance engendrée par l'amour de l'hétéros, tourment sans pathos, presque sans douleur, mais seulement perte pure au plus plein du créé.

Chapitre 3

# RENCONTRE DU DESIR SEXUEL FEMININ ET MASCULIN

***Le clivage Amour/Désir***

Aussi puissant et lancinant qu'il soit, le désir n'amène l'homme à se déclarer qu'avec prudence, et ce n'est pas non plus sans feintes qu'une femme reconnait son penchant et y consent. Accepter son propre désir est une épreuve par rapport à laquelle la barrière des convenances sociales et des interdits moraux est peu de choses. Du côté féminin, le désir du père facilite sans doute le passage à l'hétérosexualité, mais il s'empêtre dans son propre mouvement. En effet ce père ouvre la voie d'un désir, qu'il interdit aussitôt. Du côté masculin, l'imitation du père interdit l'objet que cette imitation serait supposée autoriser. Les désirs féminin et masculin s'orientent différemment. Le premier est marqué par le rejet et l'abandon. Et le second par un interdit qui est non pas son origine, mais son résultat. La déréliction résulte du désir féminin au moment où l'interdiction vient limiter le désir masculin. Ces désirs qui se déploient aussi contradictoirement amènent à poser une question : comment peuvent-ils se rencontrer ?

Pourtant, le désir de l'homme et celui de la femme se rejoignent, et la « normalité » pas plus que la force des instincts naturels n'expliquent ce phénomène. Que les désirs se croisent et se satisfassent de ce qu'ils peuvent avoir de contraire demande un éclaircissement. On pourrait d'abord penser qu'une telle coïncidence est possible grâce à la perversion : si le désir sexuel féminin comporte en lui une contradiction dont l'effet est le sentiment d'avoir été abandonnée, une telle déréliction ne va-t-elle pas exciter le sadisme de l'homme, et provoquer son désir ? Il croira voir dans la souffrance féminine le signe de son désir, et elle sera l'occasion de son ardeur.

Cette perversion aussi originaire que la sexualité est difficilement contestable. La femme éplorée ou dans la douleur éveille l'intérêt de l'homme. Presque mathématiquement, les signes de la souffrance féminine l'excitent et cette provocation se prolonge jusque dans les cris de l'amour. Il existe de la sorte une articulation du désir de la femme et de celui de l'homme, dont il serait vain de nier l'efficacité érotique.

Toutefois, une telle description fait la part trop belle à la perversion masculine, et elle ne correspond que partiellement à la réalité. Elle évoque un schématisme presque caricatural, éthologique : celui du mâle puissant, traquant et forçant la femelle épouvantée, mais consentante (scène splendide de l'imaginaire masculin, où le cerf règne en maître sur ses biches, tableau certes émouvant, mais ne répondant que de loin à la réalité humaine).

Le scénario de la rencontre doit être remanié dès que l'on prend en compte le fantasme de séduction féminin, et la perversité qu'il implique. On aura alors un point de vue plus harmonieux de la dysharmonie qui régit la rencontre. Ce qu'il y a de perversité dans le fantasme de séduction a au moins un résultat, celui de provoquer l'érotisme, alors que les désirs de l'homme et de la femme sont si peu convergents. Sous l'angle du fantasme, le plus lourd de la tâche incombe à la femme (alors qu'il est plus classique de considérer que l'activité revient à l'homme). Ce labeur épuisant ne devrait-il pas la dispenser d'autres activités, puisque son enjeu importe davantage au salut de l'espèce que la fonction de reproduction, dont il est la condition ?

Du côté féminin, le fantasme de séduction comporte deux versants qui semblent s'opposer, disposés qu'ils sont par l'ambiguïté du génitif : ne devrait-il pas être contradictoire de séduire ou d'être séduite ? L'actif ou le passif, le génitif subjectif ou objectif ne devraient pour le moins pas avoir un résultat identique. Et pourtant la même présentation grammaticale condense ce que la fonction paternelle comporte de problématique. Etre séduite par le père veut dire que l'amour dont il est l'objet est sans espoir, puisqu'il est causé par le sentiment porté à une autre. En revanche, séduire le père l'annule dans sa fonction, le fait descendre de ce piédestal où il se tient inaccessible, seulement parce qu'il aime cette autre. En séduisant activement, une femme annule cette inaccessibilité, elle rejette ce père, et ce rejet est meurtrier. Le fantasme est suicidaire d'un côté (être abandonnée) et meurtrier de l'autre (rejeter). Cette position paradoxale explique pourquoi une femme qui rejette un homme peut se sentir elle-même dans la proximité de la mort.

Se dégage ainsi ce sommet de la fonction paternelle, à partir duquel divergent les versants du fantasme. Le désir sexuel s'en trouve estampillé, et la marge restera toujours mince entre abandonner et être abandonnée, fuir ou bien déclarer la passion la plus violente, autant de virevoltes qui donnent son tempo à la méprise de l'amour : ce jeu du fantasme provoque puissamment l'homme et le pousse à la chasse. Il diffère de la version perverse de la rencontre des désirs, qui a été évoquée en premier lieu. Le fantasme de séduction féminin commande la rencontre, au sens où, de sa manifestation, dépend d'abord l'intérêt masculin. Il lui donne une place maîtresse, qu'elle occupe presque toujours initialement, position à cause de laquelle elle peut être fuie et détestée autant qu'aimée.

L'expression de l'amour n'est pas contraire à celle de la haine, puisque ce qui compte est seulement la manifestation du désir, dont ces sentiments rendent compte également. C'est pourquoi la séduction peut être aussi violente lorsqu'un homme est giflé que lorsqu'un sourire lui est adressé — un cocktail bien dosé de ces deux procédés se montrant le plus souvent irrésistible.

La femme est d'abord maîtresse du jeu grâce à la séduction, et son fantasme permet de comprendre certaines particularités du désir sexuel masculin : comment se fait-il en effet que, plus certains hommes sont maltraités et rejetés, plus ils désirent celle qui les tyrannise ? Comment s'expliquer cette réaction paradoxale, sinon grâce au fantasme de séduction, qui implique que le rejet soit le signe du désir ? C'est la figure classique du Don Juan chevronné, réduit en cendres par une femme qui, alors qu'il l'avait à peine remarquée, lui résiste et se montre intraitable. On ne saurait expliquer cette caractéristique courante du désir viril par le masochisme, car celui-ci ne correspond pas à la masculinité du désir. En revanche, le désir sexuel d'un homme pour la femme qui le rejette ou le bafoue devient compréhensible si le refus signifie le désir féminin.

Si un homme se passionne ainsi, il ne se trompe donc pas. Il est bien captivé par le signe du désir. Ce n'est pas la manifestation d'un interdit qui provoque son élan, selon une facilité psychanalytique répandue (comme si le fait qu'une chose soit interdite devait la rendre désirable). Ce que le rejet signifie est plus violent qu'un interdit, toujours passible d'être transgressé. C'est la cruauté du désir qui s'exhibe alors. Désir catastrophique, car ce n'est pas par coquetterie ou par jeu que le refus est opposé. Véridique et sans appel, il s'acharne à supprimer ce qu'il désire. La disparition définitive ou la mort de l'amant, si souvent fantasmée, ne l'effraie pas, mais au contraire le renforce : n'est-ce pas vers cette issue que le fantasme pousse, au même titre que le sentiment d'abandon dévoile un goût de disparaître jamais éloigné de l'acte suicidaire ?

Ainsi, les désirs peuvent-ils se conjoindre grâce au fantasme. C'est encore une rencontre, même si elle s'effectue dans une sorte de séparation, laissant souvent les acteurs de l'amour muets et solitaires lorsqu'ils se rejoignent. Comment pourraient-ils dire, en effet, la violence de ce qui les anime, et leur isolement à ce moment ? Bien peu l'oseraient, et les amants ne se retrouveront que dans l'obscurité, muets et les yeux clos sur les pensées dont ils sont traversés, qu'ils préfèrent ignorer. Les yeux fermés, la force du fantasme atteint son but. Les paupières closes, car sa scénographie est anonyme.

Si les yeux s'ouvraient, que pourraient-ils bien voir, sinon une personne portant des traits particuliers, et un nom ? En faudrait-il davantage pour estomper l'impersonnalité du fantasme et brouiller ainsi son scénario ?

Quotidiennement, le commun des mortels s'éveille dans de bonnes dispositions sexuelles, et s'apprête en conséquence : la plupart des femmes s'habillent et se maquillent pour séduire, et les hommes suivent le mouvement. Cependant, ce qui a été ainsi préparé dans l'anonymat du songe, rencontre un mur dès que la réalisation s'en approche. L'exécution suppose de reconnaître et de connaître le partenaire, d'entendre son nom et ses qualités, qui font pâlir et estompent le protagoniste anonyme et secret de la rêverie. En effet, le partenaire du fantasme sexuel, tout comme son père en perversion, ne porte pas de nom. Il s'oppose au père du patronyme, qui contrecarre la sexualité perverse (c'est-à-dire normale).

Lorsque un homme et une femme se plaisent, ils peuvent se rencontrer dans une relative méconnaissance de leur situation exacte, et dans ce flou, un éventail de possibilités érotiques leur est ouvert. Cette palette se modifie, au fur et à mesure que les positions respectives se préciseront. Chacun va parler de sa vie, et se définira dans son état civil, dans son état de civilisation (comme de son malaise), c'est-à-dire par rapport aux signifiants du complexe d'Œdipe. Certains de ces signifiants facilitent, et d'autres inhibent l'érotisme. Ils ne sont pas établis une fois pour toutes et peuvent changer, ces modifications entraînant une variation du désir sexuel.

Ainsi, lorsqu'une femme devient mère ou un homme père, cette épreuve peut avoir comme résultat l'extinction presque complète de leur désir. La paternité ou la maternité n'ont d'ailleurs pas besoin d'être des faits accomplis. Il suffit qu'un trait quelconque évoque ces fonctions, par exemple le fait de cuisiner, ou du côté de l'homme de parler sur un ton protecteur. A cause des signifiants du complexe d'Œdipe, ou du fait de leur réversion, une sorte d'éreintement de l'érotisme par la névrose peut s'accomplir, bien que cet amenuisement ne soit pas toujours définitif. En effet, une situation installée est toujours susceptible de changer grâce à divers événements : par exemple, le mari que la maternité de sa femme avait assoupi, verra son désir brusquement ravivé s'il la soupçonne seulement d'avoir un amant. Il pourra s'apercevoir ainsi que l'extinction de son désir ne résultait ni de la fatigue, ni de la force de l'habitude.

L'identité piège dans la trame œdipienne, non à partir de la remémoration d'un passé que les signifiants rappelleraient, mais seulement à partir des places actuelles. A cet égard, le complexe d'Œdipe n'est pas un événement passé, mais il attend dans le futur, il est embusqué au tournant de chaque rencontre.

Cet effet du signifiant est incontournable, mais c'est à un niveau plus radical que se manifeste un clivage, occasionné par la gémellarité de la sexualité et de la perversion. Le désir sexuel reste lié à sa sœur, et c'est le seul fait de passer à la névrose qui l'amenuise.

Un partenaire anonyme suffit à la perversion. Avec la névrose, le désir sort de son anonymat, et découvre une personne, à laquelle de l'affection est parfois porté et plus souvent encore de l'amour. Comment peut-on articuler le désir sexuel dans son rapport à cette impersonnalité, et l'amour, qui s'intéresse à la personne? S'articulent-ils ou bien resteront-ils clivés? L'expérience ne montre-t-elle pas que le clivage est de règle, et que le désir sexuel se souvient d'une perversion dont l'amour vient voiler l'origine?

Dans *Mon Pouchkine,* Marina Tsvétaeva parle de sa mère, qui eut à choisir entre un homme aimé et un veuf déjà père de deux enfants. Un mariage avec le second lui était imposé par son propre père, (son clivage a pris cette forme d'un choix entre l'amant et l'élu du père):

« Quand mon grand-père, A.D. Meyn, lui imposa le choix entre le bien aimé ou lui, elle choisit son père et pas le bien aimé... Elle épousa – les enfants et le malheur, aimant, aimant toujours – le *refusé* qu'elle ne chercha plus jamais à revoir... ».

Un clivage sépare de l'amant. L'érotisme s'adresserait à lui, mais il est rejeté, bien qu'il continue d'être l'objet le plus lointain de la passion. Il est refusé et c'est le choix du père, le choix civilisé, qui est, non pas consenti dans l'amertume, mais adopté avec une dévotion laissant intacte la passion clivée pour l'amant. Rencontrant ce dernier à une conférence donnée par son mari, la mère de Tsvetaeva répond à ses questions sur sa vie:

« J'ai une fille d'un an, c'est un très beau bébé, elle est très intelligente, je suis parfaitement heureuse... »

Celui qui n'a pas été reconnu par le père est rejeté, alors qu'il continue d'être aimé. Il reste le partenaire du fantasme. Dans ce texte, le clivage est réparti entre deux personnages. Mais un tel dédoublement apparaît aussi bien lorsqu'il n'y a qu'un seul partenaire. N'est ce pas ce qu'il se produit lorsqu'il se fait connaître, et se distingue de la place anonyme qui lui était offerte par le fantasme ? Dès que l'aimé sort de l'impersonnalité, la sexualité se rétracte et demeure derrière un voile, dans une obscurité où il faut la rejoindre les yeux fermés, lumière éteinte, pour que le double érotique puisse à nouveau s'animer.

Il ne s'agit pas d'une anomalie du complexe d'Œdipe, car c'est la symbolisation à elle seule qui institue le malaise dans la civilisation. Par principe, et non à cause d'une situation pathologique, il existe un clivage de la sexualité, et celle-ci ne reste active qu'en tenant compte de cette partition. La division entre la mère et la putain, étudié par Freud dans son article sur *le plus courant des ravalements de la vie amoureuse* en est un cas particulier.

Le clivage est inévitable, et le désir ne se préserve de l'amour que grâce à différents procédés, divisant l'aimée d'elle-même, la dissociant entre sa face nocturne et ce qu'elle laisse apparaître à la lumière du jour. A la nuit, les amants se dédoublent, non sans franchir un cap où ils se quittent et se rejoignent, au rendez-vous que leur donne la chose érotique. Et s'ils ne se divisent pas ainsi, ils rejoindront le partenaire peut-être anonyme de leur fantasme, qui les agite à cet instant.

C'est, par exemple, au moment où sa passion s'enflamme qu'un amant aura le fantasme de la présence d'un rival, risquant de mettre en danger cet amour. La jalousie apporte son appui au désir sexuel, que l'amour contrarierait souvent. Une femme habile peut d'ailleurs se comporter comme si son amant avait un rival, aux seules fins de se faire désirer. Et si elle n'y songe pas, elle n'empêchera pas son amant de l'imaginer. Sans doute ne se rendra-t-il pas toujours compte qu'il a de telles pensées, et il leur donnera différents travestissements. Il aura, par exemple, l'idée généreuse qu'il serait mieux pour sa compagne de rencontrer un homme plus digne d'elle que lui. Il pourra croire également que si un homme s'intéressait à elle, il retrouverait sa liberté. L'apparition, même lointaine, d'un rival lui montrera, si elle l'excite, qu'il n'en était rien, et que ces pensées si construites donnaient forme à une perversité dont il ne voulait rien savoir. Tout se passe comme si de telles pensées permettaient, en un certain point, de régresser vers la perversion, comme condition de l'excitation sexuelle.

L'érotisme n'a-t-il pas besoin de tels montages, dont la caractéristique est d'être, en quelque sorte, à cheval entre perversion et névrose ? Si le désir doit s'accomplir, n'aura-t-il pas recours à un tel montage qui sera d'un côté dans l'ordre de la perversion sexuelle, alors que par ailleurs, il permet de satisfaire le fantasme névrotique ? On aura défini ainsi la *perversité névrotique*

Ce qu'il est convenu, par exemple, d'appeler un « couple à trois », fonctionne d'un certain point de vue comme une perversion : en effet, l'un des éléments de ce couple ignorera ce que font les deux autres, et ce secret, au moins relatif, permet de remplir l'une des conditions de la perversion qui est l'anonymat. Cette impersonnalité peut être excitante à elle seule. Mais plus près de la perversion, la souffrance et le sadisme à l'œuvre dans cette situation sont à l'origine d'une excitation, ou d'une jouissance telle qu'elle forme le plus clair du lien érotique.

Au même moment, le chiffre trois convient au fantasme névrotique ; il permet le déploiement de la scène primitive pour l'absent du couple. Plus généralement, il autorise le montage de tous les scénarios concernant la ternarité du complexe d'Œdipe, dont l'effet est, de ce point de vue, d'inhiber la sexualité. La perversité a ainsi l'avantage de faire un montage entre sexe et névrose, et elle surmonte leur clivage.

La perversité ne requiert généralement pas de telles infractions par rapport à la morale ordinaire. S'il devait y avoir un clivage pour chacun des deux amants, il faudrait compter deux fois deux partenaires. Par exemple : la maman et la putain d'un côté, le père et l'amant de l'autre.

Une mesure d'économie peut ramener ce chiffre à deux, à condition que chacun des deux protagonistes accepte d'être deux en un. De jouer par exemple alternativement le rôle de la maman et celui de la putain (etc), en fonction des exigences exposées par le fantasme.

Cette position du fantasme permet de comprendre pourquoi la civilisation ne va pas tout droit à la catastrophe, et comment le clivage entre le désir sexuel et l'amour n'aboutit pas à une extinction rapide du genre humain, que ce soit dans les derniers feux d'une civilisation homosexuelle, ou dans une explosion totalitaire du sadisme.

Le fantasme figure imaginairement la satisfaction d'une jouissance refusée ou impossible. Sa formation est la conséquence du complexe d'Œdipe : au dernier terme de la castration, il sert à jouir au moins grâce à la rêverie, et en dépit de cette castration. Ce qu'il représente n'est pas différent de la névrose dont il provient, et la jouissance sollicitée par lui est aussi triste que les différentes scénographies du complexe d'Œdipe : c'est pourquoi il n'est souvent pas directement sexuel.

Il suit à rebours, et avec application, le chemin qui a interdit la jouissance. Pour figurer par exemple le meurtre du père, il rêvera de réussite glorieuse ou d'agressions : de telles rêveries n'ont rien de très érotique. Mais il y a plus, car la mise en acte du fantasme va fréquemment contre les réalisations érotiques : une ménagère épuisée par son obsession de la propreté ne sera pas toujours tentée par les plaisirs de la chair. Un obsessionnel donnant un rendez-vous à une femme amoureuse, et ne s'y rendant pas sous un prétexte fallacieux, jouira sans doute beaucoup de la souffrance qu'il inflige, mais cependant cette jouissance n'aura rien d'immédiatement érotique. Elle va contre une réalisation de désir sexuel, dans cette opposition du désir au désir qui fait le plus courant de la vie névrotique.

Toutes les séquences du fantasme névrotique ne sont pourtant pas vidées de contenu sexuel, et l'une d'entre elles est directement érotique : que ce soit dans la scène de séduction ou que ce soit dans le fantasme de la scène primitive, un père jouisseur est mis en scène. La jouissance paternelle est ainsi présentée, et le plus souvent violemment, comme ce qui est à la source du trauma. N'est-ce pas elle qui va former une sorte de point de discord, plutôt que de raccord entre perversion et névrose ? Grâce à ce joint, la perversité du fantasme trouvera sa raison.

En effet, ce n'est pas que le névrosé aurait des fantasmes pervers en supplément de ceux dont la sexualité est absente. C'est bien plutôt que le fantasme porte la perversité à l'instant où il est question du père et de sa faiblesse. Le père est débile ; il cède et jouit comme un humain. Sa carence ouvre la porte à la perversion, et avec elle, renaît la vie sexuelle, autrement bannie par un fantasme tout animé d'un inceste glouton ou d'une geste guerrière. Par ce biais, le fantasme reste un instrument de jouissance, non seulement au titre d'une rêverie vague concernant l'impossible, mais à celui d'une activité immédiatement sexuelle.

L'apparition de ce violeur sans foi ni loi qu'est le père, stimule même s'il peut engendrer le dégoût, et l'horreur de sa jouissance. La perversité névrotique s'affronte à son image, et, se débattant, qu'elle lui cède ou qu'elle l'imite, l'excitation la prend. Ainsi de *l'Homme aux rats,* la bouche ouverte d'horreur à la pensée des supplices du capitaine cruel ; ainsi de *l'Homme aux loups,* échauffé par les croupes proéminentes, qui furent la proie de l'animal paternel halluciné dans ses cauchemars. Rats et loups totémiques n'assistent-ils pas perversement au renouveau de leur sexualité ?

Si la perversité névrotique est la condition de l'érotisme, ne va-t-on pas retrouver dans la névrose tous les procédés de la perversion, au moins au titre du fantasme ? L'obscénité, le vaudeville, le sadisme, ne seront-ils pas convoqués à chaque fois que le désir le sera ?

De tels excès seront loin d'être toujours nécessaires, car il existe une solution plus ordinaire de ces difficultés. En effet, l'un des deux pôles du clivage n'est pas nécessairement charnel. La fonction de symbolisation, dont l'inconvénient est de laminer la sexualité, peut être remplie par une figure idéale, et ce pôle peut être seulement spirituel. Le meilleur exemple en est donné par le mariage religieux, qui permet une formalisation presque parfaite du clivage névrotique : en effet, au Nom d'un père qui est seulement nomination, l'union est accomplie. La pureté de cette solution n'en tient pas moins compte de la perversité. Grâce à la ternarité qu'elle impose il y aura de la vie sexuelle en dépit de l'interdit. (La religion permet de mettre en scène à prix réduit la perversité névrotique).

Devant Dieu, les époux ne passent pas un contrat au sens que ce terme a dans la société (si c'était le cas, un notaire ferait aussi bien l'affaire). Ils invoquent un Nom transcendant, une instance tierce, celle du chiffre vide de la nomination, du Nom de l'innommable. Ils le font à l'instant où l'homme élimine le père, et ce faisant, ouvre à la sexualité féminine la voie de son accomplissement. L'homme tue le père en invoquant celui du Nom vide, qui l'absout de son acte. Et si la virginité de la femme est toujours invoquée au même moment, c'est que la cérémonie est supposée précéder toute sexualité. Tout se passe comme si la nomination antécèdait l'acte sexuel, comme si le symbolique précédait le totem, alors que ce dernier le devance historiquement et logiquement.

L'union peut aussi s'accomplir au nom de différentes idéalités, que les partenaires ont souvent choisies. Mais ils ignorent parfois au nom de quoi ils sont unis, ou ils s'en rendent vaguement compte seulement. L'alliance peut être ainsi scellée au nom du même maître spirituel, au nom du Parti, ou en celui d'un idéal quelconque (et même au nom de la psychanalyse). L'idéalité a une fonction de Nom du père, et elle contourne, non sans perversité, ce que la perversion peut avoir d'exténuant. Ainsi, en dépit d'un clivage dont le névrosé fait une expérience pénible et quotidienne, l'érotisme accompagne l'amour plutôt que de le contredire, même s'il n'est pas certain que les deux amants soient ensemble au moment où leurs désirs semblent se rencontrer.

Le clivage de la vie sexuelle est évité au moyen d'une instance tierce, dont l'idéal s'inscrit dans le cadre de la « civilisation ». Une forme d'accord à partir du discord, un pacte, est ainsi conclu, et, en dépit des apparences, son but n'est nullement la conformité à la morale civilisée, mais au contraire la préservation de la vie sexuelle en dépit de la civilisation. (La religion, par exemple, est un instrument de jouissance plus que de répression).

Le tiers extériorise le clivage de l'amour et du désir et il fonctionne souvent dans nos civilisations au nom d'une idéalité qui se donne souvent elle-même comme paternelle. Ce père n'est personne, il est « spirituel », « symbolique », « sans essence », et c'est en son nom que le pacte est conclu. Grâce à lui, l'hétérosexualité est compatible avec la monogamie. L'amour homosexuel n'a nul besoin de l'invoquer, mais le révoque.

Dans le pacte, le nom paternel qui cimente l'union n'a pas d'essence. Il ne s'agit pas d'une caractéristique stable qui appartiendrait à une femme, comme c'est le cas de l'appartenance totémique. Ce trait est conféré par un lien de filiation ou d'appartenance avec une idéalité, bien que cette dernière soit loin d'être toujours religieuse, mais puisse résulter de l'héritage symbolique. Ce signe d'alliance peut se trouver dans la filiation paternelle. Mais il peut être aussi légué par le précédent mari, ou par l'amant antérieur, en sus du maître spirituel, de la même manière que, dans l'amour courtois, le seigneur apparaît moins comme celui qui interdit que comme l'instance nécessaire au pacte.

Le terme de « pacte », ou d'« accord », évoque une situation pacifique et socialisée. C'est le cas lorsqu'il s'agit d'une cérémonie comme le mariage, ou ses équivalents. Or, le pacte efficient ne se résume pas aux cérémonies, qui le formalisent plus qu'elles ne l'accomplissent. Il n'a rien de pacifique et se décide le plus souvent à l'insu de la société, comme généralement aussi, sans requérir la participation consciente de ceux qui le concluent : la conquête de la femme dépend bien d'un pacte, si l'on peut employer ce terme lénifiant pour définir une situation qui se révèle aussi efficace si elle s'établit de vive force, ou dans la clandestinité. Le « père » avec qui l'on « pactise » ainsi n'est-il pas aussi inconscient de son office que les protagonistes ?

Dans le drame de « Paulina 1880 », l'héroïne assassine son amant alors que ce dernier veut l'épouser. Elle se maintient ainsi dans l'espace de la faute commise avec cet homme à l'égard de son père. Le meurtre réel qu'elle accomplit venge moins ce père qu'il n'empêche le pacte de se conclure (Chimène, elle aussi, aurait pu tuer le Cid), pacte qui aurait eu pour effet, non seulement d'entériner la faute (ce que ne veut pas Paulina), mais de faire reposer son poids sur l'amant. Paulina choisit la vengeance de son père, alors que son amant, en voulant l'épouser, reconnaît sa peccabilité. Il paye donc. Mais pourtant injustement, car le pacte n'aurait pu être pacifique, ni épargner la figure paternelle.

Le pacte fonde le lien monogamique et hétérosexuel du côté masculin comme du côté féminin. Pour l'homme, il fixe le trait séduisant dans une relativité qui le prive d'essence et lui permet de garder une fonction constante d'hétéros. Il s'agit donc d'une relativité qui n'en a pas moins pour lui une valeur absolue. Du côté de la femme, il permet d'établir une ligne de partage entre le signifiant paternel et celui de la virilité : l'homme qui tue son père (puisque le pacte se réduit pour elle à ce fait) affirme ainsi qu'il s'en distingue, et elle peut s'abandonner à lui, en s'étant assurée de cette différence essentielle à sa sexualité. L'amant supplante le père dans un combat qui n'est pas celui de deux rivaux, car il situe le symbolique à sa place, dans une éternité qu'il ne saurait quitter sans ravager le vivant.

A cet égard, le pacte apparait davantage comme une mesure d'asepsie que comme un élément de séduction, et il fait lien non seulement pour l'homme, mais aussi pour la femme qui n'est nullement passive dans cette alliance.

C'est le cas pour cette jeune femme dont le père dirige une usine qui a connu de graves difficultés dans une période récente. Il a fallu se résoudre à passer un accord avec un trust plus puissant. En réalité, il est difficile de cacher que cette concentration de capital est une reddition. Le passage à la grande industrie fait de ce père un employé, car il a perdu la plupart de ses prérogatives de dirigeant. Ce n'est plus que l'ombre de lui-même et il doit maintenant en passer par les directives d'un magnat de l'industrie, puissant et tatillon. Tous ces événements sont désormais des faits accomplis, lorsque la fille du vaincu fait connaissance d'un jeune homme dont le nom est un synonyme de celui du magnat de l'industrie, et ce nouveau venu devient son amant.

Le hasard garde toujours sa place, et il serait exorbitant

de nier ses droits. Il s'agit d'un coup du sort, et à partir de lui s'invente le trait qui fait pacte : trait pris dans la situation (et non pas essence éternelle). De la rencontre de hasard, on ne peut encore rien dire, mais il n'en va pas de même pour ce que construit cette jeune femme à propos de la synonymie des noms propres. Si elle s'aperçoit qu'elle a imputé à tort à son amant une attitude tyrannique le lendemain du jour où son père a subi une nouvelle humiliation, elle devra reconnaître que le rapprochement des noms n'est plus pour elle un hasard.

La vengeance du père humilié, exercée contre l'amant, l'unit puissamment à ce dernier, qui, s'il ignore ce trait, pourra avoir eu d'autres raisons de se lier durablement. Car n'est-il pas exceptionnel que le pacte inconscient soit du même ordre pour les deux partenaires d'un couple ? Le mariage n'est-il pas le plus souvent mixte, pour employer un terme du vocabulaire religieux ?

## Chapitre 4

## CAUSE DU DESIR ET OBSCENITE

Dans un recueil de textes, intitulé « De l'art à la mort » Michel de M'Uzan relate le cas clinique d'un masochiste dont la perversion, impressionnante dans ses détails, pose différents problèmes théoriques difficiles à résoudre. Comment une souffrance violente — tout autre chose que les scènes de flagellation un peu théâtrales dont la littérature et le spectacle font état, mais par exemple une douleur provoquée par l'amputation d'un doigt avec une scie — comment une telle souffrance peut-elle provoquer une excitation sexuelle et un orgasme ? Cet article attire également l'attention sur des particularités du masochisme, qui questionnent les conditions du désir.

Ainsi de l'humiliation morale. Dans le cas exposé, il ne s'agit pas seulement de se faire insulter, mais de réaliser par tous les moyens, par exemple dans la façon de se comporter avec les excréments, un « abaissement de la personnalité »... « un véritable suicide moral ». Les pratiques homosexuelles elles-mêmes ont une fonction de ravalement, qui participe du plaisir obtenu : « je donnais l'impression d'être inverti, dit Monsieur M., mais je ne l'étais pas par plaisir, mais par humiliation. Je n'en éprouvais pas de satisfaction physique, ça se passait sur le plan moral ». Ce goût de l'humiliation n'étonne pas de la part d'un masochiste. Dans cet exemple il va de pair avec une féminisation dont le modèle est la prostituée, femme sans nom par excellence. Ainsi s'est-il fait graver plusieurs tatouages :

« je suis une salope »... « je suis une putain, servez-vous de moi comme d'une femelle, vous jouirez bien ».

La fonction de l'humiliation et de la honte mérite d'être soulignée, car elle permet de dégager une particularité peu évidente du désir sexuel. En effet, ce qui obsède Monsieur M. et ce qu'il va finir par ne pas pouvoir s'empêcher de faire, c'est ce qui l'a d'abord dégoûté. Le premier souvenir dont il peut faire état concerne une petite fille qu'il a vue à l'âge de quatre ans, au moment où elle était en train de manger ses excréments :

« J'étais dégoûté, mais après j'y ai repensé. »

Il se souvient d'avoir lu plus tard un reportage sur les « fakirs », relatant les différentes souffrances physiques qu'ils s'infligent.

« Cela m'a semblé terrible, puis j'y ai repensé. »

Ensuite, à l'occasion de tous les événements de son enfance qui l'ont dégoûté, une pensée obsédante va le poursuivre, et il lui faudra finalement la réaliser. De cette façon, dégoûtant à son tour, il connaîtra l'humiliation. Cette fixation du souvenir, et son obsession, entraîne la réitération stéréotypée et inversée de l'acte pervers : inversée, puisque ce qui a été traumatisant est désormais agi. Les modalités de cette réitération stéréotypée ont beaucoup d'importance. En effet, si la sexualité et la perversion sont sœurs jumelles, on pourra comprendre grâce à la seconde, la relative rigidité des scénarios sexuels qui permettent aux humains d'obtenir leur jouissance, dans un rapport au souvenir fixé, à une chose cachée — sinon honteuse. Pour être méconnue, elle n'en sera pas moins efficace.

La réitération des scénarios sexuels, la façon de jouir ou de ne pas jouir n'a t-elle pas une fonction différente de celle de la répétition symptomatique, névrotique ? Tout se passe comme si la réitération du scénario pervers, et, sans doute selon le même schéma, celle des scénarios sexuels des névrosés, demandait à ce que la même scène soit indéfiniment rejouée.

Il existe un exemple connu et moins choquant de réitération accomplie de la même façon que pour le masochiste de M. de M'Uzan : Sacher Masoch a décrit la scène de son enfance qui a été déterminante autant pour ses goûts sexuels que pour son activité littéraire : il était derrière un paravent chez sa tante, femme violente et belle, alors que celle-ci se trouvait dans la chambre avec son amant. Après diverses péripéties où l'on comprend qu'il assiste à une scène sexuelle, il est découvert par elle, jeté au sol et fouetté, punition dont il tire une jouissance intense, ressentie dans un moment de grande culpabilité. Cette culpabilité a une fonction identique à celle de la honte dans le premier exemple. « Souvenir honteux » et « humiliation » sont sans doute d'ailleurs des termes plus précis que celui de « culpabilité », qui évoque trop rapidement le complexe d'Œdipe.

Il semble ainsi que la réitération soit activée moins par le souvenir fixé, que par la honte dont il est escorté ; si bien que la faute elle-même est ensuite à la source de l'érotisme, alors que la situation peut ne plus rien avoir d'érotique. Sacher Masoch, par exemple, pouvait se sentir coupable et honteux parce qu'il avait été pris devant une scène à bon droit excitante ; mais plus tard, seule la honte et l'humiliation l'exciteront, même si aucune scène érotique n'accompagne ces sentiments.

Ne voit-on pas maintenant pourquoi la réitération du scénario pervers ou sexuel est différente de la répétition du symptôme névrotique ? C'est la privation de jouissance, l'échec, qui se répète avec l'écriture symptomatique, dont le trait s'écrit en fonction de l'angoisse de castration.

Dans la réitération, en revanche, se présente brusquement une sorte d'urgence à agir pour inverser le sens du souvenir honteux, comme s'il y avait, à ne pas le faire, l'imminence d'un danger puissant. La *Juliette* de Sade explique qu'il lui faut passer à l'action au moment où une idée violente s'impose à elle, plutôt que d'avoir un remords seulement parce qu'elle aurait laissé la pensée affreuse s'imposer. Il est donc question d'agir à la place du souvenir, mais on irait sans doute trop vite en voyant dans ce procès, une sorte d'abréaction inversée :

Pourquoi ce qu'il y a d'humiliant devrait-il être réitéré ? Le fait est incompréhensible si on le détache de la culpabilité : il en va de même lorsque, dans la vie ordinaire, c'est l'échec plutôt que le succès qui est obsédant, parce que cet échec met en dette, rend coupable. N'est-ce pas cette culpabilité elle-même que nous cherchons à préserver ?

N'en va-t-il pas ainsi, lorsque la faute nous occupe et nous tente, lorsqu'elle est l'occasion du désir, et que nous nous précipitons vers elle, après nous en être empêché ? Ne nous interdisons-nous pas parfois jusqu'à la pensée d'un souvenir cuisant, qui nous fascine parce que nous y avons été pris en défaut, et la force de notre sentiment ne dépend-il pas de cet empêchement ? Il s'établit de la sorte un circuit infernal, puisque toute réitération de l'acte fixera un peu plus avant ce qu'il a de traumatisant.

De même, le souvenir honteux sera toujours plus humiliant à chaque fois qu'il sera rejoué. C'est pourquoi il faudra le remettre en scène, afin que la honte en soit encore éprouvée. Le sujet fixe ainsi lui-même — d'une manière diabolique — la limite devant laquelle il se mesure à sa dette, confrontation qui le fait jouir intensément : d'une part avec la fixation traumatique, la chose honteuse forme la barrière du dégoût, et d'autre part, pour se débarrasser de cette fixation elle-même, le sujet réitère le souvenir honteux.

Le pervers est d'abord le plus souvent dégoûté par ce qu'il fait. Il lutte contre, au moins pendant un temps, et il finira par s'exécuter par devoir, non sans avoir assez souvent recours à la drogue et à l'alcool. Il ressemble alors au soldat qui doit boire pour monter à l'assaut, enivré pour passer de la position masochiste, l'amenant à obéir, à la position sadique, qui lui permet de tuer.

Lorsqu'un pervers a besoin pour son excitation sexuelle d'une situation scabreuse, ou lorsqu'il utilise ce qui est généralement considéré comme repoussant (par exemple les excréments), il ne fait pas preuve d'une attirance anormale pour ce qui dégoûte autrui. Cela lui répugne également, et, comme il est obsédé par ce qui le dégoûte, il ne peut faire autrement que de se livrer à une activité pour laquelle il éprouve une honte finalement jouissive. Sommes-nous sûrs d'ignorer tout de cette expérience exténuante ? Ne nous sommes-nous jamais tournés vers ce qui nous répugne, et ne le ferons-nous jamais ? Et si nous ne sommes pas tentés par la chose répugnante, ni par la situation dont nous rougirions en y repensant, n'est-ce pas vers celle qui réclame silence et obscurité, celle dont nous ne voudrions à aucun prix qu'elle soit connue, que nous nous tournerons encore ?

La chose inspirant le dégoût désigne ainsi une frontière ; elle montre une limite de la perversion qui intéresse aussi la perversité névrotique, en interrogeant les conditions du désir sexuel. Dans les *120 journées de Sodome,* Sade a pu écrire : « Il est d'ailleurs prouvé que c'est l'horreur, la vilénie, la chose affreuse qui plaît quand on bande : or, où se rencontre-t-elle mieux qu'en un objet vicié ? Certainement, si c'est la chose sale qui plaît dans l'acte de la lubricité, plus cette chose est sale, plus elle doit plaire... d'ailleurs la beauté est la chose simple, la laideur est la chose extraordinaire, et toutes les imaginations ardentes préfèrent sans doute toujours la chose extraordinaire en lubricité à la chose simple ».

Que l'obscène soit aussi l'occasion du désir est presque incompréhensible. La nature de la « chose » reste souvent mal délimitée dans la pensée. Il s'agit,vaguement, de l'obscène, de ce qui ne doit pas être vu, alors que l'on ne sait pas clairement ce qu'elle est. Les règles de la bienséance, le sentiment de la pudeur et la nécessité de voiler assurent de sa présence universelle, et s'il arrive qu'elle soit oubliée, c'est au moment où l'excitation sexuelle elle-même la voile. En elle, le désir, soudain aveugle, trouve sa puissance. Son obscénité ne manquera d'ailleurs pas d'apparaître dès que l'excitation retombe. Comme le fait remarquer Sade dans les *120 journées de Sodome* : « ... l'objet qui, foncièrement, n'a de valeur que celle que notre lubricité lui prête, se montre absolument tel qu'il est quand la lubricité est éteinte... »

La chose répugnante se montre alors dans ce qui a été désiré ; elle doit être cachée et oubliée, ou bien comme le fait encore remarquer Sade : « ... de ce dégoût pourtant... naît souvent un projet de vengeance dont on a vu les suites funestes ».

Pour quelle raison y a-t-il de l'obscène au sein de l'érotisme, et pourquoi l'émancipation et le libertinage, loin de l'en affranchir et d'en faire une fonction naturelle, exalte-t-elle au contraire cette indécence ? Le libertin de Sade n'est pas plus libéré que sa victime ; et loin de faire du sexe une activité naturelle, il a plutôt le goût de rajouter l'horreur à son obscénité. L'objet répugnant se montre avec évidence dans presque toutes les perversions, où l'usage qui en est fait, souvent à ciel ouvert, permet de questionner une fonction érotique peut-être similaire à celle qui mine la névrose.

Comment le dégoût peut-il être excitant, plutôt que son contraire? Où situer la limite entre goût et dégoût, et avec elle cette fascination exercée par la chose?

Quel peut être, fondamentalement, l'objet de l'horreur pour l'être humain? La répugnance la plus grande ne sera-t-elle pas ressentie à l'égard de ce qui va contre son existence, c'est-à-dire la pulsion de mort, comme de tout ce qui peut lui signifier son propre anéantissement?

La présence de la mort, de la chose qui nie l'existence, est un fait simple et familier, et elle s'impose à l'être humain lorsqu'il naît. A ce premier rendez-vous, il doit sans tarder choisir entre ce qui lui plaît et ce qui lui déplaît.

L'enfant que l'on peut forcer à manger de la purée, par exemple, pourra être écœuré par cet aliment si celui-ci représente ce qui lui est imposé du dehors. Le petit tas de nourriture accumulé dans son assiette devient un objet de dégoût, parce que cette matière molle et tiède est désir d'autrui, intrusif et persécutant. Quelle négation plus grande de l'existence que celle qui utilise l'amour pour imposer son caprice? Cette nourriture est répugnante parce qu'elle est présence de la pulsion de mort au sein de l'amour, à proportion de l'intrusion du désir de l'Autre, de la satisfaction étrangère qu'elle recherche.

Tout se passe comme si la répulsion était intimement liée à ce plaisir étranger, à sa jouissance trop grande. De même lorsque l'enfant sera plus âgé, ou lorsqu'il sera adulte, c'est le plaisir lui-même qui signe l'acte de naissance de l'aversion, quand il arrive qu'une quantité trop grande de ce qui plaît est ingérée. L'excès de jouissance est alors à l'origine d'une répugnance, parfois pour toujours, parce que le plaisir, lorsqu'il est trop intense, se démasque et avoue son ascendance. Il confesse le service qu'il a rendu à un Autre plus grand que le mangeur, à un Autre plus fort que lui, qui l'enfourne par sa propre main, au-delà de ses forces, au moment de la compulsion à manger.

Le lien du dégoût à la pulsion de mort permet de questionner maintenant la réitération de l'acte pervers, comme celle du scénario sexuel. La chose humiliante, le souvenir honteux, continueront d'insister dans la conscience et de réclamer l'action, à cause de leur proximité à la pulsion de mort, c'est-à-dire au désir de l'Autre : en effet, le sujet sera amené à réitérer ce qui lui répugne à cause de sa culpabilité, et réitérant la chose, il renouvelle aussi sa faute.

Comment peut-on interroger maintenant l'érotisme en jeu dans le dégoût, que la proximité de la pulsion de mort ne suffit pas à faire apparaître ? Lorsqu'une mère enfourne son enfant, elle s'occupe souvent d'abord de son propre manque, au point de pouvoir tomber malade si son enfant ne mange pas une quantité équivalente à ce qu'elle mange elle-même. Dans cette mesure, la ligne de démarcation entre ce qui plaît et ce qui dégoûte s'établira en fonction du manque. Le manque plaît d'abord, et le dégoût s'installe à chaque fois qu'il faut manger pour plaire, et que le corps est mis en demeure de se gonfler et d'occuper alors incestueusement le trou d'Autrui (abrité ainsi de sa castration grâce à l'aliment). Considéré sous cet angle, l'objet du dégoût sera celui que l'Autre utilise pour dénier sa propre castration. Que l'on comprenne la barrière du dégoût du point de vue de la pulsion de mort ou de celui de la castration, qui est plus près de l'érotisme, elle forme la dernière ligne de résistance du sujet par rapport à l'aliénation, par rapport à un désir qui lui est imposé. La limite formée entre goût et dégoût structure ainsi l'existence ordinaire. Elle trace les frontières des territoires familiers, et pose les perspectives de l'action quotidienne.

Ce schéma semble solide pour ce qui concerne la nourriture et la pulsion orale, mais est-il valide pour les autres pulsions ? La pulsion anale, par exemple, semble tout aussi importante pour définir l'objet du dégoût, que l'on considère la place de la scatologie dans la perversion, ou que l'on examine la scatologie verbale du névrosé, souvent excité par les mots grossiers, ou seulement par leur pensée. La scatologie a une place importante dans la pratique des perversions, mais elle est aussi ce qui ponctue le discours ou les pensées les plus quotidiens. L'excrémentiel présente un avantage par rapport à la nourriture : il n'est pas nécessaire de se demander à son propos quelle est la ligne de partage entre le goût et le dégoût, parce que le scatologique semble entièrement répugnant.

Cependant, la valeur déplaisante des excréments n'est pas un phénomène « naturel ». Ce n'est pas le cas chez les animaux. Et il n'en va pas non plus ainsi dans certaines formes de psychoses, où les excréments sont au contraire ce qui est attirant : ce goût prononcé pour l'excrément est d'une grande portée théorique, car ce fait clinique permet de se demander si les déjections humaines ne seraient pas investies paternellement : l'horreur qu'elles provoquent ne tient-elle pas à la sorte de paternité qui les occupe, puisqu'il n'en va pas ainsi dès qu'il y a forclusion du Nom du père ? Devant une menace ultime pesant sur son existence, le psychosé peut encore se raccrocher avec amour à l'excrément, comme au seul cadavre paternel auquel il puisse encore s'ancrer.

Dans la névrose obsessionnelle, la valeur paternelle de l'excrément est à la source de l'érotisme anal. La défécation est l'occasion d'une lutte contre la féminisation par le père. Comme l'écrit Freud dans *l'Homme aux loups* : « L'organe par lequel l'identification à la femme, l'attitude homosexuelle passive envers l'homme pouvait s'exprimer, était celui de la zone anale. »

Il y a d'autres indices de l'investissement paternel des déjections. Ils ne font pas seulement partie de la clinique psychanalytique, mais de l'expérience commune. Dans le langage ordinaire par exemple, le mot grossier est souvent excrémentiel. Cette scatologie forme la ponctuation du parlé, au même titre que le Nom de Dieu pouvait être invoqué, et l'est encore, dans certaines religions, avant de prendre la parole.

L'investissement des excréments par une sorte de présence paternelle devient peut-être compréhensible si l'on réfléchit à ce qui fonde la naissance du sujet, c'est-à-dire le rejet premier qui l'a amené à l'existence. Freud a forgé un mythe pour expliquer cette existence, celui de la relation du sujet à un père primitif. Il y avait nécessité d'un mythe, car ce père n'est pas celui du complexe d'Œdipe. Il semble ne pas faire partie de l'histoire actuelle, et pourtant tout se passe comme s'il était bien là, et certains faits ne semblent s'expliquer que comme des conséquences de sa présence. Pour être virtuelle, elle n'en est pas moins efficace. Les religions n'ont-elles pas d'ailleurs pour fonction d'illustrer cette hypothèse, improbable et pourtant vraie dans ses effets ?

La communion chrétienne ne présente t-elle pas sous une forme élaborée le « festin cannibalique du père », mystère formalisant la première identification du sujet ? La chrétienté place ce repas cannibalique sous le signe de l'amour, alors que le solde de l'opération, du point de vue psychanalytique, est plutôt l'horreur (horreur de l'excrémentiel). Elle appelle ce festin « communion », alors que cette identification apparaît plutôt comme une séparation, une disjonction radicale. Il s'agit de communier avec le fils, alors que « du père » est ingéré. Le père est l'occasion d'une disjonction radicale, inexplicable – sacrée en effet – puisqu'il s'agit d'un rejet hors des signifiants maternels.

Lorsqu'une mère demande à son enfant de se nourrir, son offre est articulée à sa jouissance. Si l'enfant accepte la nourriture proposée, il fait jouir : il s'identifie passivement au phallus, et tout pourrait s'arrêter là, l'enfant restant pris, momifié, dans ce corps hypnoïde. Or c'est ce qui ne se produit pas, et cette image de lui-même, ce corps de plaisir pris dans l'Autre et ne s'appartenant plus, il l'ignore. Ce premier être pour la jouissance – la signification du phallus – est refoulé (au sens du refoulement primordial). Le sujet laisse derrière lui, comme en pâture, cette image de son corps, ou plutôt seulement la signification phallique attachée à son image. Il est ainsi originellement rejeté de la chaîne signifiante (celle de la demande maternelle) où la signification phallique corporelle reste prise comme entre les mâchoires d'un piège.

Se nourrir est jouissif mais mortifère. C'est pourquoi le dégoût tombe sur cette part de jouissance, qui est vomie. Si elle est rejetée, ne faut-il pas alors supposer l'existence d'un responsable de cette jouissance, qui sera de quelque façon père mythique ? La jouissance est désormais à la charge d'« un père », et non à celle de l'enfant.

Tout se passe comme si ce père était lui-même alors à la source d'une épouvante, car la jouissance qu'il prend en charge horrifie. Il y a non pas amour, mais répulsion devant ce père premier, un sentiment panique identique à celui qu'inspirait le Dieu des premières religions, car il y a horreur de cette jouissance conduisant tout droit à la mort, dont la responsabilité lui est finalement imputée.

Situant le sujet d'un côté, le père mythique (ou mystique) de l'autre, le « rejet » est le moment actif de l'identification subjective, et tout ce qui est expulsé ou expulsable du corps fera métaphore de ce père de la jouissance totale. Déjection, celui-ci investit l'excrément. L'horreur présentifie avec la scatologie son cadavre, et l'objet répugnant est ainsi lié à la jouissance, même si ce lien ne nous apparaît plus (et comment pourrions nous le savoir, sinon à travers le reflet inverse qu'en donne la religion ?). Cette répulsion puissante, cette obsession secrète est liée à un jouir premier et demeure cachée jusqu'à ce qu'un « faire » l'actualise.

Le père obscène de *Totem et tabou,* pour être mythique, n'apparaît-il pas à travers tout ce qui est rejeté du corps ? Son nom est imprononçable comme celui des excréments ; il n'a d'ailleurs pas de nom, mais sa présence n'en est pourtant pas moins liée à l'actualisation de la jouissance. Un père excrémentiel jouit, et de cette façon, la déjection sera liée au désir sexuel. Ainsi l'obscénité et la jouissance relèvent-elles d'une double articulation, l'une avec la pulsion de mort, et l'autre avec l'instance paternelle.

Le lien de l'objet dégoûtant à la pulsion de mort appartient à une érotique, puisque la pulsion de mort résulte de la rencontre du désir de l'Autre. Toutefois, la chose répugnante ne sera liée de cette façon qu'à l'Autre jouissance, et non à la jouissance phallique, en œuvre dans l'excitation sexuelle. Il faut ajouter l'articulation paternelle, pour que le lien à la jouissance phallique, sexuelle, apparaisse.

L'obscène est excitant, y compris pour le névrosé, dès que l'on voit l'articulation entre le désir et le père primitif, telle qu'elle est appuyée sur la pulsion de mort. Dans cette chaîne à trois termes, le lien qui va du père primitif au désir s'explique par la jouissance dont ce père est supposé disposer. Et le lien entre ce père et la pulsion de mort expose l'obscénité de ce même désir. A cause de cette articulation, il n'y aura jamais rien de naturel ou d'innocent dans le désir humain, qui portera toujours sa marque.

Dans les *120 Journées de Sodome,* Sade a dressé la liste des excrétions dégoûtantes, dont la caractéristique est d'exciter. Tout ce qui est rejeté hors du corps peut relever d'une érotique, non seulement les excréments, mais la sueur, la salive, l'urine, et c'est alors le rejet lui-même qui semble la caractéristique essentielle de la chose, excitante parce qu'un père est ainsi évoqué. Non celui de l'Œdipe, mais celui du totem. Le père investit la chose au moment où elle est expulsée, parce qu'il est l'agent potentiel d'une jouissance totale, engrenée en ce terme à la pulsion de mort.

Mais ne peut-on faire maintenant un pas supplémentaire ? Si c'est bien le père de *Totem et Tabou* qui assiste à la genèse de l'objet du désir sexuel, n'est-ce pas lui aussi, qui, au même moment, préside à l'élection du sexe ? La genèse de l'objet répugnant se situe au niveau de ce qui se constitue perversement ; elle est contemporaine du choix du sexe : si bien que la chose obscène est articulée au désir sexuel, au moment même où le désir s'oriente vers ce qui lui est différent.

Si l'élection du sexe résulte de l'amour du père totémique, et si le rejet de l'objet répugnant se produit en fonction de ce père au même moment historique, c'est alors dans un seul mouvement que l'objet obscène est érotique et qu'il y a choix du sexe.

Lorsqu'un sujet choisit son genre, et qu'un sexe s'oppose à l'autre, l'objet obscène est expulsé (Le choix du sexe symbolique se produit pour ce motif dans le temps où l'enfant commence à être propre). Le garçon entre alors en lutte ouverte contre le féminin, guerre qu'il entreprend parce qu'il combat sa propre féminisation pour préserver sa masculinité, et il est au même instant confronté à l'objet dégoûtant.

Si bien qu'il risque de se produire un glissement : l'objet obscène et le féminin entreront dans une sorte de concordance de phase pour l'homme, au moment de la bipartition des sexes. Celui-ci sera tout le premier pudique par rapport au répugnant, confondu facilement avec la chose féminine. Une femme peut avoir, elle aussi, l'idée secrète que le féminin n'est pas sans rapport, sinon avec le répugnant, du moins avec ce qui doit être caché (et est considéré par de nombreuses religions comme l'impur). Elle accepte donc le plus souvent sans protester cette concordance de l'impur et du féminin, imputée par l'homme. Elle peut le concéder non parce que cette tache satisferait un masochisme propre à son sexe, mais parce qu'elle peut pressentir la fonction de cette impureté : n'est-ce pas le désir sexuel éprouvé pour elle qui trouve ainsi son origine ?

Le dégoût plus ou moins latent exprimé par les hommes envers les femmes n'est pas une horreur simple de la castration, comme une imagerie pieuse de la psychanalyse tendrait à le faire croire. C'est une aversion pour la chose répugnante, paternelle, qui est proportionnelle au désir sexuel ; un dégoût dont le parfum, le maquillage, le vêtement séduisant exposent les signes contraires. L'homme est d'autant plus fasciné par ce qu'il rejette ainsi à la lumière du jour, que ce qu'il a expulsé avec force lui a permis de se constituer comme homme, au moment où il est entré en lutte contre le féminin. Ce qu'il a banni lui a permis de se ranger dans le camp masculin. La chose secrète lui donne le jour, il s'appuie à l'aveugle sur ce qui est l'objet de sa détestation comme celui de son désir.

Ce « lui-même » non-spéculaire, cette personne encore informe, cet « en creux » le fait naître comme sa mère ne l'a pas fait. Il cherche ce trou de naissance dans l'autre sexe. Le féminin le fascine et est l'occasion de son attention constante ; son regard lui est adressé, il guette le bruit de ses pas, il respire son odeur, parce qu'il sait que grâce à lui, il connaîtra son origine. Extraction bizarre, violente, puisqu'elle s'accomplit en rejetant du côté féminin ce qui lui répugne comme ce qui le fascine. Comment accorder ces sentiments contraires ? L'objet cause du désir et la personne dont il s'abrite ne sont pas situés sur le même plan. Les affects et les sentiments qui leur sont portés ne sont pas homogènes, mais plutôt opposés. Le désir est violent comme l'obscénité lui montrant la voie, et il rejette avec force ce qu'il veut conquérir. L'amour de la personne, en revanche, contrarie la violence du désir sexuel qui accuse le coup, et se rétracte dans cet étranglement.

Tout se passe encore une fois, comme si le désir sexuel, lié à la perversion, s'opposait à l'amour pour la personne. Plus la névrose se perfectionne, plus son amour s'oblative, se centre et se norme, et plus le sexe s'amenuise, réduit ses exigences et les tait derrière l'idéal du respect mutuel, de l'amour partagé, du bonheur enfin.

La rêverie de l'amour n'omet pas le sexe sans doute, mais elle préfère oublier son obscénité : elle le renie donc. Cette contrariété interne du désir est d'autant plus difficile à surmonter, que le commun des mortels n'établit pas ses liens affectifs en partant de la chose répugnante : si un homme jouit d'une personne qui finalement le dégoûte, par exemple une prostituée, c'est exceptionnellement qu'une telle rencontre sera l'occasion de l'amour. Pour leur plus grande difficulté, la plupart des hommes abordent la contradiction du désir, non en partant de l'objet obscène ou répugnant (ce qui serait pourtant plus facile), mais en partant de l'amour et de l'estime portés à une personne (handicap souvent inextricable). Plus le névrosé raffine sur les conditions de son bonheur, plus il donne de prix aux qualités qui font de la femme aimée une personne honorable, et plus il risque de forger les instruments de son malheur sexuel. La valorisation même de la beauté finit par participer d'une aggravation de la névrose (au point qu'une femme trop belle peut se retrouver dans un désert sexuel). Pire encore de l'intelligence (au point qu'une femme intelligente peut faire semblant d'être idiote).

L'amour masque la chose sexuelle, qui n'en reste pas moins en son centre, et demeure le motif inverse de sa pureté. C'est parce que l'amour voile, que l'on peut le comparer à une drogue. Il est semblable à l'alcool : son ivresse est nécessaire pour affronter le désir. L'Amour est ce toxique enivrant qui voile le franchissement de la limite en la fondant. Il surpasse la borne qu'il a lui-même posée. Il se déjette de ce qui le fascine (la chose sexuelle) et reconquiert ce qu'il a mis à distance. L'écart par lui-même creusé est souffrance, et c'est parce qu'il provoque cet éloignement du désir que l'amour tient de l'élan masochiste. Un fond de persécution latente accompagne le fait d'aimer sexuellement, un sentiment d'être rejeté par l'aimé (e) se déploie proportionnellement à sa force. Et aussi loin qu'aille cette persécution, elle donnera encore son élan au désir, dont la force permet de franchir la borne posée par l'amour.

Le plus souvent, l'amour sera valorisé, et fera valoir ses droits le premier, non parce que ce sentiment serait plus noble et plus esthétique, mais parce que sa présence masque une obscénité, qui serait pourtant l'aiguillon approprié du désir. L'amour, celui de la grâce particulière, celui de la beauté, est d'autant plus puissant qu'il masque une horreur dernière. Il est plus efficace que le voile, et grâce à lui l'obscurité n'est plus nécessaire. A telle enseigne que si l'amour décroît, l'amant peut être pris, sans qu'il comprenne d'où lui vient ce sentiment, de dégoût pour sa partenaire : non pas répugnance abstraite, mais aversion concrète liée à l'objet partiel : dégoût d'entendre mastiquer, de voir se laver les dents, de sentir le parfum...

Plus encore, ce qui semblait beau paraîtra brusquement insupportable, parce qu'il était jusqu'alors maintenu dans sa brillance par l'amour, par les signifiants de la personne (la situation œdipienne), et que tel n'est plus le cas. La beauté de l'humain n'a ainsi jamais rien d'absolu (contrairement à ce qui est beau dans l'art, ou dans la nature). La beauté féminine, qui semble répondre à des normes et aux canons de l'esthétique, n'échappe pas à ce destin, dès qu'elle est l'occasion du désir. Ne risquera-t-elle pas de s'effondrer un instant, lorsque la chose obscène viendra la rejoindre ?

# IV. LE DISPOSITIF ANALYTIQUE ET LE PROBLÈME DE SES EFFETS SUR LA JOUISSANCE SEXUELLE

Chapitre 1

## CONTRE TOUTE ATTENTE, ET PAR MALENTENDU

L'acte psychanalytique a un effet sur le symptôme, et il a aussi une portée éthique — au moins pendant le temps de la cure. En revanche, le rôle de la psychanalyse sur ce qu'il y a de sauvage et d'implacable dans la sexualité n'est pas évident. Alors que la plupart des analysants peuvent faire état des conséquences thérapeutiques de leur cure, les scénarios du plaisir sexuel, et plus généralement l'érotisme, ne semblent pas toujours subir de modifications aussi sensibles.

Cette relative imperméabilité de la sexualité pourrait s'expliquer à partir du clivage des fonctions paternelles. Les séquences du complexe de castration telles qu'elles se développent historiquement, font apparaître d'abord le père totémique, donc la perversion et le désir sexuel, puis le père du patronyme, donc le désir et le fantasme (ou le symptôme). Cette succession entraîne une relative désexualisation du désir. Elle est effective chronologiquement, puisque le père de la sexuation précède temporellement celui du patronyme, et surtout logiquement, car le second n'a aucun effet avant la manifestation du premier. L'histoire sexuelle ne peut donc pas déboucher sur une issue génitale heureuse, un « happy end » où l'amour et le sexe marcheraient du même pas, puisque le clivage de l'un et de l'autre est inévitable. Tout ce qui concerne la « génitalité » de l'être humain se situe en deçà de l'étape finale de son développement. La civilisation a comme perspective « normale » la fin de toute vie sexuelle, cette dernière ne prenant son élan qu'en s'appuyant sur une étape antérieure, celle de la perversion polymorphe.

Si une cure psychanalytique se fixait comme objectif l'épanouissement de la sexualité, il lui faudrait choisir, non de pousser le procès symbolique à son terme, mais d'opérer un retour en arrière. Et s'orienter vers ce qu'il conviendrait alors d'appeler la solution perverse de la cure. N'est-ce pas l'issue prônée par W. Reich, lorsqu'il a considéré la capacité orgastique comme un idéal de fin de cure? A bien y réfléchir, la perspective reichienne n'est pas plus ridicule que celle des analystes qui voudraient conclure sur une génitalité normée, résultant d'une castration bien négociée ; ces derniers se fourvoient ainsi deux fois: d'une part en appelant « génitalité » le résultat d'une phase répressive de la sexualité — alors que rien de sexuel ne repousse derrière elle — et d'autre part en proposant cette platitude désertique comme idéal de fin de cure.

Ce qui est seulement comique serait l'idée de proposer — au moins implicitement — à un analysant un idéal à atteindre, ou la solution de sa cure. L'analyste peut d'autant moins en préjuger que rien ne permet de décider de la juste norme à proposer de chaque côté du clivage. Tel patient serait malade si on le poussait du côté de la symbolisation et du travail, et tel autre le serait si la perspective d'une sexualité débridée s'offrait à lui (et les deux le seraient d'autant plus que le choix leur serait présenté comme la norme à laquelle il serait de leur devoir de se conformer).

Cette indétermination ne résulte pas d'une incertitude de l'analyste. Elle est due à l'inévitable persistance du clivage entre vie sexuelle et symptôme. Le symptôme est au cœur de la névrose, et l'analyste a une action décisive sur lui. Sans doute, à partir de cette action au niveau du symptôme, l'analyse pourrait prétendre avoir une efficacité rétroactive, en « feed back » sur la vie sexuelle. Cependant, il existe une sorte de mur en chicane entre la sexualité et le symptôme, et de ce fait, l'intervention portée au niveau du second ne saurait avoir d'effet immédiat au niveau de la première.

Le désir sexuel tel qu'il s'orientait perversement avant le refoulement éclate dans le ternaire œdipien entre chacun des trois termes qui le constituent, au point de devenir méconnaissable : que reste-t-il de sexuel dans la pensée parricide ? Qu'y a-t-il d'érotique dans la boulimie ou dans le goût de la propreté ? L'efficacité sexuelle du phallus, déjà laminée par le procès de symbolisation et le refoulement qu'il engendre, cherche à recouvrer sa puissance grâce au fantasme, mais peut-elle y parvenir dans ces conditions d'éclatement ? Le seul point du fantasme qui garde une potentialité érotique n'est-il pas celui qui met en scène la duplicité paternelle ? En effet, le père mort masque un vivant, le totem de la perversion grâce à qui la sexualité se ranime, que ce soit dans la séduction hystérique ou la scène primitive obsessionnelle.

Ainsi, seule une séquence sur trois du fantasme restera érotique et l'on pourrait dire que la potentialité sexuelle de l'enfant pervers polymorphe est amputée des deux tiers par son passage à la névrose. Encore faut-il ajouter que le tiers restant est hypothéqué par la duplicité paternelle : si le père reste collé au père, la sexualité féminine avec un mort vivant, avec un homme semblable au père, s'avère impossible.

Une sorte de goulot d'étranglement entre vie sexuelle et symptôme, un clivage efficace protège donc la sexualité du laminage névrotique. Mais il y a plus que ce filtrage : c'est que, historiquement et dynamiquement, le courant passe dans un seul sens, du désir sexuel à la névrose. Cette orientation est aussi univoque, parce que le père totémique provoque une terreur panique, dont la névrose est l'abri. Le courant qui va de la sexualité à son refoulement ne paraît pas comporter de voie de retour, et sa poussée, toujours supérieure des deux tiers à ce qui peut se réaliser, laissera le désir insatisfait d'autant. Dans ces conditions, il paraît difficile pour l'analyste d'aller à contre courant à partir d'un effet porté sur le symptôme.

La sexualité continuera-t-elle donc à se réaliser avec la sorte de sauvagerie perverse qui est son sceau d'origine, et cela, quel que soit l'approfondissement de l'analyse du symptôme ? Aussi décidément que l'acte analytique puisse produire son effet, le symptôme se dépliera en fantasme, le fantasme investira de ses représentations différentes personnes susceptibles d'être aimées, et cet amour sera pris, d'une façon ou d'une autre, dans le schématisme du complexe d'Œdipe, dont la fonction limite et obture au dernier terme la relation au sexe. (Toute la série de montages allant du mariage « religieux » jusqu'au vaudeville est alors appelée en renfort pour que la vie sexuelle se maintienne en dépit de la névrose).

Le scénario sexuel du névrosé ne sera-t-il pas aussi rigide que celui de la perversion, puisqu'il a le même fondement historique, et qu'il le garde ? Si la sexualité comporte une rigidité identique et n'est articulée à la chaîne signifiante que par un seul terme – réduit non pas aux Noms du père, mais au seul père primitif – la vie sexuelle va se réduire à une sorte de pantomime, à un scénario stéréotypé, dont le fonctionnement se déroulera mécaniquement. L'ordre sexuel relève de l'univoque et du mathématique et semble avoir affaire davantage à une psychologie, sinon à une sexologie, qu'à l'équivoque signifiante de la psychanalyse.

Certaines circonstances de la vie amoureuse paraissent prévisibles et l'on en calculera le résultat presque à coup sûr (tout du moins lorsqu'il s'agit d'autrui). Une certaine forme de séduction féminine va entraîner l'intérêt d'un certain type d'homme, et le résultat s'en déduira les yeux fermés : l'amour, le rejet, ou les deux en même temps. Qu'une femme se montre effarouchée, oppressée, le souffle court, ou que sa façon de marcher et de se comporter donne l'impression qu'elle est sur le point de prendre la fuite, et le désir masculin – dans sa version sadique – s'en trouvera provoqué. Le nombre de scénarios possibles est réduit. Ils sont prévisibles et devraient plutôt lasser, mais c'est avec entrain que les différentes façons de se tyranniser amoureusement sont jour après jour remises en chantier.

La perversion étant le plus souvent inamendable, ne va-t-il pas en aller de même pour le scénario sexuel névrotique ? Il existe pourtant dans le scénario névrotique le point de souplesse de la question paternelle, et de même les signifiants qui lui sont articulés, essentiellement celui du phallus. Seulement parce qu'elle accommode cette question de la paternité, ou parce qu'elle permet de la poser dans tous ses attendus, l'analyse apporte souvent un soulagement substantiel aux embarras de la vie sexuelle. Cet allégement est parfois d'autant plus impressionnant que le dispositif analytique à lui seul le facilite, indépendamment de la bonne volonté de l'analyste, de ce qui se dit et de ce qui s'analyse (à la condition que l'analyste ne s'oppose pas à ce dispositif, par exemple en donnant des conseils normatifs).

L'orientation de la cure dès son début ouvre une telle perspective. En effet, selon sa façon de se situer, l'analyste parle déjà de la fin de l'analyse — ou de son absence de fin — ou de sa fin sans fin — ou de son absence de finalité. Il peut le faire en ne prononçant aucune phrase : si l'analysant revient, s'il a donc accordé une créance à cette parole le plus souvent implicite, c'est par ses effets immédiats que la position de l'analyste se révèlera.

Le début d'une analyse a une conséquence presque instantanée sur la façon dont l'analysant considère sa sexualité. En effet, le patient ne rencontre pas seulement dans l'analyste celui à qui il prête un savoir le concernant, mais aussi celui qui est supposé le délivrer de sa souffrance. Même s'il ne vient pas pour une difficulté concernant sa sexualité, mais seulement pour différents symptômes, il mettra l'analyste dans la position d'un sauveur potentiel, dont la présence va le soulager. Et cela au même titre qu'un père aura pu, par sa seule présence, le libérer d'une angoisse de castration (dont le symptôme a résulté).

Ainsi, dans la mesure où l'analyste est investi d'un tel pouvoir, c'est le père de la puissance sexuelle, totémique, qui sera le premier convoqué sur la scène du transfert. C'est pourquoi il est si fréquent que les débuts de l'analyse s'accompagnent d'un redoublement des rêves érotiques, ou de leur réveil si cette activité onirique s'était assoupie. Dans le même sens, il se produit parfois un ébranlement de la vie sexuelle dont la brusquerie peut surprendre : l'entrée en analyse peut s'accompagner d'une sorte d'explosion de l'activité érotique dont l'analysant attribuera la cause à la liberté rendue par sa cure. Son prosélytisme pour la découverte freudienne et son affection pour son psychanalyste s'en trouveront rehaussées, car il pourra croire que, grâce à ce dernier, ses inhibitions se sont levées, et qu'il est maintenant capable d'accomplir ces prouesses.

Toutefois, la particularité de l'amour de transfert montre qu'il ne s'agit pas de la levée d'une inhibition. Une situation spécifique se trouve actualisée : celle où le père de la perversion affichait sa puissance en même temps que son éloignement. Plus l'analyste sera distant et inflexible, et plus (à son grand étonnement peut-être) l'issue perverse de la sexualité pourra se profiler. Il existe ainsi une particularité concernant le début des cures, dont les premiers effets, s'ils ne sont pas mathématiquement prévisibles, n'en sont pas moins ordonnés par le transfert. Ce transfert n'aura pas la même orientation si l'analyste se contente de causer la parole, le fantasme, ou s'il provoque le désir sexuel, (ce qu'il peut obtenir en se cantonnant dans un mutisme complet et en se présentant comme un champion de la pureté — rien n'est plus excitant).

Il existe une position de séduction de l'analyste qui est d'autant plus difficile à contourner qu'elle n'aura aucune des apparences de la séduction. Aussi fréquente que subreptice, elle est à l'œuvre lorsque l'analysant se complaît à raconter des exploits sexuels réels ou imaginaires, ou quand, alors qu'il est nouvellement engagé dans la cure, il déclare brusquement qu'il va rompre ses liens affectifs actuels, divorcer, ou vivre enfin seul.

Cette « liberté » sexuelle de l'analysant est ainsi le résultat de la position occupée par l'analyste, celle d'un père séducteur avec qui, comme au bon vieux temps, il ne se passe rien, et dont le rejet est après tout plutôt stimulant. S'il fallait porter un jugement sur de tels effets, on pourrait, à tout prendre, les considérer comme positifs, tout du moins tant qu'ils ne poussent pas le patient à prendre des décisions périlleuses ou irréversibles. Ce moment euphorique de l'analyse à ses débuts amène le patient à la considérer comme un investissement rentable. (Situation qui serait problématique seulement si l'analyste se prenait en effet pour un père tout puissant.)

Les difficultés de ces débuts peuvent être surmontées dès que le désir est centré sur ce qui cause la parole (dont le procès peut être relancé, à chaque production inconsciente). Ce procédé, n'annulera pas la séduction à coup sûr, mais elle se présentera alors selon un ordre séquentiel homogène à celui du fantasme. L'analyse pourra donc avancer, et l'acte analytique aura son efficace sur le symptôme. A cet égard, et loin de devoir être occulté, le moment de la séduction est un temps utile de la tâche analysante (qui risque de rester fixé sur la provocation perverse, si l'analyste jouit pesamment de l'excitation provoquée par son silence).

Ainsi, la question n'est pas d'éviter à tout prix la séduction : c'est presque impossible, et la taxe en est automatiquement prélevée sur le compte du transfert. Le problème est au contraire de l'utiliser pour le progrès de la cure. L'ordonnancement des séquences du fantasme montre qu'il existe toujours un biais pour le faire, en particulier grâce aux différentes présentations du « meurtre du père ». Il est vrai qu'elles ne sont pas toujours faciles à déceler, car elles ne sont pas souvent formulées sous une forme simple, par exemple celle d'une colère ou d'un reproche directement adressé à l'analyste. L'efficacité de ce passage d'une séquence à l'autre — pour peu que l'analyste accepte de se laisser faire — mérite pourtant d'être soulignée, car cette rupture de la séduction est un moment crucial pour son effet thérapeutique. Le moment de la séduction, loin d'être un artefact gênant, est donc d'une grande efficience, non seulement au début de la cure, mais pendant tout son déroulement.

Le dispositif (plutôt que l'acte) a donc malgré tout un effet sur la sexualité : parce que le pouvoir de soulager un symptôme lui est prêté, l'analyste est investi de la puissance paternelle. L'efficace du dispositif psychanalytique apparaît, lorsque ce père, réduit à l'impuissance par le paiement, est mis en position tierce. Grâce à ce procédé, l'analysant peut transiger avec le clivage pesant sur sa sexualité, et la psychanalyse n'est ainsi que l'un des moyens, parmi d'autres, qui permettent au névrosé d'activer son désir. Ce résultat n'est pas propre à la psychanalyse. Elle laïcise le pacte à trois nécessaire à la survie du couple.

Cet effet du transfert n'est pas limité à la relation qu'il y aurait entre un analyste et sa patiente. On pourrait en effet croire que ce type de séduction concerne surtout l'hystérique s'adressant à un homme. Or, il s'agit d'une séduction aussi efficace, lorsqu'elle concerne un analysant qui se reconnaît dans le sexe masculin. Si l'analyste, non seulement évoque à son patient la puissance paternelle, (ce qui ne manquera pas), mais de plus se comporte sur le modèle de cette paternité qui l'a toujours tracassé, il recherchera l'issue perverse de cette situation féminisante.

Un tel effet, qui n'est pas périphérique, mais parfois massif, résulte du dispositif lui-même, et il se produit en quelque sorte spontanément, dans la mesure où l'on ne s'y oppose pas. Cependant, non seulement cette conséquence n'est pas propre à la psychanalyse, mais de plus, cet éventuel réveil se produit sur la base d'un complet malentendu. C'est uniquement lorsque l'analysant se trompe assez lourdement sur la fonction de l'analyste, en lequel il voit par erreur une sorte de directeur de conscience d'un type nouveau, moderne, que ce contact l'émoustille et l'amène à s'émanciper. Si des analystes faisaient également cette erreur et se prenaient à leur tour pour des directeurs de conscience, le réveil sexuel et les prouesses érotiques qui en résultent, leur sembleraient être des succès de leur art (alors que le curé inculquant le catéchisme aux adolescents aura d'aussi bons résultats).

Les insignes de la puissance dont l'analyste est investi, sont curatifs à proportion d'une perversité mise en jeu par malentendu. Le dispositif opère, articule la cause du désir dans son obscénité, sans requérir de l'analyste aucun des actes qui lui sont spécifiques.

Le dispositif, efficace par malentendu, permet de surmonter le clivage de la sexualité, et ce bénéfice peut amener certains analysants à continuer leur cure, alors que leurs symptômes ne les tracassent guère depuis longtemps. Ils trouvent auprès de leur analyste non seulement le tiers, mais la figure totémique qui soutient leur désir en dépit de la névrose. Il leur suffit de payer — acte qui est à la fois celui de l'allégeance et du règlement de la rivalité — pour que la puissance qu'ils ont eux-mêmes instituée, et de plus par malentendu, leur serve de mythe. Etalon de rêve, car ils ne savent rien de la façon de se comporter de leur analyste. Cette pure imposition du mythe sur une figure inconnue les émoustille. Les mois, les années passent, l'excitation demeure : plus sauvage que le modèle religieux — chrétien tout du moins — la psychanalyse fonctionne alors comme un nouvel abri paternel — tant que l'analyste est contraint de supporter ce rôle, dont il n'ignore pas l'équivoque.

Le transfert n'a-t-il pas un autre effet ? S'il met en scène le père totémique, ne faut-il pas s'attendre à ce qu'il porte sur le choix du genre, puisque c'est l'amour porté à ce père qui en décide ? Il est difficile de préjuger du retentissement de la cure sur l'élection du genre, mais il porte jusqu'à ce niveau, bien que, le plus souvent, cet effet confirme seulement un choix déjà effectué. Une jeune femme peut, par exemple, se sentir assurée dans sa féminité grâce à son analyse. (Son cycle menstruel peut se réguler, et les signes secondaires de sa féminité prendre des proportions qu'ils n'avaient pas auparavant, parfois spectaculairement).

Mais il arrive aussi qu'un analysant se rende compte que son choix ne correspond pas à son choix, que ses efforts pour se conformer à ce que son anatomie lui suggère ne sont pas en harmonie avec son désir, ou qu'au contraire l'homosexualité dans laquelle il se plaisait l'ennuie passablement. L'analyse pourra ainsi avoir un résultat en apparence peu reluisant du point de vue des standards sociaux, ou au contraire elle pourra faire état d'un succès honorable du point de vue des normes.

Il n'existe pas d'idéal permettant de définir le standard de vie sexuelle auquel l'analysant devrait se conformer. L'imposition d'une norme, qui peut être suggérée même si l'analyste ne l'explicite pas, devrait entraîner une issue perverse. Toutefois, dans la mesure où l'essentiel de l'efficacité psychanalytique est centrée sur le symptôme, le résultat le plus immédiat de cette efficience sera l'activité, la réalisation du fantasme, l'apposition de la signature. A cet égard, la psychanalyse sera plutôt normalisante, à cause de son effet thérapeutique. Elle a ainsi la réputation, non sans raisons, de raboter sérieusement la perversité névrotique, qu'elle ne saurait pourtant se proposer d'éradiquer.

Cependant, cette conséquence résulte seulement de la

symbolisation du phallus par le nom, et elle s'accomplit aussi efficacement lorsque le nom (les œuvres) sont reconnues dans la société, sans l'aide de l'analyse. Cette symbolisation peut d'ailleurs se défaire tout aussi facilement. Il existe souvent une sorte de relation d'inverse proportionnalité entre perversité sexuelle et accomplissement du nom : les adolescents peuvent se livrer à de nombreuses excentricités sexuelles, y compris homosexuelles, divertissement dont le goût leur passe généralement avec le temps, non parce que leur puissance et leur curiosité aurait diminué, mais parce que leurs réalisations viennent faire brèche dans ce que leur sexualité comporte de perversité. Cependant, cette évolution n'a qu'une stabilité relative : un chef d'entreprise qui vient de faire faillite, par exemple, peut retourner voir des prostituées alors que cela ne lui était pas arrivé depuis longtemps.

Une fois encore, l'effet de l'analyse qui vient d'être évoqué ne paraît pas lui être spécifique, et son éventuelle normativité résulte seulement de la rigidité du dispositif. Ce dernier est efficace, mais ne risque-t-il pas de favoriser une analyse infinie ? Si le malentendu qu'il comporte se maintient ne va-t-il pas tourner à l'escroquerie ?

Une analytique de la sexualité semble problématique, parce qu'elle rencontre l'os du transfert, dont l'imputation de puissance réactive la perversité. Cette difficulté n'est-elle pas celle que Freud a rencontrée dans les plus connus de ses exemples cliniques ? Et lorsque nous croyons voir là quelques erreurs du maître à ses débuts, nous aurions peut-être à y discerner plutôt une difficulté inhérente au dispositif : si cet écueil est paternel, comment analyser ce qui est le moteur de la cure ?

Ne sera-t-on pas gagné par un sentiment d'impuissance devant ce que les exigences de la sexualité comportent d'infernal, impuissance alors même que l'analyste peut toujours disposer de la force du dispositif ? Il peut désespérer d'obtenir un résultat grâce à l'équivoque signifiante, au niveau d'une sexualité qui est fixée en amont de son acte. C'est pourquoi, devant les difficultés de la vie amoureuse de ses patients, un analyste sera tenté de donner des conseils, ou d'intervenir en abandonnant le terrain proprement analytique. Même lorsque ce secours est réconfortant, ne fait-il pas courir le danger de retarder l'analyse ?

Il peut arriver qu'un analysant tombe entre les mains d'un partenaire prêt à abuser du pouvoir que lui donne l'amour. Pourtant un effort quelconque pour prévenir la perversion s'avère peu efficace, parfois parce que la situation la plus douloureuse est aussi celle de la jouissance la plus élevée : cette analysante, par exemple, tombe amoureuse d'un homme marié, qui lui promet qu'il va divorcer. Il n'en va pas ainsi, et il apparaît rapidement que cet homme a l'habitude de mettre sa femme au courant de ses aventures, et qu'ils en tirent tous les deux un plaisir certain. La situation se tend, puis se précipite, l'épouse va voir la maîtresse, lui parle d'abord avec douceur, puis la tutoie, enfin se moque d'elle et la rudoie. Etait-il nécessaire de laisser entendre, comme je l'avais fait, qu'elle avait servi d'objet de jouissance ? Et sa réponse était-elle si imprévisible : qu'il était vrai qu'elle n'avait jamais autant souffert, mais que, pour la première fois aussi, elle avait eu un orgasme avec un homme ?

L'analyste devrait se contenter patiemment des effets du dispositif, si le courant qui va de la perversion à la névrose était univoque. Il devrait sans doute agir seulement sur le symptôme, c'est-à-dire sur les conséquences du malaise dans la civilisation. Cependant, il n'en va pas ainsi, car le fantasme comporte un point de conjonction avec la perversion, celui qui fait la perversité névrotique. Grâce à lui il est possible de remonter le courant, et d'obtenir un effet en deçà de la névrose.

On peut comprendre, avec un modèle thermodynamique simple, comment la poussée du désir permet de régresser jusqu'au point qui intéresse la sexualité, et précède le refoulement. Imaginons un courant d'eau actionnant une roue à aubes comportant trois godets. C'est la force de ce flux qui permettra un retour en arrière à chacun des tours de la roue. Imaginons aussi que ce système peut se bloquer, mais qu'il soit possible de pallier cette difficulté en agissant sur l'un des trois godets : n'est-ce pas le cas de l'acte analytique, qui peut équivoquer sur la duplicité paternelle, et remettre ainsi le système en mouvement ? La possibilité d'un retour en arrière, non pas à contre-courant mais grâce à la force du courant, permet d'envisager l'efficacité d'un acte analytique qui, tout en portant sur le fantasme, concernera aussi la sexualité. On peut montrer grâce à un fragment clinique, comment un acte analytique classique porte sur le fantasme, au point même où le lien amoureux est concerné, c'est-à-dire en deçà de la névrose.

Il s'agit d'une jeune femme dont l'amant est investi d'une telle identification paternelle que le désir pour lui balance entre la demande et le refus. La difficulté est en quelque sorte de se séparer de l'instance paternelle tout en restant liée à l'homme. Elle vient de rompre une fois de plus avec lui. Cependant, non seulement elle continue de l'aimer, mais de plus, paradoxalement, tout continue exactement comme si elle n'avait pas pris avec fracas cette décision. Les ruptures répétées ont la fonction d'opérer une distinction entre le père et l'homme : séparation incompréhensible, puisqu'elle est nécessaire à l'union. S'agissant d'un travail analytique déjà approfondi au cours duquel le problème de la séparation a déjà été évoqué à plusieurs reprises, je lui demande si elle pense que cette nouvelle rupture concerne son compagnon « comme amant ou comme père ». Et elle me répond qu'elle a l'impression de rencontrer chez lui, justement, à la fois son père et sa mère. Cette équivoque est instructive, car, en effet, si le père et l'homme se confondent, alors l'amant est incestueux, au sens où il n'y aura plus d'instance paternelle pour protéger de l'inceste maternel. L'amant est « comm' maman ».

L'acte qui intervient sur le fantasme grâce à l'équivoque, concerne à la fois la duplicité paternelle, et la perversité éreintante en jeu dans la répétition des ruptures. Les embarras du désir sexuel peuvent ainsi être traités comme s'il s'agissait de symptômes.

## Chapitre 2

## DU PERE A L'HOMME

Le dispositif psychanalytique a un avantage irremplaçable, celui d'accommoder, et cela pour les deux sexes, la place du père Totémique.

Du côté de l'homme, le totem permet une identité à la masculinité. Ce père sexuel a montré de quelle manière il convient de traiter les femmes – sans patience – et il a aussi enseigné comment marcher au pas. Dans l'anonymat, car le bon soldat est toujours inconnu. Il suffit d'avoir évoqué aussi succinctement la fonction de ce repère paternel dans la vie sexuelle comme dans la vie sociale, pour comprendre que son totem sera au centre de la vie de la plupart des hommes. Ne rêvent-ils pas de réaliser des exploits identiques à ceux qui lui sont prêtés ? Cette paternité propose une sorte d'idéal masculin presque universel, dont les mots d'ordre de justice et d'égalité forment le négatif immédiat.

Lorsqu'un homme demande une analyse à cause des difficultés dont sa puissance sexuelle ou sociale est grevée, il pense à ce père. Et s'il pâtit de diverses façons de sa figure violente, c'est encore à lui qu'il peut rêver de ressembler. S'il cherche à trouver son identité grâce à ce modèle, tout ce qu'il pourra réaliser lui laissera seulement rejoindre son impersonnalité. L'analyse ne lui apprendra pas qu'il n'est nullement identique à lui-même dans l'exercice de cette puissance : il le sait déjà obscurément. Elle lui confirmera seulement qu'il n'est pas « le père » quand il est ce père, et qu'il ne l'est pas davantage lorsqu'il est aimé par une femme, ou lorsqu'il s'identifie aux figures du pouvoir. Aussi loin qu'il aille sur son chemin d'analysant, il rencontrera seulement son clivage, et la souffrance particulière de sa virilité, s'il peut y consentir.

Il peut aussi ne pas chercher à être identique à ce père, et seulement se plaindre de son amour premier pour son totem. C'est alors à partir d'une position féminisée, si essentielle à la psychanalyse, que Lacan a pu définir le discours analysant comme « discours de l'hystérique », que sa tâche analytique se déploiera. L'analysant ne manquera pas de prêter à l'analyste la puissance dont il pâtit, et à cet égard, sa tâche sera de distinguer ce qui différencie la place du père de celle de l'homme.

Dans sa pureté, cette question semble intéresser seulement les femmes, pour lesquelles une telle distinction est vitale. Il est plus difficile à un homme de se la poser, parce qu'elle mord sur son appartenance sexuée. Seuls ses échecs et la souffrance qui en résulte l'obligeront, dans une certaine mesure, à reconnaître dans ce père dont il rêve ou qui le persécute, la figure d'un mythe institué par lui, aussi bien qu'il en est institué dans son plus intime.

Un homme n'est pas contraint par sa vie sexuelle à faire la différence entre le père et l'homme, et il aborde cette question seulement s'il rencontre l'échec, dans la béance ouverte alors entre l'identité sexuelle et l'identification subjective. Une femme, en revanche, rencontre cette ligne de partage dès que son désir se manifeste. La démarcation entre masculinité et paternité lui est problématique, parce que le père totémique, responsable de l'éclosion du désir sexuel, n'a pas de nom. Par conséquent n'importe quel homme lui ressemble, lorsqu'il manifeste son désir. Dans son anonymat un homme quelconque est un violeur potentiel, car il évoque ce père.

Cette confusion, si facile à faire entre l'homme et le père, peut également entraîner des difficultés sexuelles, qui ne sont nullement des symptômes au sens névrotique du terme, mais seulement le résultat d'une extension de la paternité hors de ses bornes. Que peut-il arriver, en effet, si le point d'exclusion paternel ne tient plus, et si tout geste, tout regard masculin, livre le corps à un inceste morcelant ? Comment un homme peut-il se débarrasser de sa paternité et apparaître dans sa virilité, différent du père du traumatisme ?

Comment l'homme paraîtra-t-il distinct de ce père, sinon en le tuant, supprimant ainsi le père en lui dans un pacte meurtrier – c'est, devant le Cid, la ressource de Chimène, séduite par l'assassin de son père – Lorsqu'il désire une femme, un homme ne doit-il pas la débarrasser de ce père, avec lequel il ne peut pactiser ? Il établira alliance non dans l'échange, mais grâce à cette violence.

Une symbolisation analogue au mariage recherche une telle solution : lorsque le nom paternel se perd pour être remplacé par celui du mari, cette cérémonie tente de tracer une ligne de partage entre paternité et masculinité. Le meurtre du père par l'homme, ou l'épreuve qui lui correspond, le sacrifice qu'une femme se dispense rarement d'exiger d'un homme ayant la prétention de l'aimer, permet de faire apparaître cette démarcation. De la sorte, peut naître du côté féminin le désir d'un homme dont l'amour paternel n'est pas le prototype (c'est-à-dire un violeur ou un impuissant). Ainsi de la femme qui reconnaît son désir pour un homme uniquement lorsque ce dernier s'est affronté avec un rival, ou dont l'excitation ne naît que pour le guerrier, car c'est seulement de cette façon qu'elle découvre la virilité, dans ce qui refuse de pactiser avec le clan des pères et se tient au dehors. La résistance qu'elle pouvait opposer jusqu'alors était proportionnelle à la paternité mythique qui habitait l'amant, et elle tombe avec le sang, comme le sang.

Il existe un jugement péjoratif, le plus souvent masculin, porté sur l'intrigue hystérique. Le terme même « d'intrigue hystérique » est celui que l'on trouve dans certains écrits psychiatriques. Il donne une idée machiavélique de ce que cherche l'hystérique, alors que son objectif final est de soutenir le désir, le sien comme celui de son partenaire. C'est par exemple le cas lorsque deux hommes sont opposés l'un à l'autre dans leur amour pour une femme. Le jugement péjoratif, celui de « l'intrigue » semble justifié, car l'un d'entre eux sera en chaque circonstance utilisé contre l'autre. Cependant cette appréciation défavorable méritera d'être révisée, si le véritable enjeu est de différencier masculinité et paternité.

L'intrigue a sa fonction non seulement pour la femme, mais aussi pour l'homme, puisque ce dernier ne mettra jamais si bien en jeu son désir que lorsqu'il est sujet du manque, différent de l'image paternelle. Lorsque deux amants sont opposés, ce montage permet de faire la distinction père/homme, en situant le père et son meurtrier. Par contre-coup, ce clivage oblige l'homme à opérer à son tour la distinction : mère/femme, puisque, à partir du moment où « du père » est rejeté, il est obligé de se situer dans le camp masculin, et non dans celui d'un fils par rapport à sa mère. Ainsi, l'espace maternel est relégué en même temps que ce père. Il s'évide à l'instant où le rival est éreinté. L'élimination de la figure paternelle selon différents scénarios va donner à l'amant la place d'un homme désirant une femme, et la division père/homme convoque en retour une division symétrique mère/femme.

A elle seule, la rigidité du dispositif psychanalytique pose cette limite, presque indépendamment de la bonne volonté ou du savoir faire de l'analyste. En effet, quelle place occupe l'analyste ? Il cause la parole, et présentifie le désir que cherche à exprimer le discours. Il est investi de cette causalité du désir, mais cela contradictoirement au désir sexuel, a priori rejeté au niveau du fantasme dans la relation analytique. Cette ligne de partage entre désir et sexualité fait de l'analyste un homme, certes investi de désir, mais à l'exclusion de son implication sexuelle. Le transfert départage l'amour de sa conséquence sexuelle. Sa fonction rend l'analyste analogue à un impuissant ou à un homosexuel, à un vrai père, en somme, mais un père à l'égard de qui le désir se retourne : la demande ne s'adresse-t-elle pas à lui sans qu'il y réponde, unilatère comme en atteste la paiement, scindant ainsi l'ambiguïté du génitif ? La sexualité du désir ne se détourne-t-elle pas dans ce retournement ? Ainsi une ligne de partage se trouve-t-elle potentiellement tracée entre le désir du père (réduit à sa réversion), et le désir de l'homme (ce qui fonctionne à l'abri de cette exclusion paternelle).

Dans l'*Ingénue libertine,* Colette décrit la vie d'une jeune femme à la recherche d'un plaisir sexuel d'autant plus difficile à atteindre qu'elle s'acharne à le rencontrer. Il lui faudra faire la connaissance d'une sorte d'expert en amour, d'un vieux libertin supposé tout savoir sur le plaisir, et poursuivre cet homme jusqu'au moment où il renonce à s'occuper d'elle, pour que la sorte de maîtrise du désir ainsi manifestée lui permette de rencontrer le plaisir, non avec lui, mais avec son mari. Il fallait cet ordonnancement, cette subordination de la jouissance à l'exclusion d'un père, pour qu'il y ait jouissance. Dans cet écart entre deux hommes, la figure inaccessible de l'expert en jouissance délimite la place d'un père refusé, et laisse son rôle à l'homme. Dans la suite d'une déception, au moins secrète, se découvre le désir de l'homme.

Ce n'est pas tant que, toute proportion gardée, l'analyste tiendrait la place du vieil expert en amour, car bien plutôt tous les hommes seront peu ou prou investis de la sorte. C'est seulement au niveau du renoncement à l'érotisme, alors que la sexualité est convoquée, que s'impose une telle analogie.

Dans cette occurrence, la question du sexe de l'analyste mérite d'être soulevée, car, il est vrai, la ligne de partage père/homme s'établira d'autant plus clairement que l'analyste sera un homme. Sans doute la même question se posera-t-elle également si l'analyste d'une femme est une femme, mais cette dernière n'occupera pas la même position par rapport à ce problème. Elle devra en effet non seulement entendre la plainte, mais aussi l'inévitable demande de complicité de son analysante par rapport aux hommes et à leur duplicité. Mais, pour supporter cette demande, sera-t-elle au début ou à la fin de la chaîne du désir féminin ? Son analysante lui parlera-t-elle comme à une mère par la faute de laquelle se déclenche l'amour du phallus et de l'homme, ou bien comme à une femme que cet amour de l'homme évoque ?

Avec un analyste, la perspective d'une démarcation entre le père et l'homme est aussitôt ouverte, car elle est homogène à celle qui existe entre le désir sexuel et le désir du fantasme : il suffit que la demande intéresse conjointement le père et l'homme, et que l'analyste se refuse à réaliser ce qu'elle comporte de sexuel, non tant comme acte, que seulement comme séduction. Dès le premier entretien, et plus encore lorsque le motif de l'analyse est sexuel, la question se posera avec plus d'acuité si l'analyste est un homme, parce que tous les hommes sont sensibles à la séduction et ne sauraient lui résister, leur universalité comportant par définition le père.

Tout homme qui désire peut facilement être investi du trait de la paternité totémique, et de plus, la sexualité est réputée interdite entre l'analysante et l'analyste, au même titre qu'elle l'est entre un père et sa fille. Cette analogie forme un point d'appui solide de l'analyse, et cela, même s'il n'existe aucun élément apparent de séduction entre l'analyste et sa patiente, ou même si ces deux protagonistes ne se plaisent nullement.

Ainsi de cette analysante qui vient de faire un rêve où la relation avec son analyste est quelque peu érotisée : « Il y avait cette situation érotique avec vous, dit-elle, mais en même temps il était clair que la frontière de l'inceste ne devait pas être franchie ».

Lorsque l'analyste est une femme, la ligne de partage homme/père s'établira selon un autre procès, puisque le point de départ du transfert sera plutôt homosexuel, si l'on peut appeler ainsi la prise à partie de l'autre femme, alors que c'est de la relation à l'homme et au phallus dont il est question.

Cette situation économise une confrontation avec le désir sexuel. Elle semble plus reposante, et ce calme n'est nullement le synonyme de l'inefficacité, puisqu'il existera la même efficience de la cause du désir que si l'analyste était un homme. N'est-ce pas un moyen de mener l'analyse plus directement vers la question du symptôme, en contournant les embûches de la sexualité ?

Cependant, l'analyste sera malgré tout interrogée sur son genre parce que la question paternelle ne peut être contournée, et que la féminité de l'analyste interférera dans la cure, soit comme point de départ – au titre de la maternité – soit comme point d'arrivée – au titre de la femme, d'une Autre femme mythique et accomplie, détachée de l'espace maternel.

« Mère » et « femme » sont des identifications qui réclament un travail analytique complexe, pour lequel une analyste est plutôt aidée par son sexe, surtout si elle prend le soin de n'être identifiée à aucune de ces deux images au delà de ce qui est nécessaire. La difficulté est de situer la problématique paternelle entre ces deux pôles féminins — elle s'y trouve — et c'est elle qu'il convient de dégager.

Cette position aussi implicite qu'efficace de l'homme entre la figure maternelle et celle de la femme apparaît par exemple dans ce souvenir d'enfance associé à une image de rêve : cette patiente devait avoir 7 ou 8 ans et elle s'était entichée d'un garçon de son âge, qu'elle voyait pendant les récréations. Au lieu de suivre le cours, elle était un jour en train d'écrire à son élu une lettre passionnée. Si passionnée qu'elle en oublie le lieu où elle se trouve, et qu'elle ne reprend ses esprits qu'au moment où la maîtresse lui prend des mains la lettre qu'elle était en train d'écrire.

Non contente de s'immiscer avec autant de violence dans l'intimité de son élève, cette dernière demande à qui le billet était destiné. La petite fille est terrorisée, elle imagine déjà une scène où sa mère serait convoquée, et plutôt que de donner le nom de son élu, elle nomme la plus proche personne qui lui tombe sous les yeux : sa voisine de pupitre. Ce souvenir est compréhensible dans toutes ses séquences, et, à l'époque, il ne serait pas venu à l'idée de cette petite fille que quelque chose comme l'homosexualité pouvait passer pour aussi répréhensible qu'un lien avec un garçon. Aux yeux d'une mère, une lettre passionnée à une amie plutôt qu'à un garçon ne serait-elle pas plus facilement pardonnée ?

L'intérêt de ce souvenir n'est pas seulement de montrer comment, sous l'équivalent d'une pression maternelle, le lien amoureux à l'homme est gommé. Il tient son importance de son association à une séquence de rêve où la présence masculine n'apparaît plus du tout. Il s'agit d'une image où des bouts de papiers écrits sont retrouvés dans un sexe féminin. L'association permet de déduire une présence masculine implicite dans une scène qui aurait pu paraître impliquer l'homosexualité.

Lorsque l'analyste d'une femme est une femme, une telle

problématique ne sera donc pas éludée, bien que le transfert aille dans le sens de son élision. C'est pourquoi il importe de noter la préférence de l'analysant lorsqu'il commence sa cure. A-t-il choisi un analyste de ce genre ou de cet autre ? Sa réponse compte, autant si elle est exclusive d'un sexe que si elle affiche l'indifférence. Ce choix peut déjà donner une indication sur les lignes de résistances en jeu dans ce qui démarque le désir du père et celui de l'homme.

Chapitre 3

# CONSEQUENCES SUR LA JOUISSANCE FÉMININE

En quel sens l'action silencieuse de l'analyste, réduite à l'accommodation du dispositif technique de la cure, peut-elle avoir une conséquence sur la sexualité, et cela, sans qu'il n'y ait jamais eu aucune interprétation ni d'intervention directe ? Le dispositif peut pivoter sur le point de bascule du fantasme de séduction, mais on verra mal l'implication de cet effet sur la jouissance du corps, tant que l'on ne concevra pas comment le narcissisme féminin se situe à partir de la question paternelle.

La jouissance dépend d'un certain état du narcissisme, c'est-à-dire d'un investissement particulier du corps par le phallus. Or, c'est par rapport à la question paternelle que va se symboliser le phallus selon différentes modalités. La démarcation du désir du père, pur effet du dispositif analytique, n'aura-t-elle pas ainsi sa conséquence sur la jouissance du corps ?

Le désir qu'un homme porte à une femme fait de celle-ci le symbole du manque, et elle est alors « phallique », non au sens d'une absence de féminité ou d'une virilisation, mais en celui où elle focalise le désir. Ce qui la nimbe de cette aura particulière, la fait « phallique », incarnation vivante du symbole du manque. Grâce à cette identification, les particularités du narcissisme féminin, comme ses implications dans la jouissance, apparaissent.

L'identification au phallus est sans doute l'une des notions les plus scandaleuses de la théorie psychanalytique, et l'on ne peut s'assurer de sa validité que grâce à ses conséquences cliniques. Identification à la chose précieuse, à l'objet du manque, elle recouvre ce qui est généralement reçu sous le terme descriptif et un peu péjoratif de « narcissisme ».

Qu'une femme puisse s'identifier au phallus, c'est-à-dire au symbole de l'organe qu'elle n'a pas, est un paradoxe compréhensible à partir du moment où elle est identifiée au désir qu'elle cause. Pour faire image, l'érection qu'elle provoque la fait semblable à cette érection, et, réciproquement, lorsqu'elle se comporte comme si elle en occasionnait une, elle en provoque une en effet. En se laissant désirer, elle s'identifie à ce qu'elle provoque, c'est-à-dire au pénis en érection. L'amour du pénis qu'elle peut éprouver à cet instant est à cet égard narcissique (elle aime le pénis chrétiennement, comme elle s'aime elle-même). Cette réalisation du narcissisme sous la forme de l'envie du pénis est souvent considérée comme la féminité normale (peut-être parce qu'il valorise le narcissisme masculin).

La question de l'identité féminine peut ainsi espérer trouver sa solution grâce à une identification au phallus, bien que le mystère féminin ne soit pas pour autant levé, puisque l'on ne peut savoir ce que c'est que « phallus »[1].

Il existe une autre occurrence de l'identification narcis-

1. « Phallus », en tant que symbole du manque, est semblable à « Dieu » ou à « Femme ». Il s'agit d'une série de signifiants que l'on peut développer infiniment, car leur particularité de symbole du manque les rend protéiformes. Cependant, cette infinité n'a que trois termes originaux, qui sont « Phallus », « Femme » et « Dieu ». « Femme » est en quelque sorte à mi-chemin entre « phallus » et « Dieu », et elle peut être située de cette façon car elle permet d'incarner ce qui ne se nomme pas, entre le terme innommable qui symbolise le manque (phallus), et le nom qui désigne cet innommable (Dieu). « Dieu » précède-t-il le « phallus » dans un ordre qui serait celui d'une transcendance ? Dieu est-il une sorte de mystification de la primauté du sexe, de l'horreur sacrée qui l'a entourée depuis la naissance des religions, et faut-il alors donner à « Phallus » le poste de commandement dans l'ordonnancement du langage ? Cependant ni l'un ni l'autre ne peuvent être considérés comme signifiant transcendantal. En effet, pour absolus qu'ils soient, ils résultent d'une certaine opération, qui ne leur concède un poste de commandement que dans l'après coup. La révérence qui peut leur être faite est seulement celle qui est due à un semblant, lorsqu'il est efficace.

sique, réalisée dans la rivalité avec les hommes. Il s'agit d'être la meilleure, d'avoir la valeur la plus élevée. Ce narcissisme féminin, contrairement à sa réalisation par le « pénisneid », semble solitaire. La prestance phallique la plus intraitable l'anime même lorsqu'elle engendre un malheur extrême. On peut avoir une première intuition de son enjeu en évoquant une lutte qui s'est déroulée entre un père et sa fille, affrontement que l'on pourrait qualifier de conflit pour le pouvoir, pour la possession du nom, rivalité dont la particularité n'implique nullement le passage de la fille du côté masculin. Cet affrontement premier, début d'une longue guerre d'usure opposant la fille à la gent masculine, se développe sur tous les terrains, et, dans nos sociétés, il ne connaît plus d'obstacles légaux ou administratifs.

Le fait de rivaliser avec l'homme, quelle que soit la compétence requise, pourrait laisser penser que la femme est ainsi imaginairement son égale. Campant sur le terrain qui leur est dévolu, une telle femme se retrouve-t-elle finalement dans le camp de ceux avec qui elle prétendait rivaliser ? Se virilise-t-elle dans cette lutte où elle se montre souvent la plus forte ? Elle reste cependant du côté des femmes, pour un motif qui tient à l'enjeu de la rivalité : en effet, ce n'est nullement la possession du pénis qui l'intéresse dans cet affrontement. Il s'agit d'être, en tant que fille, aussi forte qu'un homme, et au même titre que lui, de représenter ce qu'il peut y avoir de plus précieux : ce n'est pas la propriété de l'organe sexuel qui la met dans la rivalité, mais le souhait d'être le phallus, dans la mesure où elle a pu penser, et pense encore, que sa mère a préféré, et préfère encore les garçons. (C'est donc du point de vue d'un Œdipe « orthodoxe » que ce narcissisme féminin trouve son fondement).

Cette rivalité est différente de celle que les hommes entretiennent entre eux. Elle s'en distingue par son objectif, qui est l'identification au phallus (et non d'avoir le pénis). La compétition est alors plus importante que le but dont elle est l'occasion. L'enjeu du combat n'a d'intérêt que pendant le temps où il se déroule. Les projecteurs sont moins tournés vers l'œuvre que sur celle qui l'accomplit. Seule compte sa gloire sans doute, mais cet éclat prend son sens seulement s'il est reconnu par la puissance maternelle, qui est la véritable arbitre de l'affrontement. Une mère assiste à cette lutte sourde opposant un père et sa fille. Plus tard, souterrainement, c'est par rapport à un mythe féminin implicite que la guerre contre l'homme va se poursuivre. Un mythe de la Femme – qui ne se réduit pas à un complexe de masculinité – est l'enjeu secret de l'affrontement avec les hommes.

La féminité engagée dans ce type de narcissisme s'appuie sur un amour de la femme, puisque c'est pour la gloire de cette Autre secrète, que l'action est accomplie. Parler d'homosexualité hystérique est un terme trop vague (et plutôt péjoratif), pour qualifier cet amour qui peut rester latent dans la rivalité avec les hommes, ne dérobant rien à la féminité car au contraire il l'affirme et la glorifie. La féminité est au centre de cette « homosexualité », et non la revendication d'être comme l'homme et de se passer de lui.

Qu'une femme puisse porter la guerre contre la gent masculine, et souvent avec succès, n'a donc pas comme objectif de posséder le pénis, et ce développement belliqueux est compatible avec une féminité qui donne une arme supplémentaire à l'amazone. La rivalité s'exercera avec la même violence en amour que sur les autres plans, portant la destruction grâce à la confiance que l'attrait amoureux permet de gagner.

Cette jeune femme, compétitive et efficace dans sa profession, remarque ce qu'il y a de répétitif dans sa manière d'éconduire un amant auquel elle tient. C'est avec cet homme, qu'elle se plaît, mais il lui faut régulièrement le frapper. Peut-être l'aime-t-elle pour cela, pour lui porter le coup qui le surprendra immanquablement, au moment où il est le plus épris et manifeste son désir en même temps que son amour. Elle le repousse alors, parfois avec violence, souvent en prétextant de l'urgence de ses tâches, ou encore d'un rendez-vous d'affaire inopiné. Quelques instants avant l'heure prévue, elle téléphone pour se décommander, quitte à calmer plus tard la déception de son amant. Le prétexte du travail est souvent tellement peu plausible, qu'il lui arrive d'alléguer un événement tragique, survenu dans son entourage. Son amant finit par s'inquiéter de cette hécatombe touchant ses amis et sa famille.

« Je n'ai pas pu venir au rendez-vous parce que, juste à cette heure-là, le fiancé de ma meilleure amie a tenté de se suicider... »

« Je ne pourrais pas te voir le prochain week-end, car mon oncle est mort... »

« Le père de mon amie d'enfance vient de mourir d'un cancer... »

Cette hécatombe est inquiétante, mais elle est aussi significative, parce qu'elle touche des hommes investis d'un signe paternel. Ce sont eux qui succombent en effet dans le fantasme, au moment où l'amant, celui qui désire sexuellement, est le protagoniste désarmé et ignorant des enjeux du combat.

La féminité est un atout supplémentaire, joué dans la rivalité avec l'homme. Carte d'autant plus traîtresse qu'elle s'abat si aisément. Le narcissisme a alors cet effet d'être castrateur, au sens qu'a communément ce terme, (et pour une fois à juste titre). Il ne s'agit pas de se faire désirer pour refuser le désir, car le refus est homogène au désir, et son effet est plutôt aphrodisiaque.

« Castration » il y a dans la relation aux hommes lorsque ce narcissisme est mis en œuvre. En effet incarner directement le phallus permet d'éviter d'en passer par ce qu'on entend usuellement par la sexualité,(ou par la sphère du génital). Toute relation sexuelle devient superfétatoire, car ce qu'elle pourrait apporter grâce au narcissisme de l'envie du pénis, a déjà été accordé par le narcissisme de la rivalité. Ce narcissisme a obtenu satisfaction avant même qu'il y ait relation sexuelle, puisque pour obtenir cette dernière, l'homme s'est déclaré vaincu par l'amour, et il a généralement dû, si l'on peut dire, baisser pavillon. En effet, l'aveu d'amour de l'homme signifie sa défaite au plan du narcissisme de la rivalité, dans ce contexte où l'amour est une forme continuée de la guerre. Il ne reste donc plus rien à gagner, pour la femme du côté du narcissisme de l'envie du pénis (c'est-à-dire de la relation sexuelle).

Un homme habile pourrait espérer soutenir cet affrontement de façon telle, que le passage d'un narcissisme à l'autre reste possible. Il y faut pourtant des circonstances exceptionnelles, car une femme vivant dans la rivalité avec l'homme le laissera approcher seulement en vaincu, ce que le désir qu'elle provoque lui permettra toujours d'obtenir. Elle a alors gagné, si l'on peut appeler victoire ce moment où ce qui concerne sa sexualité n'est plus rien. Dans cette mesure sa relation à l'homme est castratrice, et cela alors que la féminité (c'est-à-dire l'incarnation du symbole du manque) n'aura jamais cessé de tenir le devant de la scène, dans une provocation continuée au désir, en même temps que dans un affrontement sans merci avec celui que ce désir enchaîne.

Dans l'article désormais classique de Joan Rivière sur *La féminité comme mascarade,* une jeune femme, brillante dans sa profession, vit dans une concurrence acharnée avec les hommes. Elle rivalise avec eux jusqu'au moment où elle rencontre le succès, qui est l'occasion d'un moment dépressif. La réussite signifie la victoire sur un père qu'elle abhorre sans doute, mais ce dernier mis à mal, un repère essentiel de sa féminité se dérobe. La prestance phallique qu'elle affichait dans la compétition s'effondre à ce moment. Il lui faut alors chercher un refuge amoureux auprès d'un homme dont la caractéristique essentielle sera son allure paternelle. Elle abandonne le narcissisme de la rivalité et elle se console grâce au narcissisme du « penisneid », qui permet d'obtenir un résultat semblable d'identification au phallus, bien qu'il soit nécessaire alors d'en passer par le désir d'un homme. Elle consent à reconnaître — tout provisoirement dans son cas — qu'un homme possède ce qu'elle n'a pas.

Le passage de la première à la seconde modalité fait la féminité de ce personnage. On pourrait montrer que de nombreuses femmes en restent toujours soit à la première, soit à la seconde présentation du narcissisme, sans que l'on puisse mettre en question l'enjeu féminin de l'opération (et non un complexe de masculinité).

Le narcissisme de seconde forme va de pair avec une absence d'envie du pénis, sinon avec un franc dégoût du sexe masculin. En effet, si l'objectif est d'obtenir une identification au phallus grâce à une victoire sur l'homme, la vie sexuelle sera inutile. Ce narcissisme a comme conséquence, non seulement un désintérêt pour la sexualité, sinon une frigidité, mais, dans la lutte avec l'homme, une certaine façon de ridiculiser le sexe masculin, d'autant plus voyante qu'elle ne s'accompagne d'aucune forme d'inhibition, puisqu'il s'agit toujours d'une compétition, continuée sur le plan sexuel. Et dans leur rivalité ces femmes seront d'autant plus intraitables que le désir sexuel qu'elles provoquent ne saurait les faire fléchir ou seulement les amadouer, puisque c'est lui qui leur permet la victoire.

De même, et parce que l'essentiel de leur lutte les opposent à l'homme, elles ne sont pas en rivalité avec leurs compagnes, et n'éprouvent pas de jalousie à leur égard, tout du moins au sens où le « penisneid » la provoque, parce qu'il nécessite la présence d'un homme unique. La compétition les oppose seulement au père, non pas au titre du « penisneid », mais en un sens que l'on pourrait appeler le « phallusneid », revendication qui laisse leur féminité intacte.

« Phallusneid » et « penisneid » représentent deux modes de réalisation du narcissisme féminin. Ils sont le plus souvent également à l'œuvre chez la plupart des femmes, montrant chacun à leur tour leur revers symptomatique. Une femme dont le narcissisme serait orienté seulement par le « phallusneid » aurait sans doute à se plaindre de la misère de sa vie sexuelle comme de sa solitude. Un des bénéfices essentiel de la psychanalyse concernant la sexualité féminine est sans doute de permettre un passage du « phallusneid » au « pénisneid », opération facilitée lorsqu'il apparaît que tous les hommes ne sont pas des pères. Et que, par conséquent, la lutte farouche engagée contre le père est caduque.

Une femme dont le narcissisme serait orienté seulement par le « pénisneid » aura du mal à faire entendre ce qui ne va pas dans son existence, car cette façon d'être passe pour la normalité féminine aux yeux des hommes. Sans doute peut-elle trouver, si elle a la chance de rencontrer un homme, une plénitude de sa vie sexuelle et amoureuse, mais seulement au prix d'une dépendance symbolique qui peut lui peser, au point de lui donner le sentiment d'être idiote, ou de se croire obligée de faire semblant d'être stupide. Elle préserve ainsi l'unicité de l'homme à seule fin de valoriser son envie du pénis, donc au bénéfice de son narcissisme. La psychanalyse n'apportera rien à sa jouissance sexuelle. Elle permettra seulement d'articuler le sentiment d'absence de valeur qu'elle ressent épisodiquement, à ce qu'elle croit devoir consentir pour préserver sa féminité.

Chapitre 4

# DECOUVERTE DE LA CAUSALITE DU DESIR SEXUEL, L'ISSUE DU TRANSFERT

Dans la mesure où la délimitation entre le désir du père et celui de l'homme s'amorce presque spontanément grâce à la rigidité du dispositif analytique, l'analyste apprendra un jour que non seulement la capacité d'aimer de son patient a changé, mais aussi son rapport à la jouissance. Il en ira ainsi, alors que, parfois, il ne savait que peu de choses sur les détails de celle-ci.

Ce qui nécessitera en revanche, non seulement le dispositif et la présence de l'analyste, mais l'action de ce dernier, concernera la découverte du désir et de sa causalité. Tant que le père totémique, source du désir sexuel, est l'occasion de la peur et de la haine, il reste à distance, et l'aversion protège le désir. Le travail analytique amenuise cette protection, et un jour vient où l'horreur de ce qui cause le désir sexuel apparaît.

La tâche analysante avance vers une découverte dont elle ne peut indéfiniment retarder le moment, celui où la cause du désir se montre dans son obscénité. Le problème n'est pas alors – contrairement à des thèses psychanalytiques d'une rare bêtise – de parler d'une « découverte du Réel », ou de la mise à jour de l'objet de la pulsion. La question analytique est d'articuler la découverte du désir et l'instance de la paternité dont elle procède[1].

L'épreuve de la découverte du désir — son horreur froide — ne concerne nullement la fin de l'analyse, mais l'obscénité du désir sexuel en tant qu'il est lié à la perversion, au père totémique. Cette mise à jour n'est pas le point ultime de l'analyse, elle permet seulement d'aborder la relation du sujet au père du mythe, bricolée par le patient au premier temps de son complexe d'Œdipe.

Il lui restera encore à parcourir la moitié du chemin, tout du moins une moitié logique et non pas temporelle : la découverte de l'obscénité de l'objet peut prendre un certain temps, et ce qui estompe cette apparition, c'est-à-dire l'articulation du désir sexuel au désir désexualisé du fantasme, s'accomplira en un temps sans commune mesure avec celui qui s'est déjà écoulé.

Cette articulation apparaît par exemple dans le travail de cette analysante, dont le travail artistique et les réalisations sont reconnus depuis plusieurs années. Et pourtant, chacune de ses nouvelles productions est l'occasion d'une angoisse violente, qui s'accroît au moment où l'œuvre est terminée et rendue publique. Les actes concernant la reconnaissance médiatique de l'auteur sont les plus pénibles à supporter ; lés interviews, les signatures, la lecture des critiques, sont devenues autant d'épreuves désagréables. La mise en valeur de son nom la choque.

Sans doute ce rapport au patronyme n'est-il pas un fait isolé pour cette personne, qui a depuis longtemps une difficulté à s'occuper de ses affaires, et à remplir le moindre formulaire, le moment de la signature étant le plus significatif. Ce trait ne mérite d'ailleurs d'être considéré comme névrotique qu'au delà d'un certain seuil car, en lui même, il forme une modalité courante de la féminité, qui entretient « normalement » un rapport contraire avec son patronyme. Dans ce cas, par exemple, lorsqu'elle veut rattraper le retard pris dans ses papiers, elle doit demander l'aide de son mari. Ce rapport féminin relativement courant et « nor-

1. Occulter la présence de cette articulation au père n'est pas un fait de hasard, mais le résultat d'une conception perverse de l'analyse. En effet, le père est préservé par ces théories.

mal » au nom propre, devient une source de souffrance dès que le nom est aussi le signe de la reconnaissance comme celui de la valeur de l'œuvre. Il s'agit alors de l'opposition entre ce qui est l'étalon général de la valeur, c'est-à-dire le phallus, et le nom. Faire l'œuvre est une chose, parfois pénible ou routinière, mais plutôt source de plaisir. Et que la valeur de cette œuvre soit ramenée à l'indice du patronyme est encore autre chose.

Elle termine à peine sa dernière œuvre, lorsqu'elle rêve d'une porte sur laquelle est clouée une plaque de cuivre. Son nom est gravé dans le métal. En s'approchant, on s'aperçoit que cette plaque est couverte d'excréments. Cette constatation est pénible et angoissante. La séance se termine, non sans nervosité. Elle refuse de payer, de même d'ailleurs que la séance suivante. J'insiste pour être réglé. Elle accepte de faire un chèque. Je demande à être payé comme à l'accoutumée, en numéraire, et le chèque sera changé contre de l'argent liquide. N'était-il pas nécessaire de maintenir les modalités habituelles, qui montrent plus que jamais le lien existant entre excrément, paiement, et signature patronymique ?[1]

Dans l'une des séances, assez mouvementées, qui suivent le récit de ce rêve, elle remarque, non sans dégoût, qu'il flotte une odeur d'excrément dans mon bureau, perception que je ne partage nullement. Cette sensation correspond à la découverte d'une horreur spécifique, liant d'un côté le sentiment qu'elle a toujours eu à propos de son patronyme et de l'autre l'odeur de l'excrément. Dans la suite des séances, cette horreur montre son lien au désir lui-même. Une chose est l'apparition de cette répugnance liée au nom ; cette découverte constitue un premier temps. Et dans un autre temps encore, la chose dégoûtante peut être liée au désir. C'est ce qui se produira grâce à l'association d'un souvenir déjà remémoré et travaillé à plusieurs reprises. Pour la première fois, cette association permet une articulation entre la valeur et le nom d'une part et d'autre part la

1. Le lien de l'argent à l'excrément reste anecdotique si l'on ne saisit pas que la déjection est articulée à ce qu'il y a de plus propre dans le nom. L'argent n'a une odeur de merde que dans la mesure où il est articulé au père, à la jouissance totémique.

scène de séduction. Ce qu'il y a de pervers et de pénible à supporter dans le désir sexuel s'articule ainsi au fantasme.

La scène de séduction concerne un souvenir d'enfance: elle était dans une pièce avec son père. Ce dernier a alors dit, ou fait quelque chose de suffisamment choquant pour qu'elle continue encore aujourd'hui de se demander ce que cela pouvait être. Elle a toujours eu un « blanc » sur ce souvenir. Il s'agit probablement d'un événement sexuel, car elle a des « blancs » analogues lorsqu'elle se trouve dans des situations plus ou moins érotisées, en compagnie d'hommes avec lesquels il ne se passe d'ailleurs souvent rien.

Elle fait alors état d'un épisode de sa vie actuelle: il s'agit d'une rencontre récente avec un homme pour lequel elle éprouve de la sympathie, sentiment dont elle pense qu'il est réciproque. Le nouveau venu va-t-il essayer de faire évoluer cette relation ou même de la séduire? Il semble au contraire que ce partenaire se montre incapable de faire un geste en ce sens. Il se décide un jour à prononcer une phrase manifestant du désir, et c'est à cet instant qu'elle a de nouveau un « blanc », masquant son contenu. Impossible de se souvenir de ce qui a été dit, sinon que la signification d'ensemble concernait le désir.

Cet épisode se produit à peu près dans la même période que le rêve du nom, et plusieurs caractéristiques concernant l'homme récemment rencontré vont s'associer à l'analyse du rêve. Le nom de ce partenaire tout d'abord ne passe pas inaperçu. Sa résonance terrienne et sa consonance sont un peu ridicules, au dire de celui qui le porte. Il en a d'ailleurs honte, et le jour où il lui fait cette confidence, elle lui répondra qu'il a plutôt lieu d'en être fier – comme si la fierté du nom faisait contrepoint à l'excrémentiel du sien. Elle est également dans une relation de travail avec cet homme, et il y a eu quelques problèmes justement à propos de la fabrication d'un catalogue et de l'impression de son nom, de sa dimension et de sa place dans cet imprimé. Ces difficultés sont minimes, mais elles insistent sur l'enjeu du rêve (la valeur du nom).

L'ensemble de ces connexions permet d'articuler la question posée par un désir blanc, anonyme en son point le plus aveugle, et celle de l'horreur du nom. Dans sa généralité, l'anonymat du désir (son blanc) s'articule à l'horreur du nom. La répulsion intense qui accompagne l'association du patronyme et de la merde se dissipe au fur et à mesure que, dans les séances suivantes, l'objet répugnant, son propre nom qui lui saute aux yeux, se connecte avec le fantasme de séduction, c'est-à-dire avec un désir qui n'est plus lié au père de la perversion, dans un dégagement tel qu'il vient se réduire, se blanchir dans le complexe d'Œdipe. L'horreur s'est en quelque sorte dissoute grâce aux associations avec la scène de séduction, elle échoue sur son blanc.

Plusieurs semaines plus tard, alors qu'elle doit prendre une semaine de congés, elle est envahie par de fortes angoisses. Leur déclenchement semble compréhensible, car l'idée du départ en vacances lui rappelle les moments similaires qu'elle a vécus dans son enfance. Un souvenir lui revient plus particulièrement : elle se trouvait à l'arrière de la voiture, et lorsqu'il était temps de prendre la route, c'était l'occasion de colères intenses : son père perdait patience et se montrait souvent violent et grossier avec sa mère.

Alors qu'elle se remémore ces épisodes pénibles, une autre série de pensées lui vient, qui semble sans lien apparent avec le souvenir d'enfance : il s'agit de la gêne qu'elle éprouve dans les transports en commun lorsqu'un homme est assis à côté d'elle et prend trop de place, l'obligeant à un contact physique qui la dégoûte, parce que, dit-elle, c'est là une manifestation de puissance et de sans-gêne, une façon désagréable de ne pas tenir compte de la présence d'autrui. Elle passe sous silence la tentative de séduction qu'un tel contact peut représenter, et le déroulement de cette association est interrompu par une remarque concernant la mauvaise odeur qui règnerait dans mon bureau.

Il s'agit d'une pensée analogue à celle qui s'était présentée quelques semaines auparavant lorsque la question du nom avait été une première fois associée à celle de l'excrément. Elle est cette fois-ci directement liée à la scène de séduction, qui la précède immédiatement, bien qu'elle soit seulement évoquée sous la forme d'un rapport de force.

Lorsque la proximité du nom et de l'excrémentiel avait été travaillée une première fois, il avait fallu plusieurs séances avant qu'elle ne s'associe à la scène de séduction. Je lui fais remarquer la proximité et la rapidité de son association entre la question de la séduction et la perception de l'odeur de merde. Elle récuse toutefois aussitôt le sens que j'ai accordé à sa gêne dans les transports en commun : il ne lui semble pas que l'attitude des hommes prenant trop de place se ramène à une tentative de séduction.

Cependant l'évocation de la violence virile permet de faire une analogie entre la scène dans la voiture, au moment du départ en vacances, et celle des transports en commun. Dans la première scène, il s'agit de son père s'énervant contre sa mère, violence qui a le sens d'une domination sexuelle. Cette analogie amène à penser qu'il convient de donner de même un sens sexuel à la scène où un homme a une attitude sans-gêne à son égard. Si elle fait un tel parallèle entre les deux scènes, elle se situe à la place de sa mère au moment où elle est agressée par son père. Elle ne peut d'ailleurs effectuer ce saut de pensée que si l'agression est sexuelle, sinon pourquoi irait-elle se mettre dans une position où elle est attaquée à la place de sa mère ? Reste la dernière série d'associations qui concerne l'odeur. Au point où en est arrivée cette séance, aucune évidence associative ne permet de relier l'odeur à l'agression ou au contenu sexuel de la séduction. Jusqu'au moment où elle se souvient brusquement de la présence d'un frère, également à l'arrière de la voiture au moment des départs. Celui-ci avait l'habitude de faire ses besoins dans un pot destiné à cet usage (sans doute afin de ne pas casser la moyenne). D'où l'odeur, une odeur émanant du porteur du nom qui est ici, sinon le père, du moins celui qui va lui succéder dans la fonction de transmission du patronyme. Le fils joue un tel rôle, épuré de l'horreur de la sexualité totémique. Il a jusque là été omis dans les associations, où il n'était pas plus présent qu'une odeur ou un blanc ne pourraient l'être.

Je n'ai pas détaillé, au début de la narration de ce cas, quels étaient tous les motifs de nervosité de l'analysante lors de la séance où elle refuse de payer. Sans doute la raison la plus profonde de sa colère est-elle bien la découverte de la cause du désir dans son obscénité, telle que l'analyse en a été retracée. Il n'en reste pas moins que ce sont d'autres motifs qui ont été allégués au moment même : l'analyse passée était contestée sur certains de ses points et différentes erreurs m'étaient reprochées. Non sans fondement peut-être, car il m'est arrivé d'avoir du mal à comprendre quelques situations, ou d'être trop rassurant dans des moments difficiles. Mais plus profondément, le reproche concernant mes actes ou ma façon d'être n'est-il pas homogène à la découverte du désir ? L'obscénité n'est-elle pas dans le transfert lui-même ? Les reproches qui me sont adressés sont dans cette mesure, fondés.

Le transfert semble faire objection à la fin de la cure, puisqu'il reconduit la puissance conférée à l'analyste. Mais n'est-ce pas l'objection qui risque au bout du compte de venir précipiter la fin, et cela alors que l'inconscient continuera de produire ses effets symptomatiques ? L'analyse peut-elle lever l'erreur hystérique, sa production d'une fiction, alors que la rigidité du dispositif la reproduit ? ou encore : la fin de l'analyse permet-elle au névrosé de fonctionner sans donner consistance à un mythe paternel ?

Le transfert échappe, grâce à un artifice, au traumatisme de la séduction (puisque la sexualité est réputée impossible avec l'analyste). En d'autres termes, la position du psychanalyste permet à l'analysant de parler, et certaines formations de l'inconscient se manifestent ainsi, qui permettent une efficacité sur le symptôme. Cependant, le succès thérapeutique s'appuie avec constance sur l'erreur. Avec l'analyste, il y a erreur sur la personne, fructueuse sans doute, mais où va-t-elle trouver un terme puisque le succès la reconduira ? L'erreur du transfert perdure donc, et l'analyse se définit comme un art de reconduire l'erreur, sous réserve de l'efficacité de ses résultats.

Ce malentendu a son efficace, mais s'il persiste, ne vire-t-il pas en escroquerie ? Ce malentendu n'est jamais aussi bien dissipé que lorsque l'analyste commet ce qui ressemble tout d'abord à une faute. Que ce soit ou non le cas, vient un moment de la cure où l'analysant croit repérer une faute, alors qu'il en aurait auparavant été incapable, et aurait tout fait pour se masquer les imperfections les plus criantes, aux seules fins de préserver la puissance de son analyste (et cela au bénéfice de sa sexualité).

La production du savoir inconscient est infinie, mais, d'un autre côté, l'imputation d'une puissance à l'analyste peut rencontrer son terme. En ce point de croisement, l'action sur le savoir a un effet sur la sexualité, puisqu'il s'agit de l'instant où le père du trauma prend sa place dans le mythe, et cesse de s'incarner. Les prétendus échecs de Freud ne formalisent-t-ils pas l'erreur hystérique elle-même ? Et peut-on parler d'un échec lorsqu'il est causé par le propre moteur de l'opération ? Le transfert est mis en échec par ce qui le cause. La reconduction de l'erreur dure jusqu'au moment d'une chute plus ou moins gracieuse, où l'analysant prend la mesure de ce qu'il savait depuis le départ : qu'il a été trompé par un artifice qu'il n'ignorait pas, bien que la gravité de cette tromperie ne lui soit pas vraiment apparue.

Si l'analyste ne résiste pas, ne cherche pas à sauvegarder la puissance qui lui était auparavant conférée, s'il accepte donc d'apparaître dans l'obscénité liée à la puissance paternelle, la faute révèle l'erreur qui fait la structure. Lorsqu'elle vient à son heure, la découverte d'une faute est salvatrice car elle fait tomber le malentendu quasi religieux de l'imputation d'une puissance.

L'analyste ne saurait se défendre d'avoir commis une tromperie, puisqu'il en a bien été ainsi. Il reste alors un pas à faire pour que cette tromperie montre son équivalence à l'erreur qui fait la structure. On pourrait ainsi définir la fin raisonnée du transfert comme le passage de la reconduction d'une tromperie (qui ne fait que remémorer le trauma) à la découverte d'une erreur (la fiction qui est la structure même).

# V. LE CHAMP DES JOUISSANCES

Chapitre 1

## ORDONNANCEMENT DES JOUISSANCES

Jouissance est un mot qui permet de parler aussi bien de la gourmandise, de la sexualité, que du plaisir esthétique. Dans le langage juridique, sa signification n'a pas la connotation de plaisir des trois précédentes occurrences. En psychanalyse, ce terme est utile car il permet de parler simplement du but de la « libido ». Celle-ci ne peut-elle pas se comprendre comme une recherche de la jouissance ? Pour Freud, la « libido » était d'abord une certaine quantité d'énergie, mise au service de ...« tout ce que l'on peut comprendre sous le nom d'amour ». Si l'on veut bien laisser au terme « d'amour » toutes les nuances qu'il a dans la langue ordinaire, la recherche de la jouissance sera ce que vise cette « libido », qu'il s'agisse de la gourmandise, du sexe, de la beauté, du plaisir de parler, etc.

Dès les débuts de la psychanalyse, le champ en apparence hétérogène de la jouissance a été balisé avec détermination par son inventeur. Avant même qu'en aient été formulées les raisons, c'est à la sexualité que le rôle principal est attribué. Puis, comme si cette perspective n'était pas encore assez monomaniaque, c'est au seul symbole phallique qu'est dévolu le poste de commandement dans ce champ. Rien n'échappe à son impérialisme : toute l'activité pulsionnelle étant sexuelle, c'est aussi bien la gourmandise que l'œuvre d'art qui sont sous sa dépendance. Et puisque le refoulement occasionné par l'angoisse de castration de ce phallus porte sur le langage, et fait retour aussi grâce à lui, il faudra en déduire que cette jouissance fonctionne dans la parole, et qu'elle est à l'œuvre dans toutes les formations de l'inconscient où elle précipite. L'image du rêve est ainsi jouissance, et plus étonnant encore, le symptôme l'est aussi (alors qu'il apparaît généralement sous la forme de la souffrance). Il semble donc se dessiner une sorte d'impérialisme surprenant du phallus, qui s'étend sur tous les plaisirs humains, non seulement ceux du sexe, mais aussi ceux de la table, de l'esthétique et de la pensée. La douleur également est sous son emprise. Il paraît alors justifié de généraliser, et de parler de « jouissance phallique » pour subsumer les différentes régions de cet empire.

La monomanie du phallus rencontre sa limite dans les 10 dernières années de l'œuvre de Freud, essentiellement grâce à ses recherches sur la sexualité féminine, qu'il arrive, seulement alors, à interroger dans sa particularité. Il évoque à ce moment une jouissance propre à la femme, qui ne peut se concevoir en terme d'amputation par rapport à la sexualité masculine (comme il le supposait auparavant).

La logique ne permet-elle d'ailleurs pas de déduire l'existence d'un champ échappant à l'impérialisme du phallus? On peut le penser à partir de l'existence du refoulement. Aussi loin qu'aille l'investigation clinique (ou même sociologique) ce refoulement montre ses effets, qui portent sur la chose sexuelle, alors qu'elle devrait plutôt être l'occasion du plaisir. La sexualité humaine ne se montre jamais sans le refoulement.

Si la jouissance n'apparaît jamais sans entraves, il faudra faire l'hypothèse d'une jouissance qui la précède, non entravée, libre même si elle est aussi mythique que le paradis perdu des religions monothéistes; impossible de penser l'interdit sans elle. Sans doute peut-on imaginer que la prohibition porte sur une part « animale » de l'humain, sur des instincts dont il conviendrait de brider la sauvagerie. Cependant, on ne peut savoir ce que serait cette « nature » sans le recours du mythe. Bien plus, le refoulement ne concerne nullement une part « naturelle » de la sexualité, mais au contraire il intéresse ce qu'elle comporte de « culturel » : pour qu'il y ait interdiction de l'inceste, il faut que le langage désigne ce qui est prohibé, de même que l'agent de l'interdiction. L'origine du refoulement, comme ce qu'il refoule, doit donc être référée au langage. On ne peut penser une jouissance première, mythique, que dans sa référence à la culture, et c'est sans doute pourquoi Lacan, après avoir repris d'une occurrence freudienne la notion de grand Autre pour définir la batterie signifiante, a pu parler de la « jouissance de l'Autre », pour définir la terre inconnue qui précède logiquement l'empire du phallus.

Si « quelque chose » précède nécessairement le refoulement et la « jouissance phallique », sa texture devra être homogène à ce qui la révèlera ensuite, c'est-à-dire les faits de langage. N'est-ce donc pas une pure jouissance de la langue qui constitue le temps mythique dont l'hypothèse ne peut être économisée ? On peut imaginer ce temps comme celui d'un accord paradisiaque avec des mots qui ne sauraient poser problème à un corps angélique, harmonieusement fondu dans la forêt des vocables maternels. Ou encore comme une musique qui se comprend, dans laquelle le corps vibre, sans rien signifier d'autre qu'une fusion. Dans un tel Eden, où l'ensemble des mots forme un tout, le corps ne serait plus qu'une cavité, une caisse de résonance nécessaire entre chacun des vocables et le tout qu'ils évoquent, entre le son et la signification infinie à laquelle ils renvoient. Ce corps mythique est alors une sorte d'en-forme d'un vide, une enveloppe gonflée de son bruit.

On peut avoir une telle intuition de la jouissance « de l'Autre » qui précède le refoulement, à partir de certains faits cliniques : dans différentes formes de psychose par exemple, il existe un plaisir à jouer avec les mots et à faire résonner leur sonorité. Mais il n'est pas nécessaire de recourir à ce qui serait supposé précéder le refoulement pour démontrer l'existence d'un territoire « préphallique ». En effet, la structure même de la langue permet de le conjecturer, puisque les mots se définissent toujours par d'autres mots, et portent donc en eux un vide, une absence de fondement qui les déploie à l'infini. Dans le mythe édénique de la « jouissance de l'Autre », la place trouée que comporte la langue appelle le corps : ce dernier cherchera à correspondre à cette place vide, pour l'amour de la première personne qui lui parle maternellement.

Cependant, il n'y a pas seulement un en deçà de la jouissance phallique. La jouissance féminine ne se situe-t-elle pas au-delà, puisqu'il lui faut déjà traverser le phallicisme ? N'en va-t-il pas de même pour la sublimation qui économise le refoulement, ou pour la jouissance mystique, appuyée sur le verbe ? Peut-on dire que ces jouissances « supplémentaires » sont au-delà de la jouissance du phallus, et pourquoi ne seraient-elles pas sans rapport avec ce symbole ? Dans les trois occurrences évoquées, la jouissance se situe par rapport au phallus, sur lequel elle s'appuie seulement : il faut, par exemple, qu'il existe déjà un certain type de jouissance sexuelle, phallique, clitoridienne, pour que la jouissance supplémentaire féminine trouve sa place. De même, c'est seulement sur le fond d'une jouissance pulsionnelle (qui est dans la dépendance du symbole phallique) que se dégage la sublimation. Enfin, c'est par rapport au Verbe et au symbole du manque autour duquel il se déploie (c'est-à-dire le phallus), qu'il existe un au-delà de ce symbole, dans la jouissance du Nom mystique (c'est-à-dire l'imprononçable du Nom de Dieu). Ainsi, trois occurrences de la jouissance phallique, celle du sexe, celle du symptôme avec la pulsion, et celle de la parole, semblent s'articuler à une jouissance supplémentaire.

La tripartition entre jouissance de l'Autre, jouissance phallique, et jouissance supplémentaire, ne représente qu'une première mise en ordre. En effet, la jouissance dite phallique est un véritable fourre-tout. Dans son territoire, on peut ranger la jouissance sexuelle (de l'organe), la jouissance du symptôme, ou celle de la parole, alors qu'il y a lieu de les distinguer. De même,il convient d'opérer des distinctions entre la jouissance de l'orgasme féminin, celle de l'émotion esthétique et la jouissance mystique, même si l'on a l'intuition qu'il existe entre elles plus que des affinités. On tentera donc une classification du champ des jouissances en présentant le tableau suivant :

| Jouissance de l'Autre | Jouissance phallique | Jouissance supplémentaire |
|---|---|---|
| | Jouissance sexuelle | Jouissance féminine |
| | Jouissance du symptôme Pulsion | Sublimation |
| | Jouissance de la parole | Jouissance mystique |

Outre son intérêt théorique, ce tableau a une incidence technique, puisqu'il montre qu'en intervenant au niveau de la parole, l'analyste a un moyen d'action sur le symptôme et sur la jouissance sexuelle.

Cependant, tous les schématismes ont leurs inconvénients, et il en est un qui risque de se présenter avec cette formalisation : on pourrait croire qu'il y a un choix à faire entre la jouissance d'organe, celle du symptôme ou celle de la parole. Ou encore, qu'il existe une sorte de gradation, voire un progrès entre le plaisir sexuel, et la jouissance langagière, comme si la parole était une sorte de niveau supérieur du phallicisme.

Or, il n'existe pas de gradation, ni de relation d'exclusion entre ces trois modalités de la relation au phallus ; elles ne sont ni contradictoires, ni complémentaires. L'activité sexuelle n'empêche pas d'avoir des symptômes (elle n'en guérit pas non plus) et elle ne dispense pas davantage de la jouissance de la parole (qui ne guérit pas, à elle seule, des symptômes). Il faut insister sur la contemporanéité de ces modalités.

Il existe pour les trois occurrences une entrée unique dans la jouissance phallique, formalisée par le passage de la jouissance de l'Autre à la jouissance phallique. Il peut paraître curieux de parler d'une « entrée » dans la jouissance phallique, parce que l'on ne peut rien penser de ce qu'il y aurait eu avant cette « entrée ». En effet, dire quoi que ce soit, c'est avoir déjà franchi ce seuil, et supputer sur une terre inconnue qui s'éloigne au fur et à mesure qu'elle est décrite (puisque la parole est déjà dans la jouissance phallique). La logique permet de reconstituer la topographie de cette terre inconnue à partir des conséquences qu'entraîne son existence. Il ne s'agit pas d'un lieu de jouissance paradisiaque dont chacun serait exilé, mais du rêve impossible de répondre à la demande maternelle. L'enfant ne saurait répondre, parce que le corps n'a pas la même consistance que les mots de la demande, auquel il ne pourra s'égaler sans connaître le morcellement. La demande de nourriture découpe la bouche, le regard détache l'apparence, la propreté décolle la peau. Tout un corps d'organes hétéroclites est ainsi désassemblé.

A partir de cette peur d'un morcellement premier, qui se montre le plus souvent dans l'angoisse d'être dévoré, on peut comprendre comment s'ouvre cette porte d'entrée venant de rien, formant l'accès à la jouissance phallique par les voies simultanées du sexe, du symptôme, et de l'engagement dans la langue.

Cette « entrée » dans le phallicisme dépend de l'angoisse de castration, dans la mesure où le corps entier, pris comme phallus imaginaire de la mère, subit cette menace. Il en va ainsi pour le « petit Hans » lorsque, au temps initial de sa phobie, il a peur d'être dévoré par un cheval qui représente d'abord sa mère. Cette angoisse concerne la castration, bien qu'il ne s'agisse pas de la sienne, mais de celle de sa mère, et c'est par elle qu'il redoute d'être dévoré. Un temps plus tard seulement, il craindra pour son pénis, et l'agent de la castration aura changé; le cheval sera alors un totem paternel.

A partir de l'identification au phallus, peut se schématiser en trois temps le passage d'un investissement phallique du corps entier à l'érogénéité du pénis (ou à celle du clitoris). En effet, accepter la nourriture (ou entrer dans le jeu de la pulsion en général) comble le manque: d'un côté l'enfant est gavé, de l'autre la mère est phallique. Le premier connaît une érection à ce moment, grâce à ce qu'il vient de provoquer lui-même. Cette érogénéité résulte de la pulsion; manger, voir, entendre, érige le pénis en conséquence de l'érection du corps. La pulsion bande le corps;

n'importe quelle sensation : le vent qui passe, la lumière changeante, une odeur nouvelle excite le pénis ou le clitoris. Le premier pas dans la jouissance est ainsi commandé par l'image de la mère phallique et par l'auto-érotisme qui en dépend, sans fin et sans soulagement.

Il est difficile de passer ce seuil d'entrée dans le Phallicisme. Sans doute peut-il se franchir, mais cette entrée doit être répétée. En effet, pour s'avancer au delà, il faut abandonner l'identification au phallus, et donc contracter une dette à l'égard de la mère. L'abandon de cet érotisme a comme conséquence d'accepter la castration maternelle et d'être alors en faute de ne pas avoir su y parer. Pour solder cette dette, il faudrait s'égaler à sa demande, au phallus, et donc mourir, puisque celui-ci vaut pour ce qu'il n'y a pas (rien). Le simple fait de vivre est ainsi une faute dont il faut s'excuser, et la culpabilité maintient ou ramène indéfiniment sur ce seuil.

Echapper à cette identité au phallus maternel, se soustraire à cette mort jouissive, c'est s'endetter insupportablement, et l'enfant préfèrera penser que sa mère ne l'a pas assez nourri, plutôt que de reconnaître qu'il a pu refuser ses soins. S'il avait osé le faire, ne lui aurait-il pas du même coup refusé le phallus ? : « Elle ne m'a pas assez nourri » « … elle me refusait les sucreries que je lui demandais », est le souvenir déculpabilisant qui recouvre une autre pensée : « ce n'est pas moi qui refuse la nourriture, c'est elle qui ne me nourrit pas ».

Freud a considéré que cette croyance formait l'une des pensées caractéristiques de la sexualité féminine. En effet, si le garçon comme la fille contracte également une dette à l'égard de leur mère, le garçon peut surseoir à son paiement avec des moyens — l'identification au père — que la fille ne saurait utiliser sans craindre pour sa féminité. Le lien d'une fille à sa mère demeure ainsi inextricable, non parce qu'elle lui doit la vie, mais parce qu'elle lui reste redevable quant à son identité.

Ce faisant, le garçon ne fait jamais que s'octroyer un sursis : sa culpabilité le tirera toujours par la manche, et le ramènera jusqu'en ce point où le même érotisme se saisira de lui.

Ce pas d'entrée dans le phallicisme pose en une fois la relation à la jouissance de l'organe sexuel, à celle du symptôme, comme à celle de la parole.

Il existe une sorte d'évidence à considérer la sexualité dans le cadre de la jouissance phallique. Cependant le désir faisant de l'organe masculin l'instrument de cette jouissance est structuré par un interdit qui ne doit rien au corps. Pour l'efficacité d'une fonction apparemment aussi naturelle que la reproduction, la jouissance doit commencer par être prohibée.

Plus fondamentalement encore, pour que la jouissance aille à son terme et fasse aboutir ce désir qui l'érige infiniment, la fonction de l'interdit est nécessaire une seconde fois. La prohibition du plaisir est à la fois la porte d'entrée et celle de la sortie. La pensée interdite provoque une première fois le désir, et une deuxième fois elle provoque sa fin avec l'orgasme. Le phallus est ainsi également le symbole de la jouissance et celui de la castration : dans sa dépendance, l'interdit de jouir fait jouir. Lorsque la jouissance vient, elle ne le devrait pas. La chose obscure qui précipite vers le moment le plus orgastique est aussi celle dont la prohibition marque la fin du plaisir.

En quoi le phallus concerne-t-il également la jouissance féminine ? Il ne suffit pas d'évoquer « l'envie du pénis », qui passe pour la normalité de la féminité. En effet, les femmes sont intéressées par la jouissance phallique pour un motif historique, puisqu'elles en passent, au même titre que les hommes, par une phase où elles « ont » le phallus. Cet instrument n'est-il pas ce qu'il convient de posséder pour accéder à leur mère, pour répondre sexuellement à son amour ? L'érogénéité clitoridienne — constante — témoigne de cet investissement premier (à ce titre, la jouissance clitoridienne fait normalement partie de la féminité).

Il est moins évident de comprendre à quel titre le symptôme fait partie de la jouissance phallique. La « réaction thérapeutique négative » rend compte de l'attachement des analysants à leur symptôme. Ce fait permet de penser qu'il existe une jouissance du symptôme, ou tout du moins, de lui reconnaître un rôle de protection : si le symptôme est une façon de dire « non » au désir maternel, si par exemple le dégoût d'un aliment, le vomissement, est la barrière infranchissable dont l'imposition permet à un sujet de se séparer de ce qui lui est prescrit contre son gré, alors ce symptôme, aussi douloureux soit-il, n'en sera pas moins l'expression d'une jouissance de l'existence.

Cependant, lorsqu'il est présenté ainsi, le symptôme apparaît seulement comme une forme de résistance au désir de l'Autre, comme une réponse qui subjective le désir, tout en délimitant son champ. Et l'on ne comprend pas quelle relation il entretient avec le phallus. S'il s'agit d'accepter ou de refuser la nourriture maternelle, ce choix ne mettra en jeu que l'Autre jouissance.

L'analogie de structure entre le symptôme et la jouissance phallique apparaît, si l'on se demande quelle est l'instance dont l'imposition fait barrière au désir maternel (par exemple dans le vomissement). Si cette négation de la jouissance correspond à une fonction paternelle, alors le symptôme conjoint une jouissance et son interdit; il aura donc la même structure que celle de la jouissance phallique. Le symptôme fonctionnera ainsi comme l'organe symbole de cette jouissance. Identiquement à la fonction sexuelle de l'homme, un symptôme s'érige au moment où il requiert la conjonction étroite d'une jouissance et de sa prohibition. Il existe une sorte d'érection de la migraine, de la brûlure d'estomac, de la douleur de voir, à l'instant où une pensée secrète est contrariée, davantage par une autre pensée que par une circonstance extérieure.

Un des premiers exemples de symptôme évoqué par Freud dans les études pour l'hystérie permet de saisir la duplicité de cette douleur turgescente : il s'agit d'une jeune femme paralysée de la jambe. Elle a longtemps soigné son père et ce dernier posait, pendant la période des soins, son pied en travers de la cuisse qui sera plus tard paralysée. Le symptôme se coince au croisement du signe de l'amour et de la prohibition de l'érotisme. La paralysie est de circonstance, car c'est l'interdit paternel qui pèse sur la jouissance du père lui-même : le père annule le père, ramenant à son degré zéro ce que la chair peut sentir et ce qu'elle peut supporter.

La fonction de l'interdit permet de montrer une équivalence de structure entre la jouissance phallique et le symptôme qui, comme l'organe viril, s'érige selon les aléas d'une certaine contradiction, propre au désir. Cependant, cette analogie fonctionnelle entre symptôme et jouissance d'organe est encore faible.

C'est en un sens plus profond que la souffrance du symptôme appartient à la jouissance phallique. L'écriture symptomatique : le rond brûlé marqué sur la chair, le hiéroglyphe enserrant un organe, le sceau infranchissable apposé sur une fonction, présentent l'irreprésentable du phallus. Le symptôme opère un coup de force, il tente de récupérer une jouissance une fois déjà perdue, avec les instruments de la perte. Cette tentative elle-même est souffrance, et cette souffrance vaut pour la jouissance qu'elle cherche.

Le symptôme ne représente nullement une sorte de déplacement ou de transposition de la jouissance d'organe, mais il est contemporain de l'entrée dans cette jouissance. Avec le refoulement originel, l'enfant oublie son corps. Il l'oublie par angoisse, il l'omet par amour, parce que ce corps est la seule réponse qu'il puisse apporter à la demande maternelle. C'est donc la signification phallique de ce corps qui est l'occasion du refoulement originaire. Avec ce reflet de lui laissé en tribut, en gage de ce qui manque pour réaliser la complétude maternelle, il abandonne aussi le mythe d'une plénitude et le poursuit.

Si le retour du refoulé fait surgir la jouissance de ce corps manquant, ce phallus fantomatique sera la perspective de toute l'écriture symptomatique. Un symptôme pourra se lire selon un système d'analogies et d'équivalences long et complexe, mais au bout de cette chaîne, il y aura toujours la tentative d'écrire que le sujet a la même valeur d'amour que le phallus.

La tentative de répondre à la demande maternelle se poursuit dans celle d'écrire une équivalence entre le manque présentifié par le phallus, et l'être du sujet. En essayant d'écrire $\$ = \varphi$, c'est-à-dire de faire en sorte qu'il y ait un rapport de complémentation entre le sujet et la langue maternelle, la jouissance incestueuse apparaît au niveau du signe « égal ». Cette écriture du signe de l'équivalence donne sa fonction métaphorique au symptôme. Et cette métaphore est souffrance, parce qu'elle cherche à écrire une jouissance perdue. En même temps qu'elle est tropique, la métaphore est un moyen de poser une équivalence entre deux termes, et, parce que ceux-ci restent dissemblables, le symptôme est douleur.

La valeur métaphorique du symptôme permet de lire ce qui se présente dans l'ordinaire de la pratique analytique, comme équivalence entre tel symptôme, tel fait historique, ou tel événement signifiant. L'écriture mathématique de l'équivalence montre que la fonction première de la métaphore n'est pas signifiante : elle cherche une jouissance au travers de l'égalisation.

Lorsqu'un analyste souligne les analogies, et finalement l'équivalence du sujet et du phallus à chaque fois qu'elle apparaît, il est assuré d'intervenir sur un équivalent discursif du symptôme. (Puisque le régime de transformation métaphorique a un point de butée logique dans l'écriture $\$ = \varphi$).

Cette jeune femme vient me voir depuis peu de temps. Son symptôme n'est pas bien délimité, si ce n'est par une angoisse et une difficulté à vivre. Elle va préciser dans cette séance l'origine de l'inquiétude diffuse qu'elle éprouve à l'égard de ses enfants. Ce souci se manifeste à propos du nom propre : des circonstances particulières ont amené l'officier d'état civil à inscrire le nom de la mère sur le registre de la mairie au moment des déclarations de naissance. Cette situation s'est perpétuée alors que le père était en principe disposé à accomplir les formalités nécessaires.

L'analyse l'amène à reconsidérer cet état de fait. Elle en est là, lorsque, assise en face de moi, elle me raconte une courte séquence de rêve : elle n'en remémore qu'une scène, mais celle-ci se détache avec cette luminosité particulière qui rend certains rêves frappants, alors que leur contenu semble pauvre : elle aperçoit une pièce ensoleillée, une cuisine, et sur le carrelage, il y a plusieurs gros poissons, la bouche ouverte. Ils sont empilés les uns sur les autres, comme on peut les voir sur les marchés. Les poissons lui ont toujours évoqué plus facilement des bêtes mortes, parce que, contrairement aux animaux de boucherie, ils sont présentés dans leur intégrité.

Cette cuisine est la sienne, bien qu'elle n'ait jamais vu une telle pièce auparavant. Elle tente d'associer quelques pensées sur cette image, mais son effort tourne court, et je la vois essayer d'aller plus avant, ramenée à chaque fois vers cette scène, tournant entre ses doigts une bague ciselée qu'elle vient d'ôter machinalement. Une inspiration m'amène à faire un geste inhabituel : je lui prends des mains cette bague et l'examine un instant. Sur les deux bords de l'anneau, on peut distinguer des poissons entrelacés. Je le lui fait remarquer, et elle le constate à son tour avec surprise, car, me dit-elle, elle ne l'avait pas vu auparavant... Le temps de son étonnement n'est pas encore passé qu'une pensée lui vient : « mes enfants sont du signe du poisson... » Cette dernière analogie mérite d'être soulignée, non parce qu'une équivalence apparaît — d'autres sont déjà venues auparavant — mais parce que maintenant l'équivalence touche d'un côté à ce que cette femme a de plus intime — exposé avec le signe de l'alliance — et de l'autre à son inquiétude à l'égard de ses enfants. Une égalité s'écrit au moment où les enfants sont au poisson ce que le sujet est pour sa bague (dans un système de quatrième proportionnelle) :

$$\frac{\text{ma cuisine}}{\text{poissons}} = \frac{\text{je ne savais pas}}{\text{bague}} = \frac{\text{enfants}}{\text{signe du poisson}}$$

L'angoisse à propos des enfants, au moment où se pose la question de leur changement de nom, est ce qu'elle a de plus intime. C'est une angoisse symptomatique dont elle ignore l'objet, de même qu'elle ne savait pas ce qu'elle portait au doigt. Elle ne discerne pas de quel côté situer la mort, s'il lui faut la craindre du signe du poisson, de leurs corps froids empilés sur les carreaux, ou l'appréhender du Nom du Père, un nom sans corps, qui n'a jamais rien eu de vivant, indifférent à la vie comme à la mort.

La fonction mathématique de la métaphore dépasse l'analogie de structure entre la jouissance d'organe et le symptôme. Dans le rêve, on retrouve cette écriture d'une équivalence, dans la mesure où le retour du refoulé s'accomplit sous la forme de lettres, de rébus, de hiéroglyphes, qui ont une consistance d'images, analogue à celle du corps. Les lettres du rêve remémorent la perte phallique dans leur forme elle-même, et leur configuration n'est nullement un moyen, mais l'enjeu du retour. C'est donc un rébus, un hiéroglyphe ou un calligramme qui se présentera d'un côté de l'équation.

De l'autre côté de cette équation, l'écriture du sujet est seulement hypothétique ; celui-ci subsiste dans un anonymat paradoxal, qui ne se lève qu'à proportion de sa souffrance. Il s'identifie grâce à elle. Ainsi l'analyste n'a-t-il finalement à sa disposition qu'un seul terme : le hiéroglyphe, la lettre. Le reste de l'appareillage dépend de son art, qu'il s'agisse d'inférer l'existence du signe égal (de la métaphore) ou encore celle du sujet. Ainsi le symptôme apparaît-il seulement comme une lettre, écriture qui n'est pas contradictoire à sa fonction métaphorique.

L'inscription du symptôme dans la jouissance phallique permet de comprendre pourquoi la parole mérite d'être située elle aussi dans ce cadre. Il existe une jouissance de la parole, mais dans quelle mesure peut-on la considérer comme phallique ? Il en va ainsi non seulement parce que les mots auraient une valeur érotique — ils en ont une en effet — ni même parce que, sans certaines déterminations signifiantes il n'y aurait pas de jouissance phallique. Ces deux occurrences sont vérifiables, mais ce sont seulement des conséquences. En effet, on retrouve dans le parler la même dimension de lettre que celle du symptôme, lettre dont la valeur phallique exhibe ce qui reste du corps après le refoulement. (cette jouissance refoulée se montre dans le lapsus, le jeu sur les mots, l'homophonie, la poésie, etc).

Il existe une jouissance phallique de la parole, d'une part parce que les mots sont constitués de lettres témoignant d'une perte de jouissance du corps et d'autre part, cette perte cherche sa réparation à travers la signification de l'assemblage des lettres qui la constituent. La parole cherche à regagner la jouissance perdue avec les instruments qui ont signifié sa perte. Elle rend encore une fois justice à l'assemblage contraire d'un plaisir et de sa prohibition, qui caractérise le phallicisme.

Chapitre 2

## PREUVE PAR LA JOUISSANCE SUPPLEMENTAIRE

C'est à propos de la jouissance sexuelle que la notion d'un supplément propre à la féminité paraît la plus évidente. Le phallus, au sens de l'organe, est le point d'appui d'une forme de plaisir qui lui échappe alors qu'il la provoque (soit par le biais de « l'envie du pénis », soit du fait de l'excitation clitoridienne). Comment peut-on caractériser cette limite où une jouissance en entraîne une autre? Cette frontière correspond à la fin de la jouissance phallique, que l'homme jouisse effectivement, ou que se présente un fantasme équivalent à la fin de sa jouissance.

L'orgasme masculin recèle une signification qui forme le point limite, la charnière autour de laquelle une bascule peut s'opérer dans un au-delà du phallus. Cette signification de l'orgasme masculin est surdéterminée : la jouissance de l'homme, c'est, par exemple, ce qui l'interdit, c'est son impuissance à aller plus loin; il jouit à la limite où il est outrepassé. L'orgasme masculin signifie aussi la reproduction de l'espèce, et donc la mortalité.

Mais quelles que soient les déterminations particulières que l'on pourra relever, le nom propre permettra de les articuler. Par exemple, dans les deux déterminations qui ont été évoquées, le nom symbolise d'une part le phallus et la castration (donc l'interdit qui fait jouir), et d'autre part, il signifie le passage d'une génération à l'autre (et donc la mortalité). En jouissant, l'homme signifie qu'il est mortel, et que sa présence n'est plus que celle de son nom. Cette position du nom a son correspondant dans le fantasme, sous la forme du meurtre du père, d'une éternisation de l'amant vénéré « pour toujours » à cet instant. Ce fantasme ne veut pas dire que l'orgasme féminin représente un meurtre. Il signifie seulement la mortalité.

Cette signification permet d'approcher la spécificité de la jouissance féminine. Celle-ci s'appuie sur l'orgasme de l'homme. Cependant si, au moment où il est un père potentiel, c'est à dire en jouissant, ce père n'est plus présent que comme mort, plus rien ne séparera la femme de l'espace maternel. Si le père sépare de l'inceste, le moment du parricide sera aussi celui où l'inceste est de nouveau possible. Le corps féminin peut alors se rejoindre dans ce qui s'imagine de l'Autre jouissance. Les retrouvailles d'un corps séparé de lui même par le symbole phallique s'accomplissent dans le temps de la perte orgastique. Cette opération fantasmatique sera d'autant plus facile à réaliser que l'homme se montrera paternel, rôle qu'il accepte souvent d'endosser — de même d'ailleurs qu'une femme peut jouer la petite fille, aux fins de l'éternisation du nom de son amant, et finalement au bénéfice de sa jouissance.

Si l'on considère maintenant la jouissance du symptôme, la sublimation n'est-il pas le destin échappant au refoulement qui lui correspondra ? Il est vrai que l'articulation de la sublimation au symptôme en terme de supplément demande à être justifiée. Peut-on soutenir que la jouissance féminine est au phallus ce que la sublimation est au symptôme ? Comment peut-on parler de supplément concernant le phallicisme du symptôme, et ce supplément correspond-il à la sublimation ?

La sublimation est ce destin de la pulsion dont le résultat est de débarrasser le corps de l'érotisation violente causée par l'amour maternel. La pulsion médiatise un certain nombre de demandes maternelles et à chaque fois que l'enfant y répond il comble le manque grâce à cette médiation. La sublimation inverse ce procès : au lieu d'être mis en position de phallus par la pulsion, le sujet utilise la pulsion pour créer une œuvre, qui sera à cet égard une présentation de la perfection phallique. L'œuvre répond à la demande en inversant ses effets, elle reproduit l'érotisation qui s'est exercée sur le corps. Par exemple, l'enfant retourne en chanson la voix dont le son servait à forger les mots de son aliénation. Ou encore, il transforme en dessin ce qu'il voit, c'est-à-dire l'objet d'un regard où son corps était piégé. La pulsion est ainsi désexualisée grâce à la sublimation ; elle n'est plus une présentation de l'inceste, bien qu'elle reste dans un champ érotisé. Sa fonction est de couvrir la castration de l'Autre et de débarrasser le corps du plaisir qui le parasitait. En ce premier sens, la sublimation est supplémentaire au même titre que la jouissance féminine, puisqu'elle rejoint selon sa voie propre l'Autre jouissance. Le corps érogénéisé, infiniment aliéné par la demande maternelle, se débarrasse de ce plaisir parasite grâce à l'acte créateur, qui lui oppose la barrière du nom de l'artiste.

Dans un deuxième sens, la signature de l'œuvre est au-delà du phallicisme du symptôme. Ce dernier est biface, constitué par une jouissance et par son interdit, spécifiant ce qu'il y a de paternel dans son écriture. Les symptômes apparaissent au moment de l'entrée dans le langage, alors que le sujet ne connaît pas encore son patronyme. Quel est ce père qui peut poser si tôt son doigt sur la chair ? Il s'agit d'un père sans nom et sans visage, car rien ne le laisse apparaître, au moment où son interdit s'impose. Lorsque l'enfant vomit, ce symptôme marque la limite de l'aliénation maternelle, mais le père qui oppose ainsi une fin de non-recevoir à la jouissance orale reste un inconnu. C'est par rapport à la pulsion de manger que ce père montre son efficace ; sa présence se révèle seulement avec la trace qu'il laisse sur le corps et sur ses fonctions. Sa puissance, celle qui fait vomir, paraît extérieure au sujet, « paternelle », au sens où cela lui arrive sans qu'il y puisse rien.

Ce père inaccessible, pourtant aussi réel que la douleur physique, apparaît dans le symptôme. N'est-ce pas lui qui est outrepassé dans la sublimation ? De même que la pulsion se fixe dans le corps sous la forme d'un symptôme qui est signature paternelle, de même la sublimation retourne la pulsion sur une œuvre signée. Lorsque l'artiste signe son œuvre, il s'invente un nom, même s'il appose son patronyme. Il se passe du nom légué par son père et signe avec ce qu'il y a eu de premier dans son existence au sentir, portant sur l'œuvre une griffe aussi forte que celle dont sa chair a pu être marquée. Parce qu'elle est au-delà d'un nom destiné à symboliser le phallus, la sublimation est supplémentaire à la jouissance du symptôme, au même titre que la jouissance féminine outrepasse celle du phallus.

L'œuvre créée au-delà du nom, le corps de rêve présenté sur la toile, ou dans les sons, montre ce reflet distant, cette signification mortelle de l'amour, dont le senti érotique permet le plaisir esthétique. Non sexuelle, mais auto-érotique, la pulsion permet de construire ce corps, rejoignant ainsi ce qu'il n'a jamais été, dont il rêvait seulement. L'œuvre expose l'irreprésentable d'une apparence dont la valeur aura de toujours été celle d'un manque.

L'acte du créateur permet de comprendre pourquoi Freud évoque une « passivité » féminine dont la particularité est d'être le résultat d'un acte. Cette bizarre « passivité active » permet au corps de rejoindre l'espace d'un mythe premier. De même, quand l'artiste agit, il est pourtant passif au sens où il est dépassé par sa création. Il ne sait pas ce qu'il fait, il ignore d'où procède ce que son œuvre comporte de plus précieux. Il est d'abord féminisé au sens où il subit l'Autre, dont l'érotisme lui vient du dehors et l'inspire. Son acte inverse et libère cet érotisme, mais il est seulement l'agent passif de ce qui le traverse. En ce sens, le plaisir esthétique, comme la jouissance féminine, sont le fruit de la même passivité, bien qu'ils résultent tous deux d'un acte.

Dans la sublimation, la cause est la pulsion – puisque c'est elle qui est à la source de l'érotisme – et l'effet est la présentation de la signification phallique – qui comble le manque. La pulsion du voir est par exemple piégée dans l'agencement d'une forme, dans son étendue, dans la disposition de la couleur. Ou encore une certaine sonorité se distingue au milieu d'une phrase musicale particulière. Ainsi s'établit une proportion entre pulsion et signification du phallus. N'est-ce pas d'elle que dépend l'émotion esthétique ?

Cette proportion frappe l'auditeur ou le spectateur, bien que les deux éléments qui permettent de la distinguer soient indissociablement mêlés. Comme l'écrit Balzac dans *Le chef d'œuvre inconnu* : « ni le peintre, ni le poète, ni le sculpteur ne doivent séparer l'effet de la cause qui sont invinciblement l'un dans l'autre ».

Dans la musique, l'objet perdu (la pulsion) apparaît grâce au son, mais celui-ci est incorporé dans une phrase musicale modulée par des points et des virgules. Cette séquence forme une signification sans signifiants, énigmatique sans doute, mais signification tout de même. Ainsi l'énigme de l'objet perdu, présentifiée par le son, est reprise par une autre énigme, celle de la phrase musicale, qui, parce qu'elle évoque la modulation d'une phrase semblable à celles que nous pouvons prononcer, forme une abstraction de la signification en général (c'est à dire du phallus). En ce croisement de deux énigmes, celle de la pulsion et celle du phallus, intersection du réel de la perte et de l'imaginaire de sa réparation, peut se cerner la place de l'émotion esthétique.

Lorsqu'il est question de ce qui se voit, la peinture, la sculpture, etc., les modalités de la présentation sont inversées par rapport à ce qui s'entend, puisque dans ce deuxième cas la signification, le morphos d'ensemble se montre d'abord, et la pulsion, chacune des taches ou des formes que peut saisir le regard, doit être déduite point par point. Cependant, l'émotion esthétique qui résulte de leur rapport est la même, et le sujet de la sublimation se définit de la sorte, non entre deux signifiants, mais dans la proportion du phallus et de la pulsion. Ce sujet est esthétiquement ému, parce qu'à chaque instant s'impose à lui — entre son et phrase, entre couleur et forme — cette sorte d'épreuve où se surimposent une perte et sa réparation, accomplie avec les instruments même de la perte (puisque lorsque le son s'ajoute aux autres sons, leur ensemble forme une signification qui dissout la singularité du son).

L'émotion esthétique libère de la douleur d'exister, elle est jouissance toujours supplémentaire, car en quelque point de son trajet qu'on la prenne, elle est toujours au delà d'elle-même, déjà plus loin que la signification où elle semble se clore. Celui qui l'éprouve se sépare de l'aliénation imposée par le langage. Mais il ne saurait l'avoir fait sans retour. Il se sépare continûment. Infiniment, l'émotion esthétique montre la proportion de la pulsion et du phallus, exposée au-delà de toute compréhension, ignorante de l'à-coup orgastique comme de sa fin :

Dans la musique, par exemple, à chaque instant le son est perdu – se perd – derrière la sonorité des phrases qu'il construit, et sa perte mélancolique est dissimulée par une signification énigmatique. Ce passage continu de la perte à la séparation et de la séparation à la perte est plaisir corporel, d'une part parce que le son représente l'objet perdu[1] et évite donc au corps de s'identifier à cet objet assassin. Et d'autre part parce que l'opération de la perte permet de présenter à travers l'œuvre la signification du phallus. Cette dernière laisse un reste qui oblige à recommencer la même opération, continûment : le corps reste tremblant dans cet espace. Dans l'émotion esthétique, le « moi » vacille de l'objet perdu à une identification phallique qu'il ne rejoint pas, car l'objet sonore le rappelle, le retient par la main.

L'auditeur ou le spectateur de l'œuvre marche sans fin vers sa disparition jouissive, vers son avalement par un Autre enfin compréhensif, qui ne le détruit pas et l'a déjà détruit. La mort immobile de ce double de lui, déjà plus loin que lui à cet instant, fait penser au vers d'Apollinaire : « Le son m'enfante et la flèche me tue », vers presque aphoristique du supplément de jouissance de l'Esthète – celle où la pulsion enfante ce que la flèche de la signification outrepasse.

Cette impulsion fait l'infinité de l'émotion esthétique, son tremblement. Ce mouvement a-t-il un but assignable, cherche-t-il autre chose que sa propre jouissance lorsqu'il progresse ? Méconnaissant tout but, peut-on seulement dire qu'il avance ? En ce sens le paradoxe du plaisir esthétique, son infinité, évoque l'immobilité de la flèche de Zénon : alors que le trait est lancé et se trouve au plus fort de sa course, l'Eléate démontre qu'il reste au repos dans l'espace égal où il se tient. De même, celui que la beauté émeut,

1. Sur le mododèle d'une identification mélancolique du « moi » à l'objet perdu, telle qu'elle a été exposée par Freud dans *Deuil et Mélancolie*.

parce qu'il la produit ou bien parce qu'il la contemple, est infiniment transporté sans faire un mouvement.

Zénon d'Elée a essayé de démontrer l'unité de l'être, son indivisibilité et son immobilité. De son œuvre reste la série de huit arguments qui nous ont été transmis par Aristote et Simplicius. Le sixième argument est le plus connu : « si la tortue a de l'avance sur Achille, celui-ci ne pourra jamais la rattraper, puisque chaque fois qu'il aura parcouru la distance qui le sépare d'elle, la tortue aura fait un certain chemin. Achille se rapprochera infiniment d'elle, mais ne la rejoindra jamais ». Cet argument est souvent évoqué pour décrire l'incommensurabilité de la jouissance de l'homme avec celle de la femme.

Le septième argument mérite d'être retenu pour l'analogie qu'il permet avec l'émotion esthétique : « la flèche lancée est toujours immobile. En effet, tout corps est soit en mouvement, soit en repos, et il est en repos quand il se trouve dans un espace égal à son volume. Or la flèche se trouve à chaque instant dans un espace égal à son volume ».

Ces deux arguments intéressent l'un comme l'autre la jouissance supplémentaire : de même que cette dernière fait rupture par rapport au phallicisme, de même Zénon soutient un paradoxe qui rompt avec la notion ordinaire de l'Espace-Temps. Il est pertinent de rapporter le 6ème argument à la relation sexuelle, puisque deux protagonistes jouent leur partie, alors que le septième montre une flèche aussi isolée que l'esthète transporté par l'émotion.

Le paradoxe de la flèche évoque la jouissance esthétique, car l'immobilité du trait montre un mouvement dont l'infinité est sans résolution, de la même manière que, par exemple, la fin apparente de la phrase musicale n'épuise pas l'énigme de la sonorité. Elle la déporte temporellement, mais elle ne la résout pas. Elle ouvre sur un temps infini, dont la scansion est différente de celle de la jouissance orgastique, qui connaît une résolution temporelle, et pour laquelle le paradoxe d'Achille et de la tortue est plus approprié. Achille rattrapera la tortue, et même s'il la rencontre sans la rencontrer, dans un espace où elle ne se tient pas, il la rattrapera pourtant, et sa course prendra fin.

Dans les deux cas Zénon soutient sa démonstration en

spatialisant le temps : l'instant est considéré comme une partie du temps de la même manière qu'un point l'est de l'espace. Ce qui est faux deux fois puisqu'un élément constituant n'est pas une partie additive, comme l'a montré la théorie des ensembles. De plus, on ne peut considérer le temps comme proportionnel à l'espace, parce que le premier s'écoule indépendamment du second. Dans l'argument d'Achille, la durée est identifiée à la distance parcourue indépendamment des différences relatives de vitesse. Si le temps est le même pour Achille et pour la tortue, le premier ne pourra jamais rejoindre la seconde.

Bien qu'ils soient faux, les arguments de Zénon restent dans la mémoire, sans doute parce qu'ils parlent obscurément de l'impossibilité dont la jouissance est affectée. Achille ne rencontrera pas plus la tortue que l'homme ne rejoindra la femme. La flèche ne bouge pas davantage que l'émotion esthétique ne semble provoquer de mouvement.

Si l'on compare d'une part la pulsion à l'instant et au point dans le paradoxe ; et d'autre part la signification phallique à la durée et à l'espace, l'instant et le point de Zénon sont analogues au son de la musique, et la durée et l'espace sont comparables à la phrase musicale. Ce parallèle formalise que l'objet perdu n'est pas additif par rapport à l'ensemble de la phrase musicale, c'est-à-dire à la signification phallique. L'objet reste distinct, et cette distinction perpétuée fait l'infinité de l'émotion esthétique.

Les arguments de l'Eléate sont erronés, puisqu'il n'y a pas d'homogénéité du temps et de l'espace. Mais, pour cette raison même, ils évoquent l'émotion esthétique, qui prend son mouvement grâce à l'hétérogénéité existant entre la pulsion et le phallus. Cette émotion se réalise physiquement car elle concerne cet impossible : le senti de la jouissance esthétique est le moment unique où le sujet perçoit ce qu'il est comme manque (comme phallus de l'Autre), comme ce corps de jouissance qui ne saurait apparaître, sinon dans la séparation où le tient la pulsion. Conjonction dans la séparation, l'émotion esthétique est jouissance d'un corps découvert et reconnu dans l'œuvre mieux que dans un miroir. Il se possède ainsi dans l'étrangeté de la disjonction imposée par le moyen qu'il emploie.

Physique, la connaissance de l'œuvre découvre le corps et l'anime.

Les arguments de Zénon montrent aussi la proximité de la jouissance féminine et de l'émotion esthétique : il suffit qu'une femme soit désirée pour qu'elle soit identifiée à un manque, dans une identification paradoxale à une perte d'identité. Supporter le désir d'un homme est ainsi dépersonnalisant, mais cette perte permet l'accès à une jouissance au-delà du plaisir d'organe, celle d'un corps qui ne se trouve pas, et se connait seulement un instant dans cette étrangeté.

L'émotion esthétique se différencie de la jouissance féminine, parce qu'elle ne rencontre rien de comparable à l'orgasme. En effet, le procès de la sublimation suit un trajet inverse à celui de la jouissance féminine, du point de vue de la question du nom. Il existe une perte d'identité d'une femme dans la jouissance (perte qui est par exemple formalisée par le changement du nom). Au contraire, l'artiste se donne un nom une fois qu'il a créé, il signe à travers son œuvre ce qu'il ne connaît pas de lui. Dans les deux cas le nom d'origine, patronymique, se perd, et l'espace où il s'évanouit est à chaque fois celui de la jouissance supplémentaire. Ce schématisme montre que le nom est recherché grâce à la sublimation : l'œuvre est en quête de son auteur. L'orgasme féminin en revanche succède à la perte du nom.

Sublimation et orgasme féminin ont en commun le même objectif. Cependant, le plaisir esthétique n'a rien d'orgastique. En effet, ce destin de la pulsion n'est pas sexualisé au sens où l'orgasme est sexuel. Le désir d'un homme et sa castration sont nécessaires à la jouissance féminine. L'émotion esthétique quant à elle, se dispense de tout rapport à l'homme comme à sa jouissance, et elle pourrait se définir comme une jouissance féminine désexualisée. Elle semble solitaire, et celui qui l'éprouve n'a pas besoin de participer au mensonge vrai auquel une femme consent lorsqu'elle se comporte comme si un homme était unique. Un seul nom d'homme ne doit-il pas répondre de la signification du phallus, au moins le temps d'atteindre le plaisir ?

La jouissance mystique se dispense de ce mensonge,

puisqu'elle apporte une solution élégante au problème de l'unicité du nom : seul un Dieu sans corps peut s'en montrer digne. Une mystique jouira donc de la pureté du Nom, et ce qu'elle ressent est pourtant physique, puisque le Nom de Dieu, débarrassé de l'impureté du corps, n'a pas d'autre fonction que celle du nom d'un homme, dont l'éternité a une valeur égale. Au delà de ce Nom pur peut s'atteindre un supplément de jouissance, qui n'en passe ni par l'organe, ni même par le symbole. Il suffit de la sainteté du Verbe et de l'éternisation d'un Nom, pour que la signification continue des mots résonne et jouisse dans un corps auquel elle équivaut. La jouissance mystique est au-delà du phallus, parce qu'elle s'appuie sur un signifiant qui se signifie lui-même, celui de Dieu, pure fonction d'un Nom sans corps et sans organe. Il s'agit d'un Dieu presque inventé pour la seule gloire d'une jouissance féminine épurée du phallus, jouissance continue, corrélative de l'invocation du Nom Sacré, fait pour la servir. Bien plus que les totems et les fétiches dont la jouissance virile peut se contenter, le monothéisme est au service de la féminité.

La jouissance mystique est ainsi désexualisée au même titre que la sublimation, mais contrairement à elle, elle s'accomplit grâce au signifiant, et non grâce à la pulsion. Elle s'effectue par la voie du Nom divin, libéré de ses attaches à la signification phallique. Ce Nom évoqué est transcendant, alors que la jouissance esthétique est abstraite — au sens de l'abstraction et de la présentation dans l'œuvre du symbole phallique. L'œuvre économise l'hypothèse Dieu, de même d'ailleurs que toute hypothèse. Elle montre sans démontrer, dans cette atemporalité de flèche qui est, en dépit de Zénon, quand même un mouvement.

## TABLE DES MATIÈRES

**V. LE CHAMP DES JOUISSANCES**

Achevé d'imprimer le 2 novembre 1989
dans les ateliers de Normandie Impression S.A. à Alençon (Orne)

N° d'éditeur : 2001
N° d'impression : 892328
Dépôt légal : novembre 1989

*Imprimé en France*

Achevé d'imprimer [illegible] 1983
dans les ateliers de l'Imprimerie [illegible] S.A. à Aubenas [illegible]

[illegible]
N° d'imprimeur : [illegible]
Dépôt légal : [illegible]

[illegible]